医学影像检查操作规范
MR 成像分册

组织编写 北京市医学影像质量控制和改进中心
北京医学会放射技术分会

总 主 编 王振常　牛延涛　杨正汉

主　编 孙　楠　徐　辉

副 主 编 边祥兵　赵　强　张宗锐

人民卫生出版社
·北　京·

图书在版编目（CIP）数据

医学影像检查操作规范. MR 成像分册 / 孙楠，徐辉
主编. -- 北京：人民卫生出版社，2025. 8. -- ISBN
978-7-117-37977-9

Ⅰ. R445–65

中国国家版本馆 CIP 数据核字第 2025G94N92 号

| 人卫智网 | www.ipmph.com | 医学教育、学术、考试、健康，购书智慧智能综合服务平台 |
| 人卫官网 | www.pmph.com | 人卫官方资讯发布平台 |

医学影像检查操作规范
MR 成像分册
Yixueyingxiang Jiancha Caozuo Guifan
MR Chengxiang Fence

主　　编：孙　楠　徐　辉
出版发行：人民卫生出版社（中继线 010-59780011）
地　　址：北京市朝阳区潘家园南里 19 号
邮　　编：100021
E - mail：pmph @ pmph.com
购书热线：010-59787592　010-59787584　010-65264830
印　　刷：人卫印务（北京）有限公司
经　　销：新华书店
开　　本：787×1092　1/16　　印张：23.5
字　　数：632 千字
版　　次：2025 年 8 月第 1 版
印　　次：2025 年 8 月第 1 次印刷
标准书号：ISBN 978-7-117-37977-9
定　　价：89.00 元
打击盗版举报电话：010-59787491　E-mail：WQ @ pmph.com
质量问题联系电话：010-59787234　E-mail：zhiliang @ pmph.com
数字融合服务电话：4001118166　　E-mail：zengzhi @ pmph.com

编者名单（按姓氏笔画排序）

丁金立　首都医科大学附属北京天坛医院
尹　刚　中国医学科学院阜外医院
史　卓　中国医学科学院肿瘤医院
边祥兵　中国人民解放军总医院第一医学中心
刘　伟　北京大学人民医院
孙　楠　北京大学肿瘤医院
李　彪　首都医科大学附属北京妇产医院
杨志安　首都医科大学附属北京朝阳医院
张　薇　首都医科大学附属北京积水潭医院
张宗锐　首都医科大学附属北京同仁医院
张晓晶　中国人民解放军总医院第一医学中心
郑春晓　北京大学肿瘤医院
赵　强　北京大学第三医院
赵　澄　首都医科大学宣武医院
侯　波　北京协和医院
袁　颖　首都医科大学附属北京友谊医院
徐　辉　首都医科大学附属北京友谊医院
康　钰　北京大学人民医院

秘　　书　王紫函　北京大学肿瘤医院
　　　　　刘枞喆　北京大学肿瘤医院
　　　　　张思佳　北京大学肿瘤医院

丛 书 前 言

多年来，国家卫生健康委员会致力于持续推进医学影像检查同质化和影像学报告同质化，为医学影像检查的互认共享提供保障。2022年2月，国家卫生健康委员会、国家医疗保障局等四部门联合发布《医疗机构检查检验结果互认管理办法》，明确指出开展检查检验结果互认工作。2024年3月5日，第十四届全国人大二次会议政府工作报告中明确指出，"深化公立医院改革，以患者为中心改善医疗服务，推动检查检验结果互认"，这也是"检查检验结果互认"首次被写入政府工作报告，这标志着对医学影像检查的规范化、医学影像图像质量的同质化水平提出了更高的要求。

近年来，我国医疗卫生健康事业取得长足进步，医学影像设备在硬件和软件方面的飞速发展在助力健康中国建设中发挥了重要作用。大型综合医院作为医疗健康事业的排头兵，使用最先进的医学影像设备和技术为疾病诊断和治疗提供影像学支持。在国家政策的扶持下，我国地市级、县级甚至社区、乡镇医疗卫生机构普遍装配了先进、昂贵的大型医学影像设备，为基层医疗水平的提升奠定了硬件基础。据统计，我国从事医学影像设备操作的影像技术人员约15~18万人，每年医学影像检查的频度约10亿人次，医学影像检查已成为临床诊疗中重要的组成部分。

当前，我国的医学技术人员尚未建立执业资格考核机制和规范化培训体系，医学影像设备操作人员的专业水平参差不齐、接受系统培训不足，临床工作中操作规范化、图像质量满足疾病诊疗需求等方面都有待提高。

基于以上，迫切需要一套实用的、简明的临床操作规范参考书，以指导影像技术人员在临床实践中根据疾病诊断和治疗的需求规范操作，提升影像检查质量和疾病诊疗的影像学支持水平。本套《医学影像检查操作规范》分为三册，即DR成像分册、CT成像分册和MR成像分册，分别就不同检查项目的操作要点进行阐述。本丛书力求实用性和便捷性，每种检查项目列出可能影响影像质量和诊疗需求的操作要点，文字精简且配以大量示意图和临床典型图像，使读者一目了然，便于查阅和参考使用。

本丛书适用于医学影像检查临床操作人员、规范化培训期间的影像技师、影像诊断医师、影像技术及相关专业在校学生、医学影像相关企业的从业人员等。

在编写过程中，北京市医学影像质量控制和改进中心、北京医学会放射技术分会的同仁积极参与，历时一年多的时间完成书稿，编写期间得到了北京市以及全国影像学界专家和同道的支持，在此一并表示感谢。由于疾病诊疗对影像检查需求的特殊性和影像技术的快速迭代，本书中的内容难免会有不足之处，敬请读者朋友给予反馈，以便再版时修正。

王振常　牛延涛　杨正汉
2025年8月

前　言

随着磁共振设备在国内各级医疗机构的广泛普及，磁共振检查在临床工作中发挥着越来越重要的作用，包括为临床提供优异的图像、解决临床问题、开拓科研工作等。而随着磁共振检查新技术、新序列的不断涌现，以及临床需求的日益多样化，在临床实际应用中，不同医院相同的扫描部位使用的扫描序列存在不一致的情况，或者相同的扫描序列扫描参数存在显著差异。部分医疗机构在进行磁共振检查时不能正确地选用脉冲序列、设置成像参数，使磁共振检查的优势不能充分发挥，并且可能延误患者的诊治，或造成重复检查，从而加重患者的经济负担及造成医疗资源的浪费。因此提升影像科医师和技师的磁共振检查应用能力，规范磁共振检查方法成为目前临床亟待解决的问题。

相对其他影像学检查方法，磁共振检查的原理和技术要复杂得多。如何根据临床需求选择正确的扫描序列及成像参数，是获得优异图像的前提。鉴于此，王振常院士、牛延涛教授、杨正汉教授担任总主编，组织编写"医学影像检查操作规范"丛书。本书作为其中一个分册，邀请北京市医学影像质量控制和改进中心、北京医学会放射技术分会的多位临床一线专家编写，以进一步规范临床磁共振检查技术，提高技师磁共振检查操作水平和图像质量，提升磁共振检查同质化水平。

本分册除绪论外还包括九个章节，其中绪论介绍磁共振检查基本原则，包括磁共振检查注意事项和注射对比剂注意事项；第一章到第九章分别是头部、五官、颈部、胸部、腹部、盆腔、脊柱、四肢关节及软组织、心脏及大血管的磁共振检查技术规范，共96个临床检查项目，每个检查项目包括患者准备及摆位、扫描序列、扫描定位、参数要求、质量要求、标准图像以及临床应用中的注意事项等。

本书可作为医学影像质量控制和改进中心进行影像检查互认共享的指导用书和医学影像技师规范化培训的教材，也可以作为基层医疗机构放射技师进行影像技术专业岗位培训和学习的参考书。

磁共振检查技术发展迅速，其相应的临床应用不断涌现，编写中难免存在不足和疏漏之处。在此恳请广大读者和专家同道不吝批评指正，以待进一步修改、提升。

孙　楠　徐　辉
2024 年 4 月

缩　略　语

缩写	英文全称	中文全称
2D	two dimension	二维
3D	three dimension	三维
4D	four dimension	四维
ADI	atlas-dens interval	寰齿前间隙
ADC	apparent diffusion coefficient	表观扩散系数
ASSET	array coil spatial sensitivity encoding	阵列线圈空间敏感编码
ARMS	acquisition and reconstruction for motion suppression	运动抑制采集与重建
ASL	arterial spin labeling	动脉自旋标记
bSSFP	balanced steady state free precession	真实平衡式稳态自由进动
CBF	cerebral blood flow	脑血流速
CBV	cerebral blood volume	脑血容量
CCF	carotid-cavernous fistula	动脉海绵窦漏
CEA	contrast-enhanced angiography	对比增强血管造影
CEV	contrast-enhanced venography	对比增强静脉造影
CE-MRA	contrast enhanced magnetic resonance angiography	对比增强磁共振血管成像
CE-MRV	contrast enhanced magnetic resonance venography	对比增强磁共振静脉成像
COR	coronal position	冠状位
CPR	curved plannar reconstruction	曲面重建
CSF	cerebrospinal fluid	脑脊液
CUBE	3D fast spin echo with an extended echo train acquistion	拓展回波链采集三维快速自旋回波

缩写	英文全称	中文全称
DBS	deep brain stimulation	深部脑刺激
DCE	dynamic contrast enhancement	动态对比增强
DESS	dual echo steady state	双回波稳态进动
DTI	diffusion tensor imaging	扩散张量成像
DWI	diffusion weighted imaging	扩散加权成像
Dyn	dynamic	动态对比增强
EPI	echo planar imaging	平面回波成像
FA	fractional anisotropy	各向异性分数
FGRE	fast gradient echo	快速梯度回波
FIESTA	fast imaging employing steady-state acquisition	稳态采集快速成像
FIESTA-C	fast imaging employing steady-state acquisition cycled phases	循环相位稳态采集快速成像
FLAIR	fluid attenuated inversion recovery	液体抑制反转恢复
FLASH	fast low angle shot	快速小角度激发
FOV	field of view	视野
FSE/TSE	fast spin-echo/turbo spin echo	快速自旋回波
FSE-FLEX	fast spin echo-flex	水脂分离快速自旋回波
FSPGR	fast spoiled gradient echo	快速扰相梯度回波
FWHM	full width at half maximum	半高全宽
Gd	gadolinium	钆
GETI	gradient echo train imaging	多回波合并的梯度回波序列
GRASE	gradient and spin echo	梯度自旋回波
GRE	gradient recalled echo	梯度回波
HASTE	half-Fourior acquisition single-shot turbo spin echo	半傅里叶采集单次激发快速自旋回波
IDEAL	iterative Dixon water-fat separation with echo asymmetry and least-squares estimation	基于非对称回波最小二乘估算法迭代水脂分离技术
IR	inversion recovery	反转恢复
iso	isotropic voxel acquisition	各向同性采集

缩写	英文全称	中文全称
LAVA FLEX	liver acquisition with volume acceleration flex	水脂分离肝脏容积加速采集
LI-RADS	liver imaging reporting and data system	肝脏影像报告和数据系统
MATRIX	modulated flip angle technique in refocused imaging with extended echo train	延展回波链调制聚焦角成像
mDIXON	modified Dixon	改进水脂分离
MEDIC	multiple echo data image combination	多回波合并梯度回波
MENSA	multi echo in steady-state acquisition	多回波稳态采集
MERGE	multiple echo recalled gradient echo	多回波合并梯度回波
Min	minimum	最短
Min full	minimun full	最短全回波
MIP	maximum intensity projection	最大密度投影
MPR	multiple planar reconstruction	多平面重建
MPRAGE	magnetization prepared rapid gradient echo imaging	磁化准备快速梯度回波成像
MRCP	magnetic resonance cholangiopancreatography	磁共振胆胰管成像
MRI	magnetic resonance imaging	磁共振成像
MRS	magnetic resonance spectroscopy	磁共振波谱
MRU	magnetic resonance urography	磁共振尿路成像
MRV	magnetic resonance venography	磁共振静脉成像
MTT	mean transit time	平均通过时间
PACS	picture archiving and communication system	影像存储与传输系统
PC	phase contrast	相位对比
PDWI	proton density weighted imaging	质子密度加权成像
phase FOV	phase field of view	相位视野
PROP/Propeller	periodically rotated overlapping parallel lines with enhanced reconstruction	螺旋桨技术
PSIR	phase sensitive inversion recovery	相位敏感反转恢复
PWI	perfusion weighted imaging	灌注加权成像
QSM	quantitative susceptibility mapping	定量磁化率成像

缩写	英文全称	中文全称
rCBF	relative cerebral blood flow	相对脑血流速
rCBV	relative cerebral blood volume	相对脑血容量
SAG	sagittal position	矢状位
SAT	saturation	饱和
SE	spin echo	自旋回波
SE-EPI	spin echo-echo planar imaging	自旋回波平面回波成像
SENSE	sensitivity encoding	敏感度编码
SER	signal enhancement ratio	信号强化率
SNAP	simultaneous noncontrast angiography and intraplaque hemorrhage	同步非对比剂血管成像与斑块内出血成像技术
SNR	signal-to-noise ratio	信噪比
SPACE	sampling perfection with application-optimized contrast using different flip angle evolutions	可变聚焦角三维快速自旋回波技术
SPAIR	spectral attenuated inversion recovery	频率选择反转恢复
SPGR	spoiled gradient echo	扰相梯度回波
SSFSE	single shot fast spin echo	单次激发快速自旋回波
STIR	short TI inversion recovery	短反转时间反转恢复
SWI	susceptibility weighted imaging	磁敏感加权成像
T_1WI	T_1-weighted imaging	T_1加权成像
T_1WI+C	T_1-weighted imaging+C	T_1加权成像增强扫描
T_2^*WI	T_2^*-weighted imaging	T_2^*加权成像
T_2WI	T_2-weighted imaging	T_2加权成像
T_2WI+C	T_2-weighted imaging+C	T_2加权成像增强扫描
TE	echo time	回波时间
TFE	turbo field echo	快速场回波
TI	inversion time	反转时间
TIC	time-signal intensity curve	时间-信号强度曲线
TIM	total imaging matrix	全景成像矩阵
Time-SLIP	time-spatial labeling inversion pulse	时间-空间标记反转脉冲
TOF	time of flight	时间飞越

缩写	英文全称	中文全称
TR	repetition time	重复时间
true FISP	true fast imaging with steady-state precession	真实稳态自由进动快速成像
TTP	time to peak	达峰时间
VISTA	volume isotropic turbo spin echo acquisition	容积各向同性快速自旋回波采集
VOI	volume of interest	感兴趣容积

目　录

磁共振设备为大型医疗仪器，操作人员应有高度的责任心，严格按照操作规范进行扫描。

一、磁共振检查注意事项

（一）检查前的准备

1. 检查前，核对申请单和每位患者的就诊号，以及姓名、性别、年龄、检查部位。由于磁共振检查的特殊性，在检查前要做好安全筛查工作，患者需填写安全筛查表格，并签字确认。增强扫描患者签署对比剂使用风险及注意事项知情同意书。随后嘱患者摘除对磁共振检查有影响的金属物品。如有陪同人员，亦需签署安全筛查表格。

2. 对患者要耐心说明检查过程中需配合的内容，告知检查需要的大概时间。胸、腹部检查患者要训练好平稳呼吸和屏气。建议在呼吸训练时，接触患者身体，以评估患者是否理解屏气指令。嘱患者听到噪音时不要紧张，放松心情，给予患者报警挤压球，并告知如何使用，何时使用。常规为患者提供听力保护。

3. 根据不同检查部位选择不同线圈，正确摆位并按各部位的定位标志点定位，在定位过程中，嘱患者闭眼，不要直视激光灯，避免对眼睛的伤害。检查完最后一位患者后拔出线圈插头。

4. 如需进行呼吸触发序列扫描，应将呼吸感应器（呼吸垫）用腹带固定于患者腹部呼吸起伏最显著的位置，并与呼吸门控系统正确连接。

（二）体位选择

1. 使用线圈及相关设备时要轻拿轻放，注意安全，用完线圈后要摆放规范。

2. 根据检查部位及目的将患者安置在检查床上，保证受检部位居中对称，位于扫描孔径中心区域。可根据检查的需要采用适当的辅助装置，固定患者的检查位置。

（三）设定扫描计划

1. 在操作时必须严格遵守磁共振成像技术检查规范。技术员仔细阅读申请单，根据患者信息，如检查部位和病变需要，制定扫描计划，选择扫描协议，调整扫描视野及层数等参数，合理选择扫描方位（轴位、矢状位、冠状位）。正确应用脂肪抑制等技术。并根据病变的具体情况选择或添加相应的扫描序列。

2. 掌握增强扫描技术和动态扫描的各期时间，做好血管成像及三维图像重建的后处理。对不清楚的问题及时询问接诊医生或联系临床主管医生。

（四）检查中的注意事项

1. 在操作中认真检查监视系统状态，扫描过程中注意操作界面提示的信息。扫描过程中技师应随时观察患者的配合情况，出现任何异常都应立即停止扫描，若遇到紧急情况，应立即启动相关流程。

2. 遇到机器故障时，应及时通知工程师，并向上一级医师汇报。

（五）检查结束后的工作

1. 扫描结束后浏览图像，对图像质量及获取的检查信息进行评估，准确无误后结束检查。

2. 完成扫描序列后，调节适合的窗宽、窗位，选择恰当的照相格式，并打印图像。做完检查后及时将所有序列传至影像存储与传输系统（PACS）。

3. 为保证内存空间及计算机的正常使用，及时将过期的图像删除。

4. 各种原因没有做成检查者，及时通知登记室，将患者信息及时删除。

二、注射对比剂注意事项

1. 核对患者基本信息及增强检查申请单要求，确认增强检查为必需检查。按药品使用说明书正确使用对比剂。

2. 评估对比剂使用禁忌证及风险，受检者签署对比剂使用风险及注意事项知情同意书。

3. 如果不需要动态增强扫描，可以采用手推静脉注射，钆对比剂剂量按 0.1mmol/kg 计算，注射完对比剂后再注射 5ml 生理盐水冲管。如需动态增强扫描，需要采用双筒高压注射器，钆对比剂剂量按 0.1mmol/kg 计算，流率 2ml/s，注射完对比剂后再以相同的流率注射 20ml 生理盐水冲管。

4. 增强检查结束后，患者需留观 15～30 分钟，无不良反应后方可离开。病情许可时，患者应多饮水以利于对比剂排泄。

5. 孕妇一般不宜使用对比剂，除非已决定终止妊娠或权衡病情依据需要。

6. 尽量避免大量、重复使用钆对比剂，尤其对于肾功能不全患者，以减少发生迟发反应及肾源性系统纤维化的可能。

7. 虽然钆对比剂不良反应发生率较低，但仍需慎重做好预防及处理措施。

8. 增强扫描后 24 小时内嘱患者饮用温水，饮水量为每小时 100ml，以利于对比剂排出体外。

第一章

头部磁共振扫描

第一节 脑磁共振平扫、脑扩散加权成像

检查项目 中文名称	脑磁共振平扫、脑扩散加权成像
患者准备及摆位	
准备	• 无需特殊准备
摆位及线圈	• 线圈：头部相控阵线圈或头颈联合线圈 • 定位点：定位中心位于眉间或线圈中心 • 摆位要求：采用头先进仰卧位，头居线圈正中、不能旋转，确保患者头颅中心与线圈中心一致，同时用棉垫固定头部
定位像	扫描定位时注意 • 线圈覆盖范围 • 有无金属伪影 图 1-1-1 脑矢状位（图 A）、冠状位（图 B）和轴位（图 C）定位像

扫描序列

编号	序列名称	序列说明
1	轴位 T_2WI	基本扫描序列，用于颅内异常信号的检出
2	轴位 T_1FLAIR	基本扫描序列，用于颅内解剖结构显示，如有 T_1WI 高信号，需加扫脂肪抑制序列
3	轴位 T_2FLAIR	抑制颅内自由水信号，更好地显示脑实质病变
4	轴位 DWI	是发现超早期脑梗死的重要手段之一，目前也用于肿瘤、囊肿等病变的诊断与鉴别诊断
5	矢状位 T_2WI 或 T_1WI	基本扫描序列，提供轴位之外的扫描方位，有助于观察病变位置及大小

扫描定位

1. 轴位 T_2WI

定位要求	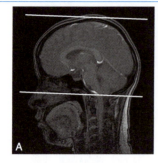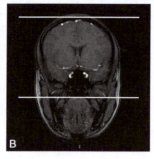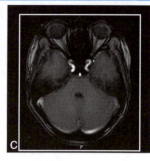

图 1-1-2　脑轴位 T_2WI 定位方法

图 A 示：定位线平行于胼胝体膝部下缘和压部下缘连线或前后联合连线，自下而上，扫描范围为由枕骨大孔至颅顶；图 B、C 示：定位框左右方向垂直于中线结构。

2. 轴位 T_1 FLAIR

定位要求	● 完全复制轴位 T_2WI 定位信息

3. 轴位 T_2 FLAIR

定位要求	● 完全复制轴位 T_2WI 定位信息

4. 轴位 DWI

定位要求	● 完全复制轴位 T_2WI 定位信息

5. 矢状位 T_2WI

定位要求	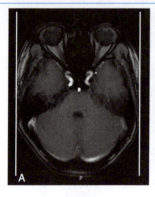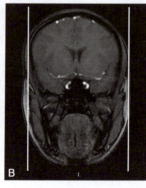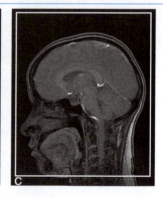

图 1-1-3　脑矢状位 T_2WI 定位方法

图 A 示：在轴位定位像上定位矢状面，定位线平行于正中矢状缝，自右向左扫描，完整覆盖脑组织；图 B 示：在冠状位定位像上，调整左右角度；图 C 示：在矢状位定位像上，调整前后、上下位置。

参数要求

序号	序列	方位	加权	脂肪抑制	重复时间/ms	回波时间	视野/cm	层厚/层距/mm	层数	矩阵	相位编码	平均次数
1	FSE	轴位	T_2WI	无	>3 000	100ms 左右	24×24	5～6/1	20	320×320	左右	1

2	T₁FLAIR	轴位	T₁WI	无	1 800	最短	24×24	5～6/1	20	320×256	左右	1
3	T₂FLAIR	轴位	T₂WI	无	8 500	100～120ms	24×24	5～6/1	20	256×224	左右	1
4	SE-EPI	轴位	DWI	有	2 128	最短	24×24	5～6/1	20	160×160	前后	2
5	FSE	矢状位	T₂WI	无	3 000	100ms左右	24×24	5/1	20	320×320	前后	1

质量要求

- 扫描范围符合临床诊断需求
- 两侧颅内结构尽量保持对称
- 清晰显示颅内结构
- 图像无明显伪影
- 脂肪抑制均匀

标准图像

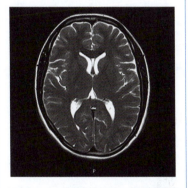

图 1-1-4　脑轴位 T₂WI 标准图像

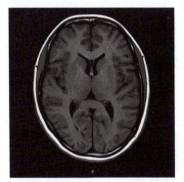

图 1-1-5　脑轴位 T₁ FLAIR 标准图像

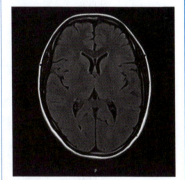

图 1-1-6　脑轴位 T₂ FLAIR 标准图像

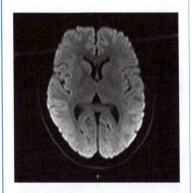

图 1-1-7　脑轴位 DWI 标准图像

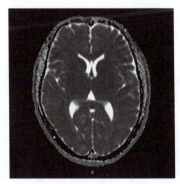

图 1-1-8　脑轴位 DWI-ADC 标准图像

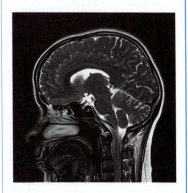

图 1-1-9　脑矢状位 T₂WI 标准图像

伪影图像

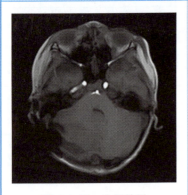

图 1-1-10 金属伪影

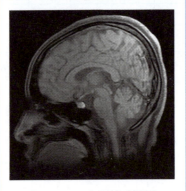

图 1-1-11 血管搏动伪影

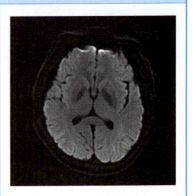

图 1-1-12 磁敏感伪影

特殊注意事项

- 如果平扫时病变在 T_1WI 显示为高信号,需加扫 T_1WI 脂肪抑制序列,以鉴别是否存在脂肪成分
- 轴位 T_2WI 是基本扫描序列,相位编码方向为左右。如需减少运动伪影,可选用螺旋桨 k 空间填充方式的扫描序列,如 GE 公司磁共振扫描仪的 Propeller 技术、飞利浦公司磁共振扫描仪的 Mutivane 技术、西门子公司磁共振扫描仪的 BLADE 技术、联影公司磁共振扫描仪的 ARMS 技术
- DWI 序列,一般设置 2 个 b 值,低 b 值为 0,高 b 值为 1 000s/mm²,需要同时具备 ADC 图。相位编码方向为前后。可以使用多次激励 SE-EPI 序列或 FSE-DWI 序列,提高分辨率,减小图像变形

第二节 脑磁共振平扫、脑扩散加权成像、脑磁共振增强扫描

检查项目 中文名称	脑磁共振平扫、脑扩散加权成像、脑磁共振增强扫描
患者准备及摆位	
准备	• 无需特殊准备
摆位及线圈	• 线圈:头部相控阵线圈或头颈联合线圈 • 定位点:定位中心位于眉间或线圈中心 • 摆位要求:采用头先进仰卧位,头居线圈正中、不能旋转,确保患者头颅中心与线圈中心一致,同时用棉垫固定头部
定位像	扫描定位时注意 • 线圈覆盖范围 • 有无金属伪影 图 1-2-1 脑矢状位(图 A)、冠状位(图 B)和轴位(图 C)定位像

扫描序列		
编号	序列名称	序列说明
1	轴位 T_2WI	基本扫描序列,用于颅内异常信号检出
2	轴位 T_1 FLAIR	基本扫描序列,用于颅内解剖结构显示,如有 T_1WI 高信号,需加扫脂肪抑制序列
3	轴位 T_2 FLAIR	抑制颅内自由水信号,更好地显示脑实质病变
4	轴位 DWI	是发现超早期脑梗死的重要手段之一,目前也用于肿瘤、囊肿等病变的诊断与鉴别诊断
5	矢状位 T_1 FLAIR	基本扫描序列,提供轴位之外的扫描方位,有助于观察中线结构
6	轴位 T_1WI+C	观察病变组织强化方式
7	冠状位 T_1WI+C	观察病变组织强化方式
8	矢状位 T_1WI+C	观察病变组织强化方式

扫描定位	
1. 轴位 T_2WI	

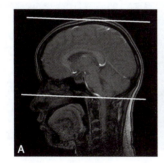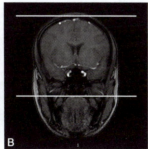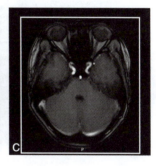

图 1-2-2　脑轴位 T_2WI 定位方法

图 A 示:定位线平行于胼胝体膝部下缘和压部下缘连线或前后联合连线,自下而上,扫描范围为由枕骨大孔至颅顶;图 B、C 示:定位框左右方向垂直于中线结构。

2. 轴位 T_1 FLAIR	
定位要求	● 完全复制轴位 T_2WI 定位信息

3. 轴位 T_2 FLAIR	
定位要求	● 完全复制轴位 T_2WI 定位信息

4. 轴位 DWI	
定位要求	● 完全复制轴位 T_2WI 定位信息

5. 矢状位 T_1 FLAIR

| 定位要求 |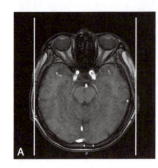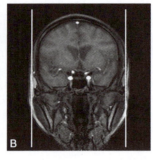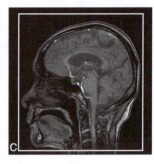

图 1-2-3　脑矢状位 T_1 FLAIR 定位方法

图 A 示：在轴位定位像上定位矢状面，定位线平行于正中矢状缝，自右向左扫描，包全脑组织；图 B、C 示：在冠状位定位像上调整左右角度，矢状位定位像上调整前后、上下位置。

6. 轴位 T_1WI+C

| 定位要求 | ● 完全复制轴位 T_2WI 定位信息 |

7. 冠状位 T_1WI+C

| 定位要求 |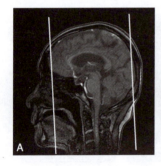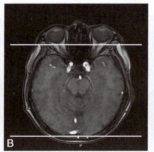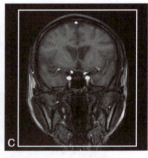

图 1-2-4　脑冠状位 T_1WI+C 定位方法

图 A 示：定位线平行于脑干，自前向后，包全脑组织；图 B、C 示：在轴位定位像上调整左右角度，左右方向定位线垂直于中线结构，冠状位定位像上调整前后、上下位置。

8. 矢状位 T_1WI+C

| 定位要求 | ● 完全复制矢状位 T_1 FLAIR 定位信息 |

参数要求												
序号	序列	方位	加权	脂肪抑制	重复时间/ms	回波时间	视野/cm	层厚/层距/mm	层数	矩阵	相位编码	平均次数
1	FSE	轴位	T_2WI	无	>3 000	100 左右	24×24	5～6/1	20	320×320	左右	1
2	T_1 FLAIR	轴位	T_1WI	无	1 800	最短	24×24	5～6/1	20	320×256	左右	1

3	T$_2$ FLAIR	轴位	T$_2$WI	无	8 500	100～120	24×24	5～6/1	20	256×224	左右	1
4	SE-EPI	轴位	DWI	有	2 128	最短	24×24	5～6/1	20	160×160	前后	2
5	T$_1$ FLAIR	矢状位	T$_1$WI	无	1 800	最短	24×24	5～6/1	20	320×256	前后	1
6	T$_1$ FLAIR+C	轴位	T$_1$WI	有	1 800	最短	24×24	5～6/1	20	320×256	左右	1
7	T$_1$ FLAIR+C	冠状位	T$_1$WI	无	1 800	最短	24×24	5～6/1	20	320×256	左右	1
8	T$_1$ FLAIR+C	矢状位	T$_1$WI	有	1 800	最短	24×24	5～6/1	20	320×256	前后	1

质量要求

- 扫描范围符合临床诊断需求
- 两侧颅内结构尽量保持对称
- 清晰显示颅内结构
- 图像无明显伪影
- 脂肪抑制均匀

标准图像

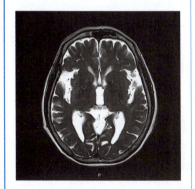

图 1-2-5　脑轴位 T$_2$WI 标准图像

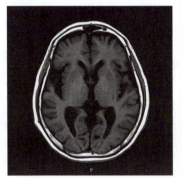

图 1-2-6　脑轴位 T$_1$WI 标准图像

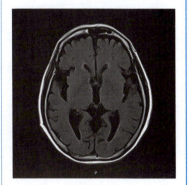

图 1-2-7　脑轴位 T$_2$ FLAIR 标准图像

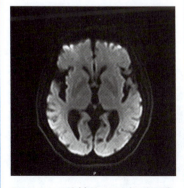

图 1-2-8　脑轴位 DWI 标准图像

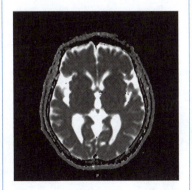

图 1-2-9　脑轴位 DWI-ADC 标准图像

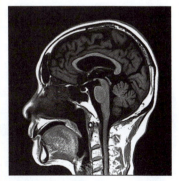

图 1-2-10　脑矢状位 T$_1$WI 标准图像

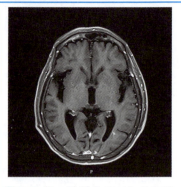

图 1-2-11 脑轴位 T₁WI+C 标准图像

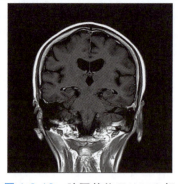

图 1-2-12 脑冠状位 T₁WI+C 标准图像

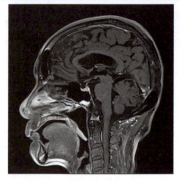

图 1-2-13 脑矢状位 T₁WI+C 标准图像

特殊注意事项
• 常规在轴位、矢状位、冠状位三个方位分别行 T₁WI 增强序列，轴位及冠状位需要施加脂肪抑制技术。如果病变在平扫的 T₁WI 显示为高信号，平扫时需加扫 T₁WI 脂肪抑制序列，以鉴别是否为脂肪成分 • 增强扫描还可以使用三维各向同性 FSE T₁WI 增强扫描，此时增强扫描可以只扫描轴位 T₁WI+C 脂肪抑制和三维 FSE T₁WI+C，西门子磁共振扫描仪为 SPACE，GE 磁共振扫描仪为 CUBE，飞利浦磁共振扫描仪为 VISTA，联影磁共振扫描仪为 MATRIX，体素不能大于 1mm×1mm×1mm，注射对比剂后 3~5 分钟再启动此序列最佳。为节省扫描时间，可以将 T₂WI 及 DWI 移至注射对比剂后扫描，再启动 3D 序列扫描。此序列可以重建矢状位及冠状位 T₁WI 图像 • 为评价软脑膜强化、细小病变以及脑实质炎性改变，可以在注射对比剂后加扫 T₂FLAIR 序列

第三节 脑动脉磁共振血管成像

检查项目中文名称	脑动脉磁共振血管成像
患者准备及摆位	
准备	• 无需特殊患者准备
摆位及线圈	• 线圈：头部相控阵线圈或头颈联合线圈 • 定位点：定位中心位于眉间 • 摆位要求：采用头先进仰卧位，头居线圈正中、不能旋转，确保患者头颅中心与线圈中心一致，同时用棉垫固定头部
定位像	扫描定位时注意 • 线圈覆盖范围 • 有无金属伪影 图 1-3-1 脑矢状位（图 A）、冠状位（图 B）和轴位（图 C）定位像

扫描序列		
编号	序列名称	序列说明
1	轴位 3D-TOF-MRA	用于血管性疾病的显示，如动脉粥样硬化、动脉瘤、动静脉畸形、烟雾病等

扫描定位

1. 轴位 3D-TOF-MRA

定位要求	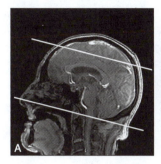 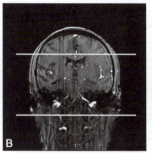 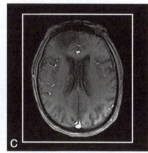 图 1-3-2 脑动脉轴位 3D-TOF-MRA 定位方法 图 A 示：在矢状位定位像上定位轴位图像，定位线平行于胼胝体膝部下缘和压部下缘连线或前后联合连线，扫描范围下缘至枕骨大孔，上缘至扣带回；图 B、C 示：在冠状位和轴位定位像上调整定位框，左右方向垂直于正中矢状缝，多块扫描，相邻两块重叠 1/4 层，最大不超过 12 层，常规每块扫描层数 32～40，扫描 3～4 块。

参数要求												
序号	序列	方位	加权	脂肪抑制	重复时间	回波时间	视野/cm	层厚/mm	层块	矩阵	相位编码	平均次数
1	3D-TOF-MRA	轴位	—	无	最短	反相位	23×23	1～1.4	3～4	384×256	左右	1

质量要求

- 两侧颅内结构尽量保持对称
- 扫描范围符合临床诊断需求
- 颅内血管结构，正常管壁应光滑连续，图像无明显伪影

标准图像

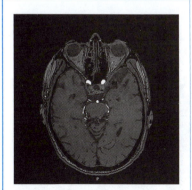

图 1-3-3 脑动脉轴位 3D-TOF-MRA 标准图像 1

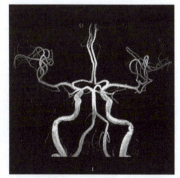

图 1-3-4 脑动脉轴位 3D-TOF-MRA 重建标准图像 2

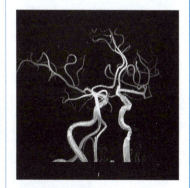

图 1-3-5 脑动脉轴位 3D-TOF-MRA 重建标准图像 3

图 1-3-6　脑动脉轴位 3D-TOF-MRA 重建标准图像 4

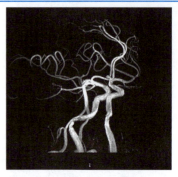

图 1-3-7　脑动脉轴位 3D-TOF-MRA 重建标准图像 5

伪影图像

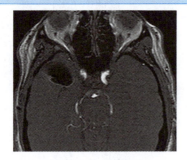

图 1-3-8　金属伪影

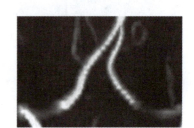

图 1-3-9　运动伪影

第四节　脑静脉磁共振血管成像

检查项目中文名称	脑静脉磁共振血管成像
患者准备及摆位	
准备	• 无需特殊准备
摆位及线圈	• 线圈:头部相控阵线圈或者头颈联合线圈 • 定位点:定位中心位于眉间 • 摆位要求:采用头先进仰卧位,头居线圈正中、不能旋转,确保患者头颅中心与线圈中心一致,同时用棉垫固定头部
定位像	扫描定位像时注意 • 线圈覆盖范围 • 有无金属伪影

图 1-4-1　脑矢状位(图 A)、冠状位(图 B)和轴位(图 C)定位像

扫描序列		
编号	序列名称	序列说明
1	3D-PC-MRV	鉴别静脉血栓、动静脉瘘

扫描定位

1. 3D-PC-MRV

<table>
<tr><td rowspan="2">定位
要求</td><td>

- 流速编码：10～30cm/s，施加方向：all
- 扫描视野足侧施加层面跟随饱和带，抑制动脉血流信号

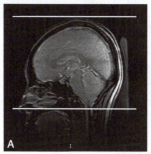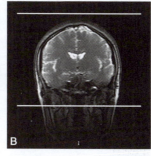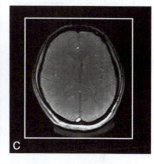

图 1-4-2　脑静脉轴位 3D-PC-MRV 定位方法

图 A 示：在矢状位定位像上设置纯轴位扫描，扫描范围从枕骨大孔处至颅顶，完整覆盖头皮，不要遗漏上矢状窦；图 B、C 示：在冠状位及轴位定位像上调整扫描视野，使脑组织结构居中。

</td></tr>
</table>

参数要求											
序号	序列	方位	加权	脂肪抑制	重复时间	回波时间/ms	视野/cm	层厚/层距/mm	层数	矩阵	相位编码	平均次数
1	3D-PC-MRV	轴位	—	无	最短	3.5	24×24	1.2/−0.6	176	320×192	左右	1

质量要求

- 两侧颅内结构尽量保持对称
- 扫描范围符合临床诊断需求
- 清晰显示颅内大静脉结构
- 图像无明显伪影
- 血管信号与背景组织有较高的对比度
- 重建后的 MIP 血管像可任意方位、角度旋转，背景噪声少，感兴趣区域血管病变检出率高

标准图像

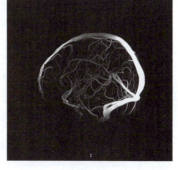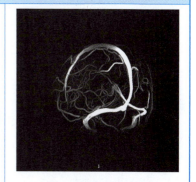

图 1-4-3　脑静脉轴位 3D-PC-MRV 标准图像 1　　　图 1-4-4　脑静脉轴位 3D-PC-MRV 重建标准图像 2　　　图 1-4-5　脑静脉轴位 3D-PC-MRV 重建标准图像 3

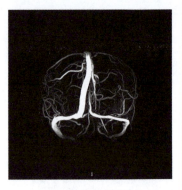

图 1-4-6 脑静脉轴位 3D-PC-MRV 重建标准图像 4

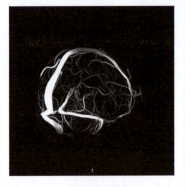

图 1-4-7 脑静脉轴位 3D-PC-MRV 重建标准图像 5

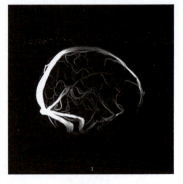

图 1-4-8 脑静脉轴位 3D-PC-MRV 重建标准图像 6

特殊注意事项
• 2D TOF 的优缺点:方法简单,扫描时间相对较短,但层面内流动的血管易出现信号的丢失等 • 3D PC 法的优缺点:扫描时间长,如局部有静脉血栓,邻近血流缓慢,流速远低于设定的流速编码,得到的图像有夸大血栓范围的可能,因此需结合其他扫描序列或检查综合分析

第五节　垂体磁共振平扫、垂体磁共振动态增强扫描

检查项目中文名称	垂体磁共振平扫、垂体磁共振动态增强扫描
患者准备及摆位	
准备	• 同脑其他项目,增强检查需遵守相应注意事项,如空腹及过敏史
摆位及线圈	• 线圈:头线圈或头颈联合线圈 • 定位点:眉弓下缘 • 摆位注意患者舒适度,外眦-外耳孔连线垂直于水平面
定位像	扫描定位像时注意 • 线圈高亮区域的覆盖范围与目标范围是否匹配 • 有无金属伪影位于成像范围,特别是活动义齿等可移除的金属物品 图 1-5-1　头部矢状位定位像

扫描序列		
编号	序列名称	序列说明
1	矢状位 T_1WI	用于垂体后叶及靠近床突组织的评估
2	冠状位 T_1WI	用于垂体与双侧海绵窦边界，以及海绵窦内各血管和神经的评估
3	冠状位 T_2WI	与冠状位 T_1WI 对应，用于垂体与双侧海绵窦边界，以及海绵窦内各血管和神经的评估
4	冠状位 DCE	多期动态对比增强，用于检出垂体异常灌注
5	矢状位 T_1WI+C	用于增强后垂体后叶及靠近床突组织的评估
6	冠状位 T_1WI+C	用于增强后垂体与双侧海绵窦边界，以及海绵窦内各血管和神经的评估
扫描定位		

1. 矢状位 T_1WI

定位要求	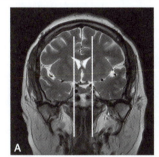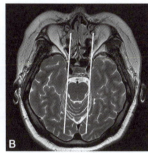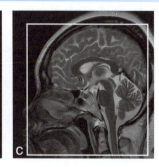 图 1-5-2　头部矢状位 T_1WI 定位方法 图 A、B 示：冠状位及轴位定位像上定位线平行大脑纵裂并垂直于鞍底方向，成像范围覆盖双侧海绵窦内侧壁，如有必要扩至双侧海绵窦外侧壁；图 C 示：调整扫描视野，垂体居中。

2. 冠状位 T_1WI

定位要求	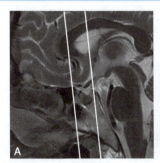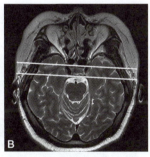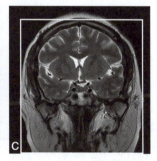 图 1-5-3　头部冠状位 T_1WI 定位方法 图 A 示：矢状位定位像上定位线垂直于鞍底，成像范围覆盖前床突、后床突；图 B 示：在轴位定位像上确认成像平面沿鞍底方向并垂直于大脑纵裂；图 C 示：调整扫描视野，垂体居中。

3. 冠状位 T_2WI

定位要求	• 完全复制冠状位 T_1WI 定位信息

4. 冠状位 DCE

定位要求	• 复制冠状位 T_1WI 扫描中心点及定位方向 • 扫描范围仅覆盖垂体，共5层，扫描6～8个时相，每个时相15～30秒

5. 矢状位 T$_1$WI+C	
定位要求	● 完全复制矢状位 T$_1$WI 定位信息

6. 冠状位 T$_1$WI+C	
定位要求	● 完全复制冠状位 T$_1$WI 定位信息

												参数要求

序号	序列	方位	加权	脂肪抑制	重复时间/ms	回波时间/ms	视野/cm	层厚/层距/mm	层数	矩阵	相位编码	平均次数	呼吸控制
1	3D FSE	矢状位	T$_1$WI	有	<400	<15	17×17	2.4/−1.2	22	256×192	前后	2	自由
2	FSE	冠状位	T$_1$WI	无	<500	<15	18×17	2/0.5	8～10	256×192	左右	2	自由
3	FSE	冠状位	T$_2$WI	无	>3 000	80～100	18×18	3/0.6	8～10	288×288	左右	2	自由
4	FSE	冠状位	T$_1$WI+C	无	<400	<15	20×20	2/0.5	5～7	288×192	左右	2	自由
5	3D FSE	矢状位	T$_1$WI+C	有	<400	<15	17×17	2.4/−1.2	22	256×224	前后	2	自由
6	FSE	冠状位	T$_1$WI+C	无	<500	<15	18×17	2/0.5	8～10	256×192	左右	2	自由

质量要求

● 覆盖范围充足,鞍区组织位于线圈有效的成像范围内,没有明显的运动伪影及其他来源于患者或参数设置不合理造成的伪影
● 空间分辨率足够高,结合插值使层面内分辨率达 0.7mm×0.7mm 以上
● 信噪比充足,垂体及背景组织内不应出现明显的、影响鞍区评价的噪声
● 多期 DCE 序列的时间分辨率为 15～30 秒,可结合并行采集或人工智能加速等方式调整,选择适当的时间分辨率

标准图像

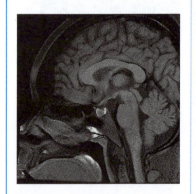

图 1-5-4　垂体矢状位 T$_1$WI 标准图像

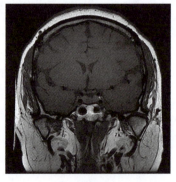

图 1-5-5　垂体冠状位 T$_1$WI 标准图像

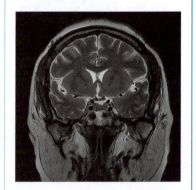

图 1-5-6　垂体冠状位 T$_2$WI 标准图像

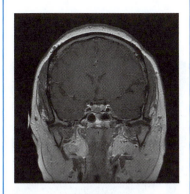

图 1-5-7　垂体冠状位 DCE 标准图像

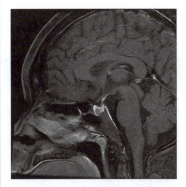

图 1-5-8　垂体矢状位 T₁WI+C 标准图像

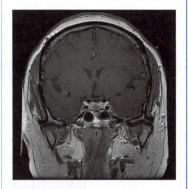

图 1-5-9　垂体冠状位 T₁WI+C 标准图像

特殊注意事项

- 矢状位 T_1WI 增强前、后均采用脂肪抑制,用以观察垂体后叶
- 垂体冠状位扫描,应在正中矢状面上定位,定位线平行于垂体柄或垂直于鞍底,多数患者垂体倾斜角度不大,定位线平行于垂体柄,即可清晰显示垂体、垂体柄及视交叉的空间关系;部分患者垂体柄倾斜角度过大,平行于垂体柄扫描不利于垂体的观察,定位线应垂直于鞍底最低点的切线。当成像层面较薄时,具体的角度或许会使病变显示效果有细微差别,但不影响病变检出
- 垂体动态增强扫描剂量为半倍剂量,动态增强不以血管为首要观察目标,因此在流速保证的情况下,手推或高压注射器给药均可。注射对比剂前先扫描蒙片,团注对比剂后连续扫描持续不少于 2 分钟,期相一般为 6～8 期。为保证时间分辨率,层面内的空间分辨率可适度降低。动态增强序列可以不采用脂肪抑制
- 动态增强扫描,除选择 2D FSE 序列外,还可采用 3D SPGR 序列,应注意空间分辨率及时间分辨率的设置和控制磁敏感伪影。使用 GRE 序列时,重复时间(TR)和回波时间(TE)应设置为最短
- 当成像区域内发现垂体或鞍区邻近结构病变时,应适当扩大成像范围,并视情况补充 DWI 序列以完善检查,DWI 序列可以采用小视野局部激发 DWI、非 EPI 技术的 DWI,或者多次激发技术的 DWI 序列以减轻磁敏感伪影,必要时也可以采用冠状位采集
- 目前用于垂体的成像序列均具备三维薄层成像能力,实际中可根据需要采用,以获得该区域内更高的空间分辨率和成像细节,从而帮助诊断

第六节　海马磁共振平扫

检查项目中文名称	海马磁共振平扫
患者准备及摆位	
准备	• 无需特殊准备
摆位及线圈	• 线圈:头部相控阵线圈或头颈联合线圈 • 定位点:定位中心位于眉间 • 摆位要求:采用头先进仰卧位,头居线圈正中、不能旋转,确保患者头颅中心与线圈中心一致,同时用棉垫固定头部

扫描定位像时注意：
- 线圈覆盖范围
- 有无金属伪影

定位像

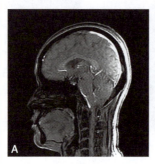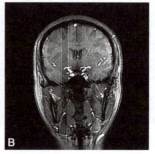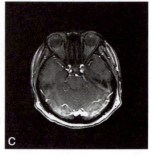

图 1-6-1　脑矢状位(图 A)、冠状位(图 B)和轴位(图 C)定位像

扫描序列		
编号	序列名称	序列说明
1	轴位 T_2WI	观察颅内有无异常信号, 特别是皮质及皮质下区域
2	轴位 T_1WI	观察颅内有无异常结构及异常信号
3	轴位 T_2 FLAIR	观察颅内有无异常信号, 特别是皮质及皮质下区域
4	轴位 DWI	观察颅内有无异常结构及异常信号
5	矢状位 3D SPGR T_1WI	观察颅内有无异常结构及信号, 特别是中线结构及海马结构有无形态异常
6	斜冠状位 T_2 FLAIR	主要适用于由海马病变导致的癫痫患者

扫描定位

1. 轴位 T_2WI

定位要求

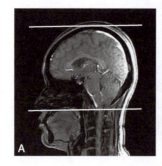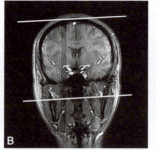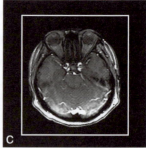

图 1-6-2　脑轴位 T_2WI 定位方法

图 A 示：定位线平行于胼胝体膝部下缘和压部下缘连线或前后联合连线, 自下而上, 扫描范围为由枕骨大孔至颅顶；图 B、C 示：定位框左右方向垂直于中线结构。

2. 轴位 T_1WI

定位要求
- 完全复制轴位 T_2WI 定位信息

3. 轴位 T_2 FLAIR

定位要求	• 完全复制轴位 T_2WI 定位信息

4. 轴位 DWI

定位要求	• 完全复制轴位 T_2WI 定位信息

5. 矢状位 3D SPGR T_1WI

定位要求	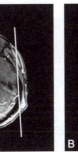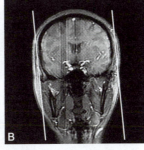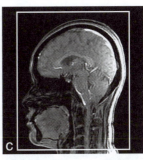

图 1-6-3　脑矢状位 3D SPGR T_1WI 定位方法

图 A、B 示：在轴位及冠状位定位像上定位矢状面，定位线平行于正中矢状缝，覆盖全部脑组织；
图 C 示：在矢状位定位像上调整前后及上下位置，覆盖全部脑组织。

6. 斜冠状位 T_2 FLAIR

定位要求	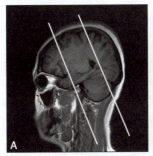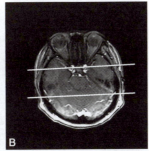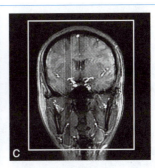

图 1-6-4　脑斜冠状位 T_2 FLAIR 定位方法

图 A 示：在矢状位 3D T_1WI 图像上找到一侧海马，定位线垂直于海马长轴，自前向后，覆盖海马；
图 B、C 示：在轴位定位像上，定位线垂直于正中矢状缝，于冠状位定位像上调整角度，左右定位框平行于正中矢状缝。

参数要求											
序号	序列	方位	加权	脂肪抑制	重复时间/ms	回波时间/	视野/cm	层厚/层距/mm	层数	矩阵	相位编码	平均次数
1	FSE	轴位	T_2WI	无	>3 000	100左右	24×24	5~6/1	20	320×320	左右	1
2	T_1 FLAIR	轴位	T_1WI	无	1 800	最短	24×24	5~6/1	20	320×256	左右	1
3	T_2 FLAIR	轴位	T_2WI	无	8 500	100~120	24×24	5~6/1	20	256×224	左右	1
4	SE-EPI	轴位	DWI	有	2 128	最短	24×24	5~6/1	20	160×160	前后	2

| 5 | MPRAGE | 矢状位 | T_1WI | 无 | 2 000 | 20 | 25 | 1 | 160 | 256×256 | 前后 | 1 |
| 6 | T_2 FLAIR | 轴位 | T_2WI | 无 | 8 500 | 100~120 | 24×24 | 3/0 | 20 | 256×224 | 左右 | 1 |

质量要求

- 两侧颅内结构尽量保持对称
- 扫描范围符合临床诊断需求
- 清晰显示颅内结构
- 图像无明显伪影
- 脂肪抑制均匀

标准图像

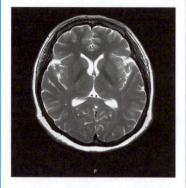

图 1-6-5 脑轴位 T_2WI 标准图像

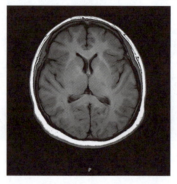

图 1-6-6 脑轴位 T_1WI 标准图像

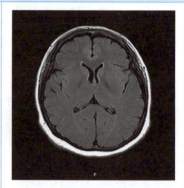

图 1-6-7 脑轴位 T_2 FLAIR 标准图像

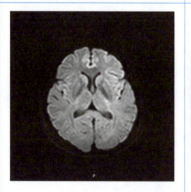

图 1-6-8 脑轴位 DWI 标准图像

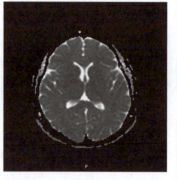

图 1-6-9 脑轴位 DWI-ADC 标准图像

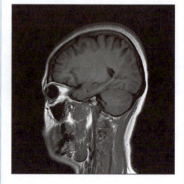

图 1-6-10 脑矢状位 3D T_1WI 标准图像

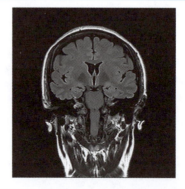

图 1-6-11 脑斜冠状位 T_2 FLAIR 标准图像

第七节 磁敏感加权成像

<table>
<tr><td>检查项目
中文名称</td><td colspan="3">磁敏感加权成像</td></tr>
<tr><td colspan="4">患者准备及摆位</td></tr>
<tr><td>准备</td><td colspan="3">• 同脑其他项目，无需特殊准备</td></tr>
<tr><td>摆位及线圈</td><td colspan="3">• 线圈：头线圈或头颈联合线圈
• 定位点：眉弓上缘
• 摆位注意患者舒适度，外眦-外耳孔连线垂直于水平面</td></tr>
<tr><td>定位像</td><td colspan="3">扫描定位像时注意
• 线圈高亮区域的覆盖范围与目标范围是否匹配
• 有无金属伪影位于成像范围，特别是活动义齿等可清理的金属物品
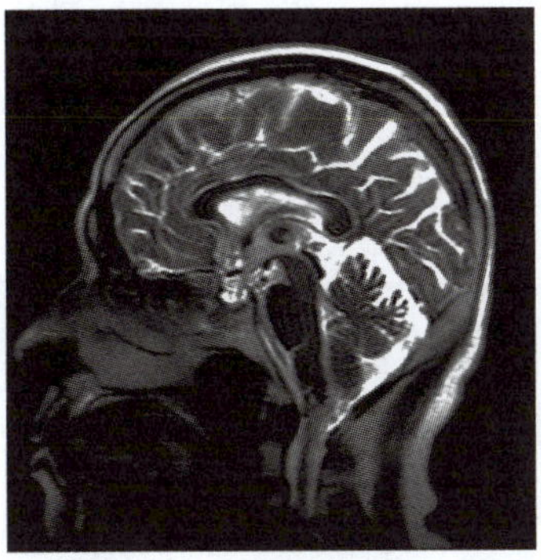
图 1-7-1 头部矢状位定位像</td></tr>
<tr><td colspan="4">扫描序列</td></tr>
<tr><td>编号</td><td>序列名称</td><td colspan="2">序列说明</td></tr>
<tr><td>1</td><td>磁敏感加权成像</td><td colspan="2">用于磁敏感加权及其幅度图、相位图等分量图像和自动后处理图像的生成</td></tr>
<tr><td colspan="4">扫描定位</td></tr>
<tr><td colspan="4">1. 磁敏感加权成像</td></tr>
<tr><td>定位
要求</td><td colspan="3">• 一般采用轴位成像，平行于前、后联合连线，也可根据患者颅底情况改用其他方位
• 在三个方位上调整定位，层方向和相位方向都要确保不卷褶
• 当颅底磁敏感伪影无法避免时，需要设置局部匀场
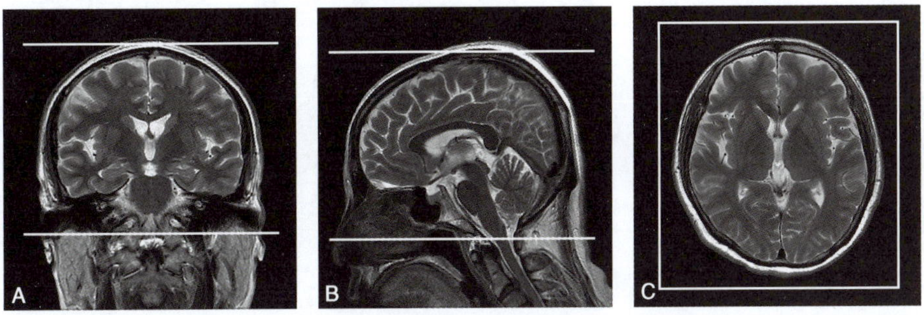

图 1-7-2 全脑轴位磁敏感加权成像定位方法(图 A～C)</td></tr>
</table>

参数要求												
序号	序列	方位	加权	脂肪抑制	重复时间	回波时间/ms	视野/cm	层厚/层距/mm	层数	矩阵	相位编码	平均次数	呼吸控制
1	三维扰相GRE	斜轴位	幅度/相位	无	最短	>20	21～24	4.8/-1.2	30	448×272	左右	1	自由
							21～24	1.6/-0.4	100	384×256			

幅度图的对比度受翻转角和回波时间（TE）影响：翻转角增大时倾向 T_1WI，一般设为 15°；翻转角 <8°，或 TE>30 毫秒时倾向 T_2^*WI；1.5T 场强 TE 需大于 40 毫秒

后处理

- 手动载入重建工具设置生成最小强度投影，以有利于突出显示病变特点
- 也可设置自动生成相关成像参数的最小强度投影

质量要求

- 没有明显的运动伪影及其他来源于患者或参数设置不合理造成的伪影
- 用于 5mm 以下病灶检出时，该序列层厚不应超过 2mm
- 用于小血管病变或皮层血管评估时，生成层厚应为亚毫米（<0.8mm）

标准图像

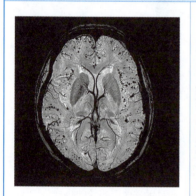

图 1-7-3　基底节层面磁敏感加权最小强度投影标准图像（淀粉样物质沉积）

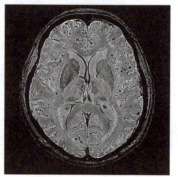

图 1-7-4　基底节层面磁敏感加权标准图像（淀粉样物质沉积）

图 1-7-5　基底节层面相位图标准图像（淀粉样物质沉积）

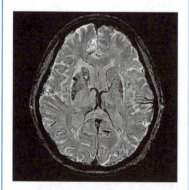

图 1-7-6　基底节层面幅度图标准图像（基底节陈旧性梗死）

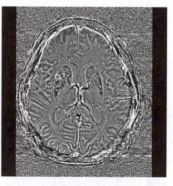

图 1-7-7　基底节层面相位图标准图像（基底节陈旧性梗死）

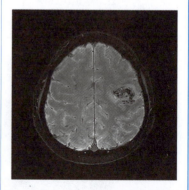

图 1-7-8　中央沟层面幅度图标准图像（左侧皮层静脉血栓）

特殊注意事项
• 该序列较传统 T_2^*WI 优势明显,提倡常规应用取代后者,可根据实际适当调整层厚,用于日常筛查和检出病变 • 该序列信噪比较高,用于小血管和微出血的评估时应采用尽量薄的层厚,可结合层面内及层面间内插技术改善显示效果及缩短成像时间 • 当设置为 T_1 对比时,该序列的扫描应置于增强前,以防止对比剂对图像对比度的影响和额外的磁敏感伪影 • 该序列的多回波变体可用于合成 MRI 及定量性磁化率图(QSM)的计算

第八节　脑扩散张量成像

检查项目 中文名称	脑扩散张量成像
患者准备及摆位	
准备	• 同脑其他项目,无需特殊准备
摆位及线圈	• 线圈:头部线圈或头颈联合线圈 • 定位点:仰卧位,头先进,定位中心位于眉弓,激光灯打开前,嘱患者闭眼 • 其他要求:肩部紧贴线圈,左右居中,同时使用海绵垫固定头部或佩戴降噪耳机
定位像	扫描定位像时注意 • 线圈覆盖范围 • 有无金属伪影 图 1-8-1　头部 DTI 矢状位(图 A)、轴位(图 B)和冠状位(图 C)定位像

扫描序列		
编号	序列名称	序列说明
1	矢状位 3D T_1WI	3D 解剖像,采集体素 1mm iso,用于观察颅脑解剖结构,以及在后处理中与 DTI 图像融合
2	轴位 DTI	颅脑 DTI,可用于各向异性分数(FA)测量与手术定位等

扫描定位

1. 矢状位 3D T₁WI

定位要求

● 覆盖全部脑组织，必要时覆盖耳部

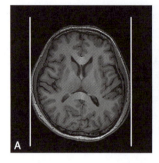 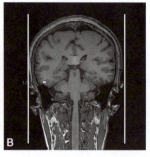 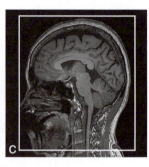

图 1-8-2　头部矢状位 3D T₁WI 定位方法

图 A、B 示：在轴位和冠状位定位像上，定位线正中层面与大脑镰重合；图 C 示：在矢状位定位像上，调整视野（FOV）位置和角度，使图像居中。

2. 轴位 DTI

定位要求

● 覆盖全部脑组织或覆盖所需观察脑组织

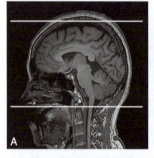 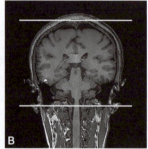 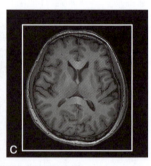

图 1-8-3　头部轴位 DTI 定位方法

图 A 示：在矢状位定位像上，定位线平行于胼胝体膝部及压部下缘连线，下缘至枕骨大孔，上缘覆盖上矢状窦；图 B、C 示：在冠状位和轴位定位像上，调整位置和角度，图像居中。

参数要求

序号	序列	方位	加权	脂肪抑制	重复时间	回波时间	视野/cm	层厚/层距/mm	层数	矩阵	相位编码	平均次数	呼吸控制
1	3D SPGR	矢状位	T₁WI	无	最短	最短	23×25	1	190~250	保证 1mm 各向同性体素，如 230×250	前后	1	自由
2	DTI	轴位	EPI	有	≥2 000ms	最短	23×25	2/0	30~40	118×128	前后	1	自由

质量要求

● 扫描范围符合临床诊断需求
● 清晰显示颅脑结构及病灶
● 图像无明显伪影
● DTI 清晰显示 FA 图，可通过后处理重建出纤维束

标准图像

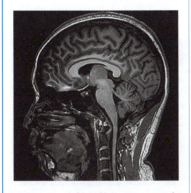

图 1-8-4　头部矢状位 3D T$_1$WI 标准图像

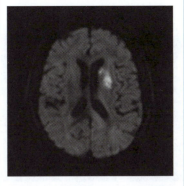

图 1-8-5　头部轴位 DTI 标准图像

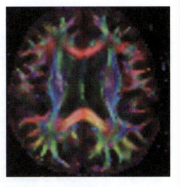

图 1-8-6　头部 DTI FA 图标准图像

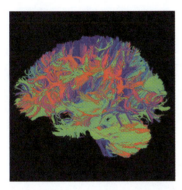

图 1-8-7　头部 DTI 纤维束重建标准图像

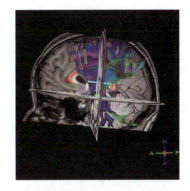

图 1-8-8　头部纤维束 DTI-3D T$_1$WI 融合显示标准图像

特殊注意事项

- DTI 扫描,增加平均次数可提高信噪比
- 增加扩散敏感梯度方向,可使得纤维束边界显示更清晰,扫描时间延长
- 根据临床需求设置合理的 b 值个数、b 值大小和弥散梯度的方向

第九节　磁共振脑灌注加权成像

检查项目中文名称	磁共振脑灌注加权成像
患者准备及摆位	
准备	常规患者准备
摆位及线圈	• 线圈:头颈联合线圈或高密度头线圈 • 定位点:定位中心位于眉弓,激光灯打开前,嘱患者闭眼 • 其他要求:肩部紧贴线圈,左右居中,同时使用海绵垫固定头部或佩戴降噪耳机

定位像	扫描定位像时注意 ● 线圈覆盖范围 ● 有无金属伪影 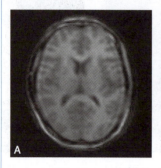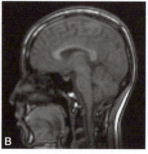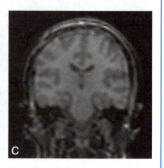 图 1-9-1　头部 PWI 轴位（图A）、矢状位（图B）和冠状位（图C）定位像

<table>
<tr><th colspan="3">扫描序列</th></tr>
<tr><th>编号</th><th>序列名称</th><th>序列说明</th></tr>
<tr><td>1</td><td>轴位 EPI_Perf</td><td>颅脑灌注增强扫描,扫描范围全脑覆盖</td></tr>
<tr><td>2</td><td>矢状位 3D T$_1$WI（或轴位 /
矢状位 / 冠状位 2D T$_1$WI
序列组合）+C</td><td>全脑覆盖,观察颅脑结构与局部病灶,用于图像融合或定位</td></tr>
</table>

	扫描定位

1. 轴位 EPI_Perf

定位 要求	● 扫描＞40 时相,每个时相≤2 秒,总体扫描时间＞1 分钟 ● 先扫描,在第 4～5 时相时注射对比剂 ● 对比剂注射方式为高压注射器团注,注射速度为 4ml/s ● 扫描完毕需重建局部脑血容量（rCBV）、局部脑血流量（rCBF）、平均通过时间（MTT）、达峰时间（TTP）图像 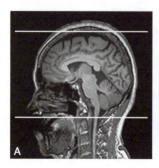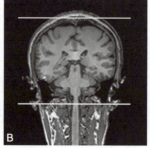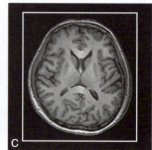 图 1-9-2　头部轴位 EPI_Perf 定位方法 图 A 示:正中矢状位定位像上,定位线平行于胼胝体膝部与压部下缘连线;下缘包括枕骨大孔,上缘包括上矢状窦;图 B、C 示:在冠状位和轴位定位像上,调整视野位置和角度,使图像居中对称。

2. 矢状位 3D T₁WI+C

定位
要求

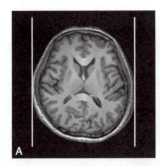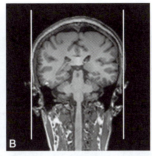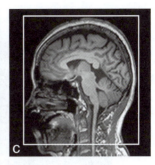

图 1-9-3　头部矢状位 3D T₁WI+C 定位方法

图 A、B 示：在轴位、冠状定位像上，定位线平行于大脑纵裂，正中定位线与大脑镰重合，左右覆盖全部脑组织；图 C 示：在矢状位定位像上，定位框覆盖全部脑扫描区。

或轴位 2D T₁WI+C

定位
要求

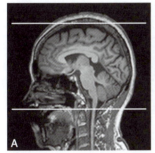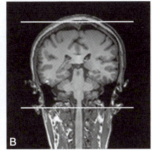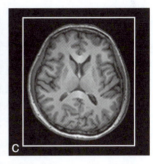

图 1-9-4　头部轴位 2D T₁WI+C 定位方法

图 A 示：在矢状位定位像上，定位线平行于前后联合的连线；图 B 示：在冠状位定位像上，定位线平行于两侧颞叶底部连线；图 C 示：在轴位定位像上，定位框覆盖所需观察的脑组织。

或矢状位 2D T₁WI+C

定位
要求

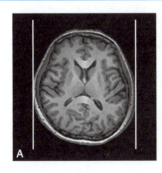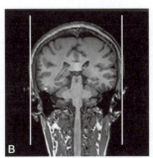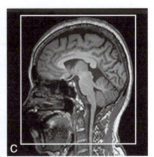

图 1-9-5　头部矢状位 2D T₁WI+C 定位方法

图 A 示：在轴位定位像上，定位线平行于大脑纵裂，左右覆盖全部脑组织；图 B 示：在冠状位定位像上，定位线垂直于两侧颞叶底部连线；图 C 示：在矢状位定位像上，定位框覆盖脑全部扫描区，图像居中。

或冠状位 2D T_1WI+C

<table>
<tr><td rowspan="2">定位要求</td><td colspan="2">• 脂肪抑制</td></tr>
<tr><td colspan="2">

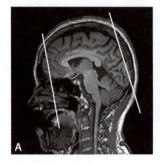 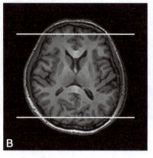 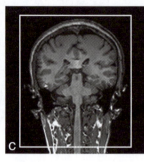

图 1-9-6 头部冠状位 2D T_1WI+C 定位方法

图 A 示：在矢状位定位像上，定位线与脑干长轴平行，覆盖全部脑组织或病变组织；图 B 示：在轴位定位像上，定位线与大脑纵裂垂直，覆盖全部脑组织或病变组织；图 C 示：定位框完整覆盖所需观察脑组织，图像居中。

</td></tr>
</table>

参数要求													
序号	序列	方位	加权	脂肪抑制	重复时间	回波时间	视野/cm	层厚/层距/mm	层数	矩阵	相位编码	平均次数	呼吸控制
1	EPI Perf	轴位	—	有	≤2 000ms	20～30ms	23×23	5/1	24	128×128	前后	1	自由
2	3D SPGR	矢状位	T_1WI+C	无	最短	最短	23×25	1	190～250	保证 1mm 各向同性体素，如 230×250	前后	1	自由
或	FSE	轴位	T_1WI+C	有	450～600ms	最短	22×23	5/1	24	267×384	左右	1	自由
	FSE	矢状位	T_1WI+C	有	450～600ms	最短	22×23	5/1	11～19	233×304	前后	1	自由
	FSE	冠状位	T_1WI	有	450～600ms	最短	22×23	5/1	11～19	211×304	左右	1	自由

质量要求

• 扫描范围符合临床诊断需求
• 清晰显示颅脑灌注情况
• 图像无明显伪影

标准图像

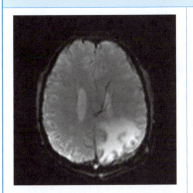

图 1-9-7　头部轴位 EPI_Perf 原始图标准图像

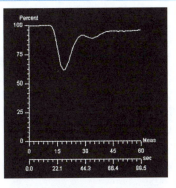

图 1-9-8　信号强度 - 时间曲线标准图像

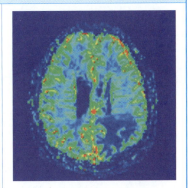

图 1-9-9　CBF 标准图像

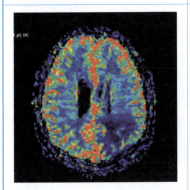

图 1-9-10　CBV 标准图像

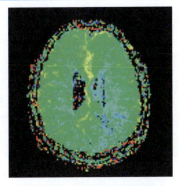

图 1-9-11　MTT 标准图像

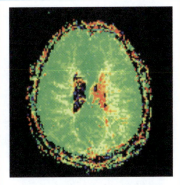

图 1-9-12　TTP 标准图像

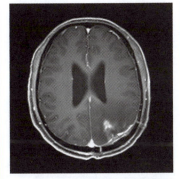

图 1-9-13　头部轴位 2D T₁WI+C 标准图像

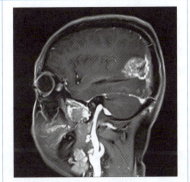

图 1-9-14　头部矢状位 2D T₁WI+C 标准图像

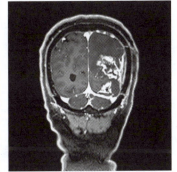

图 1-9-15　头部冠状位 2D T₁WI+C 标准图像

特殊注意事项

- 灌注对时间分辨率要求较高，每期时间应控制在 2 秒以内，即重复时间（TR）＜2 000 毫秒，时间越短，分析结果越准确
- 建议扫描不少于 40 期动态，总时间＞1 分钟，团注对比剂通过大脑约需要 10 秒，通常 1 分钟后在体内达到平衡
- 先启动扫描，在 AutoView 窗口观察，待图像出现后，根据图像质量决定是否开始注射对比剂，如无问题，通常第 3～5 期开始注射对比剂
- 对比剂注射速率要求 4～5ml/s，剂量 0.2ml/kg，20ml 生理盐水冲管
- 2D T₁WI+C 序列需要根据扫描层数、层厚、是否脂肪抑制等选择适当的 TR

第十节　DBS 脑磁共振导航成像

检查项目中文名称	DBS 脑磁共振导航成像		
患者准备及摆位			
准备	必要时需采取镇静措施		
摆位及线圈	• 线圈：头颈联合线圈或高密度头线圈 • 定位点：定位中心位于眉弓，激光灯打开前，嘱患者闭眼 • 其他要求：肩部紧贴线圈，左右居中，同时使用海绵垫固定头部或佩戴降噪耳机		
定位像	扫描定位像时注意 • 线圈覆盖范围 • 有无金属伪影 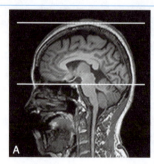 图 1-10-1　头部 DBS 磁共振导航成像轴位（图 A）、矢状位（图 B）和冠状位（图 C）定位像		

扫描序列

编号	序列名称	序列说明
1	轴位 T_2WI	薄层 T_2WI，明确红核等核团结构
2	矢状位 3D T_1WI	全脑覆盖，观察颅脑解剖结构，用于图像融合或定位
3	矢状位 3D T_2 FLAIR	全脑覆盖，观察颅内病灶，用于图像融合或定位（可选）
4	轴位 SWI	全脑覆盖，观察颅内铁沉积情况，明确红核等核团结构（可选）

扫描定位

1. 轴位 T_2WI

定位要求	

图 1-10-2　头部轴位 T_2WI 定位方法

图 A 示：在正中矢状位定位像上，定位线平行于胼胝体膝部与压部下缘连线，薄层扫描，下缘包括颞叶下缘，上缘包括颅顶皮层；扫描范围越大，层面越多，扫描时间越长，建议扫描范围至少完整覆盖灰质核团，必要时完整覆盖颅顶皮层；图 B 示：在冠状位定位像上，定位线平行双侧颞叶最下方，头部左右居中；图 C 示：在轴位定位像上，调整视野位置和角度，使图像居中对称。

2. 矢状位 3D T₁WI

| 定位要求 |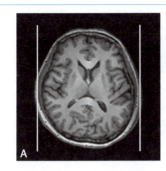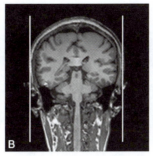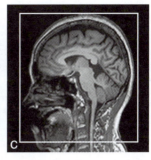

图 1-10-3 头部矢状位 3D T₁WI 定位方法

图 A、B 示：在轴位定位像上，定位线平行于大脑纵裂，正中定位线与大脑镰重合，左右覆盖双耳；图 C 示：在矢状位定位像上，定位框覆盖全脑，图像居中。

3. 矢状位 3D T₂ FLAIR

定位要求

- 完全复制矢状位 3D T₁WI 的定位信息

4. 轴位 SWI

- 分辨率越高图像效果越好，增加小病灶的检出率

定位要求

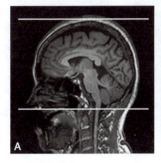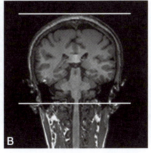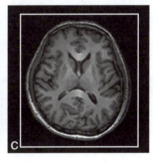

图 1-10-4 头部轴位 SWI 定位方法

图 A 示：在正中矢状位定位像上，定位线平行于胼胝体膝部与压部下缘连线，扫描范围覆盖全部脑组织；图 B 示：在冠状位定位像上，定位线平行于双侧颞叶最下方，头部左右居中；图 C 示：在轴位定位像上，调整视野位置和角度，使图像居中对称。

参数要求												
序号	序列	方位	加权	脂肪抑制	重复时间	回波时间	视野/cm	层厚/层距/mm	层数	矩阵	相位编码	平均次数	呼吸控制
1	FSE	轴位	T₂WI	无	≥4 000ms	80～100ms	23×23	2/0	60	575×575	左右	2	自由
2	3D SPGR	矢状位	T₁WI	无	最短	最短	覆盖脑，推荐：23×25	1/0	190～250	保证1mm各向同性体素，如230×250	前后	1	自由

3	3D FSE FLAIR	矢状位	T₂WI	是	≥8 000ms	400~450ms	覆盖脑，推荐：23×25	1/0	190~250	保证1mm各向同性体素，如230×250	前后	1	自由
4	GRE SWI	轴位	—	无	最短	20ms	20×23	1.5/0	60~80	285×328	左右	1	自由

质量要求

- 扫描范围符合临床诊断需求
- 清晰显示颅脑解剖结构
- 图像无明显伪影

标准图像

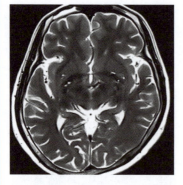

图 1-10-5 头部轴位 T₂WI 标准图像

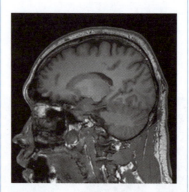

图 1-10-6 头部矢状位 3D T₁WI 标准图像

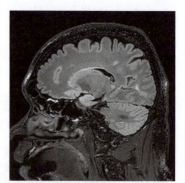

图 1-10-7 头部矢状位 3D T₂ FLAIR 标准图像

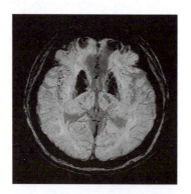

图 1-10-8 头部 SWI 标准图像

特殊注意事项

- 帕金森病等患者会有不自主肢体运动，运动伪影较大，需采用镇静措施，家属与主诊医师陪同

第十一节　绿色通道脑卒中磁共振成像

检查项目中文名称	绿色通道脑卒中磁共振成像
患者准备及摆位	
准备	患者意识不清,需家属和急诊医生陪同,务必嘱摘除金属和铁磁性物质
摆位及线圈	• 线圈:头部线圈或头颈联合线圈 • 定位点:仰卧位,头先进,定位中心位于眉弓,激光灯打开前,嘱患者闭眼 • 其他要求:肩部紧贴线圈,左右居中,同时使用海绵垫固定头部或佩戴降噪耳机
定位像	扫描定位像时注意 • 线圈覆盖范围 • 有无金属伪影 图 1-11-1　绿色通道脑卒中磁共振成像轴位(图 A)、矢状位(图 B)和冠状位(图 C)定位像

扫描序列

编号	序列名称	序列说明
1	轴位 T_2WI	初步观察颅脑病灶,可使用风车技术(刀锋技术)校正层面内运动伪影
2	轴位 DWI	结合表观扩散系数(ADC)判断颅内脑组织是否有扩散受限情况
3	轴位 TOF-MRA	观察颅内血管情况
4	矢状位 3D T_1WI	观察颅脑解剖结构
5	矢状位 3D T_2 FLAIR	与 T_2WI 对比观察病灶情况
6	轴位 SWI	观察颅内静脉及微出血情况

扫描定位

1. 轴位 T_2WI

定位要求	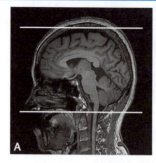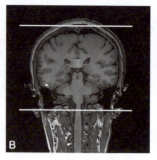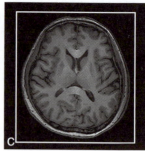 图 1-11-2　轴位 T$_2$WI 定位方法 图 A 示：在矢状位定位像上，定位线平行于前后联合的连线，下缘包全小脑，上缘包全颅顶；图 B 示：在冠状位定位像上，定位线垂直于大脑纵裂；图 C 示：在轴位定位像上，视野左右对称，图像居中，覆盖所需观察脑组织。

2. 轴位 DWI

定位要求	• 完全复制轴位 T$_2$WI 定位信息

3. 轴位 TOF-MRA

定位要求	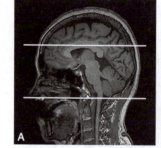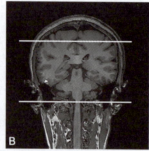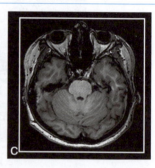 图 1-11-3　轴位 TOF-MRA 定位方法 图 A 示：在矢状位定位像上，定位线平行于前后联合连线，上缘包全扣带回，下缘至枕骨大孔；图 B 示：在冠状位定位像上，定位线与大脑纵裂垂直，定位线上缘放置预饱和带，以饱和矢状窦及其引流静脉血流；图 C 示：在轴位定位像上，视野左右对称，图像居中，覆盖所需观察脑血管。

4. 矢状位 3D T$_1$WI

定位要求	• 覆盖全部脑，必要时包全耳部 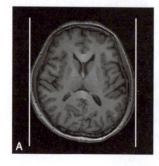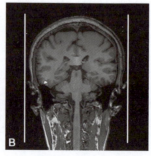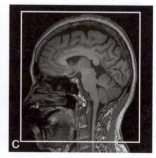 图 1-11-4　矢状位 3D T$_1$WI 定位方法 图 A、B 示：在轴位和冠状位定位像上，定位线正中层面与大脑镰重合；图 C 示：在矢状位定位像上，调整视野位置和角度，使图像居中。

5. 矢状位 3D T$_2$ FLAIR	
定位要求	完全复制矢状位 3D T$_1$WI 定位信息

6. 轴位 SWI	
定位要求	• 复制轴位 T$_2$WI 扫描范围 • 分辨率越高图像效果越好,增加小病灶的检出率

<table>
<tr><td colspan="14" align="center">参数要求</td></tr>
<tr>
<td>序号</td>
<td>序列</td>
<td>方位</td>
<td>加权</td>
<td>脂肪抑制</td>
<td>重复时间</td>
<td>回波时间</td>
<td>视野/cm</td>
<td>层厚/层距/mm</td>
<td>层数</td>
<td>矩阵</td>
<td>相位编码</td>
<td>平均次数</td>
<td>呼吸控制</td>
</tr>
<tr>
<td>1</td>
<td>FSE</td>
<td>轴位</td>
<td>T$_2$WI</td>
<td>无</td>
<td>≥5 000ms</td>
<td>100~120ms</td>
<td>20×23</td>
<td>5/1</td>
<td>20~26</td>
<td>234×336</td>
<td>左右</td>
<td>1</td>
<td>自由</td>
</tr>
<tr>
<td>2</td>
<td>DWI</td>
<td>轴位</td>
<td>EPI</td>
<td>有</td>
<td>≥2 000ms</td>
<td>最短</td>
<td>20×23</td>
<td>5/1</td>
<td>20~26</td>
<td>100×144</td>
<td>前后</td>
<td></td>
<td>自由</td>
</tr>
<tr>
<td>3</td>
<td>TOF GRE</td>
<td>轴位</td>
<td>—</td>
<td>无</td>
<td>最短</td>
<td>最短</td>
<td>18×26</td>
<td>1/0</td>
<td>140~160</td>
<td>206×336</td>
<td>左右</td>
<td>1</td>
<td>自由</td>
</tr>
<tr>
<td>4</td>
<td>3D SPGR</td>
<td>矢状位</td>
<td>T$_1$WI</td>
<td>无</td>
<td>最短</td>
<td>最短</td>
<td>覆盖全脑,推荐:23×25</td>
<td>1/0</td>
<td>190~250</td>
<td>保证 1mm 各向同性体素,如 230×250</td>
<td>前后</td>
<td>1</td>
<td>自由</td>
</tr>
<tr>
<td>5</td>
<td>3D FSE FLAIR</td>
<td>矢状位</td>
<td>T$_2$WI</td>
<td>有</td>
<td>≥8 000ms</td>
<td>400~450ms</td>
<td>覆盖全脑,推荐:23×25</td>
<td>1/0</td>
<td>190~250</td>
<td>保证 1mm 各向同性体素,如 230×250</td>
<td>前后</td>
<td>1</td>
<td>自由</td>
</tr>
<tr>
<td>6</td>
<td>GRE SWI</td>
<td>轴位</td>
<td>—</td>
<td>有</td>
<td>最短</td>
<td>20ms</td>
<td>20×23</td>
<td>3/−1.5</td>
<td>40</td>
<td>153×352</td>
<td>左右</td>
<td>1</td>
<td>—</td>
</tr>
</table>

质量要求
• 扫描范围符合临床诊断需求 • 清晰显示颅脑结构及病灶 • 图像无明显伪影

标准图像

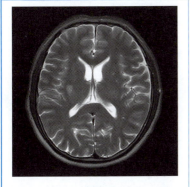

图 1-11-5　头部轴位 T$_2$WI 标准图像

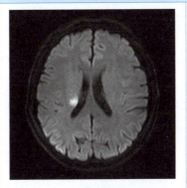

图 1-11-6　头部轴位 DWI 中 b 为 1 000s/mm^2 标准图像

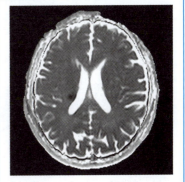

图 1-11-7　头部轴位 DWI-ADC 标准图像

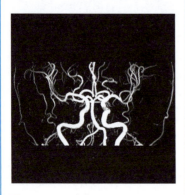

图 1-11-8　头部 TOF-MRA-MIP 标准图像

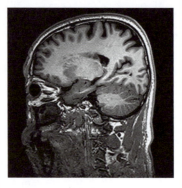

图 1-11-9　头部矢状位 3D T_1WI 标准图像

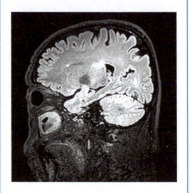

图 1-11-10　头部矢状位 3D T_2 FLAIR 标准图像

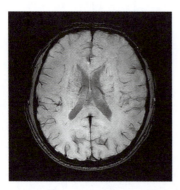

图 1-11-11　头部轴位 SWI 标准图像

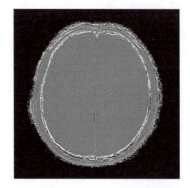

图 1-11-12　头部轴位 SWI-相位图标准图像

特殊注意事项
<ul><li>DWI 和 SWI 扫描对于磁敏感伪影非常敏感,需提前去除金属物品</li><li>患者需家属协助进入磁体间时,务必告知家属摘除金属及磁性物件</li><li>患者无意识或意识不清的情况下,检查期间要求家属和急诊医生陪同检查</li></ul>

第十二节　脑脊液流动定量分析成像

检查项目中文名称	脑脊液流动定量分析成像
患者准备及摆位	
准备	• 需要使用心电门控或外周门控触发采集
摆位及线圈	• 线圈:头线圈或头颈联合线圈 • 定位点:眉弓上缘 • 其他要求:摆位注意患者舒适度,外眦-外耳孔连线垂直于水平面;查看门控信号是否满意,使用外周门控时将门控装置夹于中指以防止脱落,红色光点对准指腹

定位像	扫描定位像时注意
	• 线圈高亮区域的覆盖范围与目标范围是否匹配
	• 有无金属伪影位于成像范围,特别是活动义齿等可清理的金属物品
	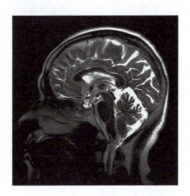
	图 1-12-1　头部矢状位定位像

扫描序列

编号	序列名称	序列说明
1	矢状位 3D T$_1$WI	重建目标结构矢状位、冠状位、轴位三个方位的图像,用于二维相位对比成像的精准定位
2	2D 相位对比	脑脊液流动分析采集,需要用后处理软件计算脑脊液流速及方向

扫描定位

1. 矢状位 3D T$_1$WI

定位要求	• 成像范围覆盖全脑,在三个方位不发生卷褶 • 采集正矢状位或沿大脑纵裂调整角度
	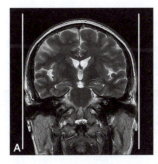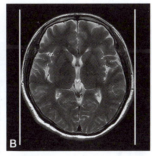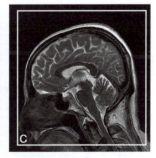
	图 1-12-2　全脑矢状位 3D T$_1$WI 定位方法(图 A～C)

2. 2D 相位对比(以中脑导水管为例)

定位要求	• 使用序列 1 沿中脑导水管长轴和短轴重建,得到冠状位、矢状位和轴位图像 • 在冠状位和矢状位上定位,定位线垂直于中脑导水管,采集中脑导水管短轴位,只扫描 1 层 • 使用回顾性心电门控电影成像模式采集

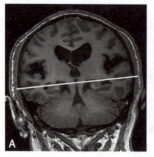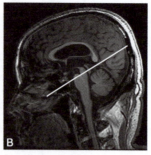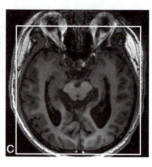

图 1-12-3　中脑导水管 2D 相位对比定位方法（图 A～C）

参数要求												
序号	序列	方位	加权	脂肪抑制	重复时间	回波时间	视野/cm	层厚/层距/mm	层数	矩阵	相位编码	平均次数	呼吸控制
1	3D SPGR	矢状位	T_1WI	无	最短	最短	25.6×23.2	1.2/−0.6	160	256×230	前后	1	自由
2	2D PC	斜轴位	T_2^*WI/相位	无	最短	最短	16×16	4/0	1	224×192	左右	3	自由
		根据需要设置心电门控采集时相数量，流速编码可初始设置为约 10cm/s，根据相位卷褶情况调整											

后处理
● 相位对比序列载入流动分析软件进行后处理操作，生成感兴趣区的定量值及心动周期内的速度-方向曲线或流量-方向曲线

质量要求
● 没有明显的运动伪影及其他来源于患者或参数设置不合理造成的伪影
● 空间分辨率和信噪比适宜，幅度图显示的解剖细节良好
● 舒张末期和收缩末期图像没有相位卷褶造成超出测量范围

标准图像

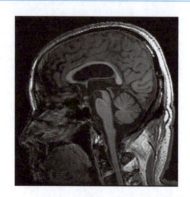

图 1-12-4　中脑导水管层面矢状位 T_1WI 标准图像

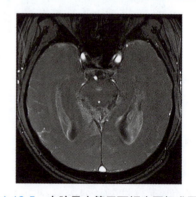

图 1-12-5　中脑导水管层面幅度图标准图像

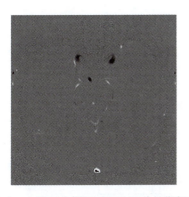

图 1-12-6　中脑导水管层面相位图收缩期标准图像

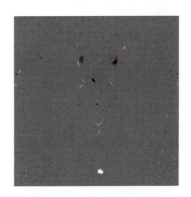

图 1-12-7　中脑导水管层面相位图舒张期标准图像

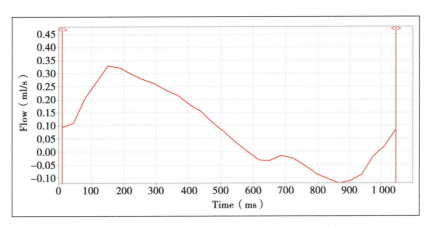

图 1-12-8　后处理得到的流速 - 时间曲线标准图像

横坐标代表时间,单位为毫秒,纵坐标代表流速,单位为毫升/秒(ml/s)。

Summary:Flow 1-Aqueduct	
Parameter	Value
Peak Positive Velocity (cm/s)	8.29
Peak Negative Velocity (cm/s)	-7.21
Flow (ml/beat)	0.093
Positive Pixel Flow (ml/beat)	0.151
Negative Pixel Flow (ml/beat)	-0.058

A

总结:流速分析 1-导水管	
参数	值
最大正相流速(厘米/秒)	8.29
最大负相流速(厘米/秒)	-7.21
流量	0.093
正相像素流量	0.151
负相像素流量	-0.058

B

图 1-12-9　后处理得到的定量参数表 1 标准图像

图 A 示:此为设备后处理软件处理后得到的原始信息;图 B 示:此为图 A 的中文翻译。

Velocity:Flow 1-Aqueduct		
Phase	PeakPosVel(cm/s)	PeakNegVel(cm/s)
1	3.81	-0.83
2	4.07	-1.1
3	5.63	-0.53
4	7.25	-0.22
5	8.29	-0.16
6	7.88	-0.07
7	6.84	-0.34

A

速度:流速分析 1-导水管		
时相	正相峰值速队(厘米/秒)	负相峰值速队(厘米/秒)
1	3.81	-0.83
2	4.07	-1.1
3	5.63	-0.53
4	7.25	-0.22
5	8.29	-0.16
6	7.88	-0.07
7	6.84	-0.34

B

图 1-12-10　后处理得到的定量参数表 2 标准图像

图 A 示:此为设备后处理软件处理后得到的原始信息;图 B 示:此为图 A 的中文翻译。

特殊注意事项
• 流速编码数值对定量测量准确性非常重要,建议稍高于测量值即可。在某些疾病状态下,脑脊液流速较正常区间会出现较大差异,相位对比成像预设的流速编码应根据生成的相位图效果进行调整,一旦观察到相位卷褶应调整预设流速后重新采集 • 亦可采用快速相位对比成像预估流速编码范围,扫描通过中脑导水管的矢状面(即预分析流动组织在层面内流动),流速编码设定为 5cm/s,扫描时间约 20 秒,如果发现有相位卷褶,则以 5cm/s 为步进增大流速,直至消除卷褶,此时的流速编码为最终设定值 • 评估流动的方式除相位对比外,还有稳态自由进动序列电影、相位对比电影,以及时空标记反转脉冲(Time-SLIP),实际工作中可酌情采纳 • 相位对比能够为脑脊液及脑室疾病的诊断提供无创定量依据,但对诊断和评价的实际作用仍有争议

第十三节　高分辨率脑血管壁磁共振成像

检查项目 中文名称	高分辨率脑血管壁磁共振成像
患者准备及摆位	
准备	告知患者扫描时长,保持头部静止
摆位及线圈	• 线圈:头部线圈或头颈联合线圈与颈动脉专用线圈联合使用 • 定位点:仰卧位,头先进,定位中心位于眉弓,激光灯打开前,嘱患者闭眼 • 其他要求:肩部紧贴线圈,左右居中,同时使用海绵垫固定头部或佩戴降噪耳机
定位像	扫描定位像时注意 • 线圈覆盖范围 • 有无金属伪影 图 1-13-1　头部高分辨力 MRI 定位像
扫描序列	

编号	序列名称	序列说明
1	TOF-MRA	初步观察颅内血管总体情况,观察是否有异常血管,并辅助定位
2	矢状位 3D T_1WI	3D T_1 加权黑血成像,覆盖颅内动脉血管,观察血管壁结构
3	矢状位 3D T_2WI	高分辨 T_2 加权成像,覆盖颅内动脉血管,观察血管壁结构、出血及斑块等情况
4	冠状位 SNAP	全脑覆盖或覆盖颅内动脉血管,观察血管壁、出血及斑块等情况
5	矢状位 3D T_1WI+C	增强 3D T_1 加权黑血成像序列

扫描定位
1. TOF-MRA

<table>
<tr><td rowspan="2">定位
要求</td><td>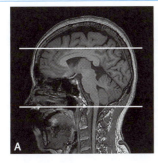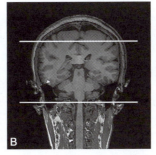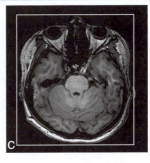</td></tr>
<tr><td>图 1-13-2 轴位 TOF-MRA 定位方法
图 A 示：在矢状位定位像上，定位线平行于前后联合连线，上缘包括扣带回，下缘至枕骨大孔；图 B 示：在冠状位定位像上，定位线与大脑纵裂垂直，定位线上缘放置预饱和带，以饱和矢状窦及其引流静脉血流；C 示：在轴位定位像上，调整角度，使视野左右对称，图像居中。</td></tr>
</table>

2. 矢状位 3D T₁WI

<table>
<tr><td rowspan="2">定位
要求</td><td>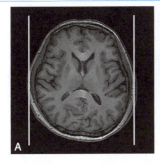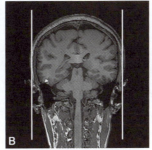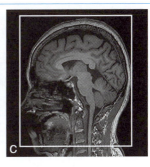</td></tr>
<tr><td>图 1-13-3 矢状位 3D T₁WI 定位方法
图 A 示：在轴位定位像上，定位线平行大脑纵裂，左右覆盖全部脑组织；图 B 示：在冠状位定位像上，定位线正中与大脑镰重合；图 C 示：在矢状位定位像上，图像居中。</td></tr>
</table>

3. 矢状位 3D T₂WI
定位 要求 · 复制矢状位 3D T₁WI 扫描范围和角度

4. 冠状位 SNAP

<table>
<tr><td rowspan="3">定位
要求</td><td>· 以 TOF-MRA 扫描重建血管图像作为定位像</td></tr>
<tr><td>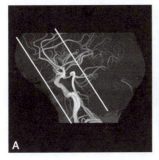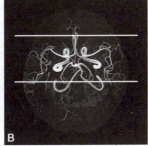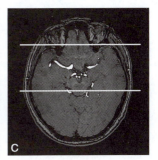</td></tr>
<tr><td>图 1-13-4 冠状位 SNAP 定位方法
图 A 示：血管重建图像矢状位投影上，定位线大致平行于颈内动脉走行方向，前后层面覆盖病变血管；图 B、C 示：旋转 3D 图像，确保病变血管被完全覆盖（也可适当增加扫描层数）。</td></tr>
</table>

5. 矢状位 3D T₁WI+C

定位要求	• 完全复制矢状位 3D T$_1$WI 定位信息

参数要求

序号	序列	方位	加权	脂肪抑制	重复时间	回波时间	视野/cm	层厚/层距/mm	层数	矩阵	相位编码	平均次数	呼吸控制
1	TOF GRE	轴位	MRA	无	最短	最短	18×26	1	140～160	206×336	左右	1	自由
2	3D SPGR	矢状位	T$_1$WI	有	≥800ms	最短	18×22	0.6/0	350～360	275×336	前后	1	自由
3	3D FSE	矢状位	T$_2$WI	有	≥1 000ms	170～190ms	18×22	0.6/0	350～360	275×336	前后	1	自由
4	SNAP GRE	冠状位	—	有	最短	最短	16×16	1.2/-0.6	25～35	176×176	左右	1	自由
5	3D SPGR	矢状位	T$_1$WI+C	有	≥800ms	最短	18×22	0.6/0	350～360	275×336	前后	1	自由

质量要求

- 扫描范围符合临床诊断需求
- 清晰显示颅脑结构及颅内血管壁结构
- 图像无明显伪影

标准图像

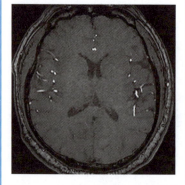

图 1-13-5　脑血管 TOF-MRA 标准图像

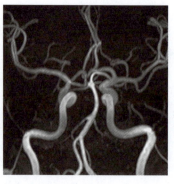

图 1-13-6　脑血管 TOF-MRA 标准 MIP 图像

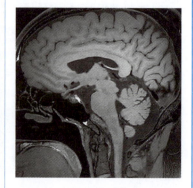

图 1-13-7　脑血管矢状位 3D T$_1$WI 标准图像

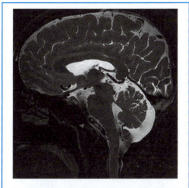

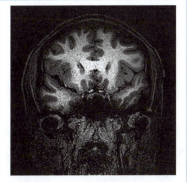

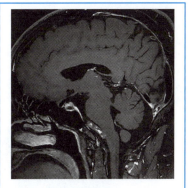

图 1-13-8　脑血管矢状位 3D T_2WI 标准图像	图 1-13-9　脑血管冠状位 SNAP 标准图像	图 1-13-10　脑血管矢状位 3D T_1WI+C 标准图像

特殊注意事项
• 扫描时间长,嘱患者静止不动
• 可以针对目标血管进行多平面重建(MPR)及曲面重建(CPR)后处理,更利于观察目标血管情况

第十四节　脑磁共振波谱成像

检查项目中文名称	脑磁共振波谱成像
患者准备及摆位	
准备	告知患者扫描时长,保持头部静止
摆位及线圈	• 线圈:头部线圈或头颈联合线圈 • 定位点:仰卧位,头先进,定位中心位于眉弓,激光灯打开前,嘱患者闭眼 • 其他要求:肩部紧贴线圈,左右居中,同时使用海绵垫固定头部或佩戴降噪耳机
定位像	扫描定位像时注意 • 线圈覆盖范围 • 有无金属伪影 • 至少两个方位定位像辅助定位 图 1-14-1　头部 MRS 轴位(图 A)、矢状位(图 B)和冠状位(图 C)定位像

扫描序列		
编号	序列名称	序列说明
1	轴位 T_2WI	观察颅内病灶位置,用于 MRS 定位
2	冠状位 T_2WI	观察颅内病灶位置,用于 MRS 定位
3	矢状位 T_2WI	观察颅内病灶位置,用于 MRS 定位

4	单体素 MRS 序列	单体素扫描：一次扫描只能获取一个体素的谱线，对于匀场不佳的区域（如靠近颞叶、前额、颅底、骨质等区域）谱线质量比多体素扫描好
5	多体素 MRS 序列	多体素扫描：一次扫描可获取多个体素谱线，如靠近颞叶、前额、颅底、骨质、海马头等区域，匀场效果受限，谱线质量会降低

扫描定位

1. 轴位 T$_2$WI

定位要求	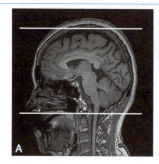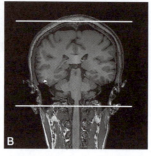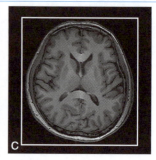

图 1-14-2　轴位 T$_2$WI 定位方法

图 A 示：在矢状位定位像上，定位线平行于前后联合的连线，下缘包括枕骨大孔，上缘包括上矢状窦；图 B 示：在冠状位定位像上，定位线平行于两侧颞叶底部连线；图 C 示：视野覆盖头部，前后方向与脑中线结构平行。

2. 冠状位 T$_2$WI

定位要求	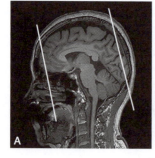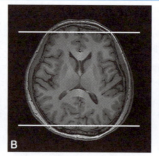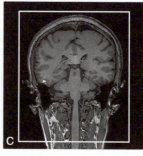

图 1-14-3　冠状位 T$_2$WI 定位方法

图 A 示：在矢状位定位像上，定位线与脑干走行平行，前后方向覆盖全部脑组织或病变组织；图 B 示：在轴位定位像上，定位线与大脑纵裂垂直；图 C 示：在冠状位定位像上，调整角度使得视野左右对称，图像居中。

3. 矢状位 T$_2$WI

定位要求	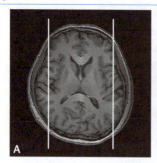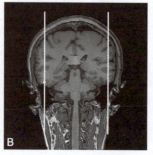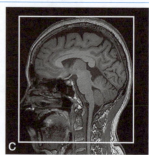

图 1-14-4　矢状位 T$_2$WI 定位方法

图 A 示：在轴位定位像上，定位线与大脑纵裂平行，左右覆盖全部脑组织或病变组织；图 B 示：在冠状位定位像上，定位线垂直于两侧颞叶底部连线；图 C 示：在矢状位定位像上，调整视野位置和角度，使图像居中。

	4. 单体素 MRS 序列
定位 要求	- 波谱定位框尽量远离含气结构（如额窦、鼻窦、乳突等）、出血、钙化、骨骼以提高匀场质量；尽量远离脂肪减少干扰 - 感兴趣区靠近空腔区域、邻近脂肪、邻近骨性结构，可将饱和带加于干扰结构以抑制其影响，饱和带最多可加6条 - 先行预扫描，观察半峰全宽（FWHM）。在1.5T场强下，FWHM＜8Hz；在3.0T场强下，FWHM＜16Hz。如明显大于此数值，应重新放置饱和带或调整体素位置 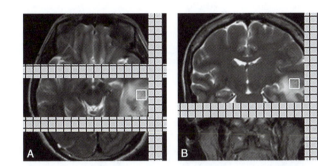 图 1-14-5　头部单体素 MRS 定位方法（图A～C）
	5. 多体素 MRS 序列
定位 要求	- FOV 及 VOI 的中心重合，放在病灶中心区域，尽量包全病灶 - 波谱定位框尽量远离含气结构（如额窦、鼻窦、乳突等）、出血、钙化、骨骼以提高匀场质量，如果病灶靠近这些区域，可通过调整 VOI 大小或位置，尽可能避开这些区域，降低匀场难度；尽量远离脂肪减少干扰 - 感兴趣区靠近空腔区域、邻近脂肪、邻近骨性结构，可将饱和带加于干扰结构以抑制其影响，饱和带最多可加6条 - 先行预扫描，观察半峰全宽（FWHM）。在1.5T场强下，FWHM＜8Hz；在3.0T场强下，FWHM＜16Hz。如明显大于此数值，应重新放置饱和带或调整体素位置 - 频率确认匀场结果指标：绿色线平滑且对称度高，FWHM＜16Hz（蓝框，1.5T），或 FWHM＜30Hz（蓝框，3.0T），红色中心频率线经过绿峰的中心高点。如 FWHM 明显大于此数值，应重新放置饱和带或调整体素位置 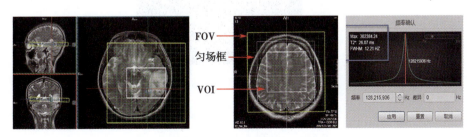 FOV. 视野；VOI. 感兴趣区容积。 图 1-14-6　头部多体素 MRS 定位方法

参数要求												
序号	序列	方位	加权	脂肪抑制	重复时间/ms	回波时间/ms	视野/cm	层厚/层距/mm	层数	矩阵	相位编码	平均次数	呼吸控制
1	FSE	轴位	T$_2$WI	无	≥5 000	100～120	20×23	5/1.5	10～20	234×336	左右	1～2	自由
2	FSE	冠状位	T$_2$WI	无	≥5 000	100～120	20×23	5/1.5	10～20	178×256	左右	1～2	自由
3	FSE	矢状位	T$_2$WI	无	≥4 000	100～120	23×23	5/1.5	10～20	204×272	前后	1～2	自由
4	单体素	轴位	MRS	无	≥2 000	30～35	20×20	20	1	1×1	—	98	自由
5	多体素	轴位	MRS	无	≥2 000	135或144	15×15	10	1	15×15	—	1～2	自由

质量要求

● 谱线稳定，信噪比高

标准图像

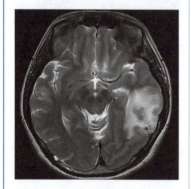

图 1-14-7　头部轴位 T$_2$WI 标准图像

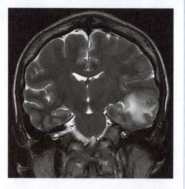

图 1-14-8　头部冠状位 T$_2$WI 标准图像

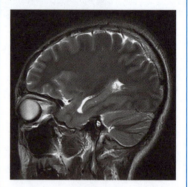

图 1-14-9　头部矢状位 T$_2$WI 标准图像

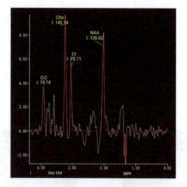

图 1-14-10　头部 MRS 谱线标准图像（ppm：10^{-6}）

特殊注意事项

● 病灶在颅脑中心层面时（周边无干扰），单体素定位可不用添加饱和带
● 病灶在颅脑边缘（周边有颅骨、脂肪、空气等干扰），可根据病灶大小适当缩小 VOI，并在干扰区域添加饱和带
● 匀场建议：单体素＜20Hz，多体素＜30Hz

第十五节　三叉神经磁共振平扫

检查项目中文名称	三叉神经磁共振平扫
患者准备及摆位	
准备	• 患者检查前去除随身携带的金属物品
摆位及线圈	• 线圈：头部相控阵线圈 • 定位点：眉心 • 其他要求：嘱患者平静呼吸 • 仰卧头先进，双臂置于身体两侧，头部用海绵固定
定位像	• 扫描定位像时注意有无金属伪影 • 定位像与常规头颅 MRI 定位像要求一致，冠状位、矢状位、轴位图像居中，无偏移，矢状位需显示大脑正中矢状位 图 1-15-1　头部冠状位定位像

扫描序列

编号	序列名称	序列说明
1	轴位 3D 平衡稳态自由进动序列	显示或排除占位性病变，信噪比较高，图像分辨率高
2	轴位 3D TOF MRA	显示神经及血管解剖结构，便于观察神经、血管接触与压迫等情况

扫描定位

1. 轴位 3D 平衡稳态自由进动序列

定位要求	
	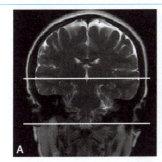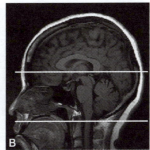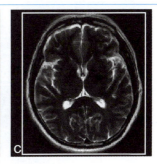

图 1-15-2　三叉神经轴位 3D 平衡稳态自由进动序列定位方法

图 A 示：在冠状位定位像上调整角度，定位线平行于两侧三叉神经连线；图 B 示：在矢状位定位像上，定位线垂直于脑干延髓，覆盖小脑上 1/3；图 C 示：在轴位定位像上调整图像，颅脑居中。

2. 轴位 3D TOF MRA

定位要求	• 完全复制轴位 3D 平衡稳态自由进动序列定位信息

参数要求

序号	序列	方位	加权	脂肪抑制	重复时间	回波时间	视野/cm	层厚/层距/mm	层数	矩阵	相位编码	平均次数	呼吸控制
1	3D true FISP	轴位	T_2WI/T_1WI	无	5.6ms	最短全回波	20×20	0.8/0	50～60	256×256	左右	4	自由
2	3D TOF	轴位	T_1WI	有	最短	最短	20×20	0.8～1.0/0	50～60	256×224	左右	1	自由

质量要求

- 扫描范围符合临床诊断需求
- 清晰显示神经与血管相互关系及病变情况,可提供观察三叉神经的信号、形态、位置与附近血管的起源
- 图像无明显金属伪影
- 脂肪抑制均匀

标准图像

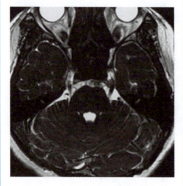

图 1-15-3　3D 平衡稳态自由进动序列显示三叉神经

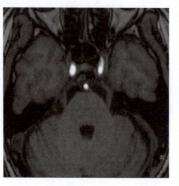

图 1-15-4　3D TOF MRA 显示三叉神经与血管的关系

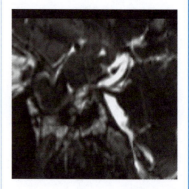

图 1-15-5　根据 3D 平衡稳态自由进动序列进行三维重组显示左侧三叉神经

图 1-15-6　根据 3D 平衡稳态自由进动序列进行三维重组显示右侧三叉神经

特殊注意事项
• 无金属伪影
• 三叉神经图像应采用3D薄层高分辨扫描技术,可保证三叉神经清晰显示,并可进行任意角度的3D重组

第十六节　动脉自旋标记成像

检查项目 中文名称	动脉自旋标记成像		
患者准备及摆位			
准备	• 无需特殊准备		
摆位及线圈	• 线圈:头部相控阵线圈或头颈联合线圈 • 定位点:定位中心位于眉间 • 摆位要求:采用头先进仰卧位,头居线圈正中、不能旋转,确保患者头颅中心与线圈中心一致,同时用棉垫固定头部。患者头部必须保持正中位,不能有偏移,否则影响后续脑血流速度计算的精准性。如患者后续需多次行动脉自旋标记(ASL)扫描,记录下颌尖至胸骨切迹距离,确认该数值每次都保持一致		
定位像	扫描定位像时注意 • 冠状位定位像双侧颞叶下缘在同一水平,轴位图中线结构居中,图像左右对称,头部无偏转 • 有无金属伪影 图 1-16-1　脑矢状位(图 A)、冠状位(图 B)和轴位(图 C)定位像		
扫描序列			

编号	序列名称	序列说明
1	轴位 ASL	计算颅内脑血流速度,评估颅内占位性病变良恶性,评估脑组织的缺血状态,分析变性疾病进展等

扫描定位

1. 轴位 ASL

定位 要求	• 标记时间根据血流速度调整,流速快标记时间短,通常青少年设定为1 500毫秒,中年人1 800～2 000毫秒,老年人2 500毫秒

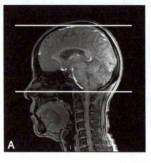 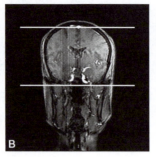 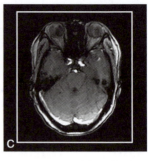

图 1-16-2　脑轴位 ASL 定位方法

图 A 示：在矢状位定位像上定位纯轴位图像，扫描范围为由枕骨大孔至颅顶；图 B、C 示：在冠状位及轴位定位像上调整前后、左右位置，脑组织居于扫描视野正中。

												参数要求
序号	序列	方位	加权	脂肪抑制	重复时间/ms	回波时间/ms	视野/cm	层厚/mm	层数	矩阵	相位编码	平均次数	标记后延迟时间/ms
1	3D ASL	轴位	—	无	5 331	53	24×24	4	36	512×8	左右	3	2 000

质量要求

- 两侧颅内结构尽量保持对称
- 扫描范围符合临床诊断需求
- 清晰显示颅内血流灌注信息
- 图像无明显伪影

标准图像

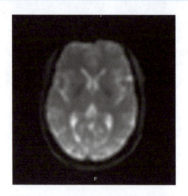

图 1-16-3　脑轴位 ASL 标准图像

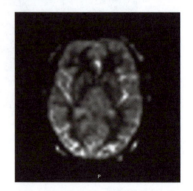

图 1-16-4　脑轴位脑血流量（CBF）标准图像

特殊注意事项

- 注意一定使头部正直，无左右倾斜。若头部倾斜，可能导致 CBF 计算值不准确，导致脑左右半球对比不均衡或阴影
- 对于缺血性患者，扫描两个标记后延迟时间的序列，分别为 1 500 毫秒和 2 500 毫秒
- 对于肿瘤患者，标记后延迟时间为 2 000 毫秒

第十七节　颅底磁共振平扫、颅底磁共振增强扫描

检查项目 中文名称	颅底磁共振平扫、颅底磁共振增强扫描
患者准备及摆位	
准备	• 患者无需特殊准备
摆位及线圈	• 线圈：头部相控阵线圈，通道数≥8 • 定位点：鼻根部 • 仰卧，头先进，双臂置于身体两侧，无交叉 • 不要求患者强迫体位，以患者舒适为主
定位像	扫描定位像时注意 • 轴位定位线应显示颅中窝水平 • 无伪影

扫描序列		
编号	序列名称	序列说明
1	轴位 T_2WI	观察颅底结构和病变
2	轴位 T_1WI	观察颅底结构和病变
3	轴位 DWI	观察检出病变的扩散受限程度及范围
4	轴位 DCE	观察颅底实性或囊实性占位病变的血流动力学情况
5	轴位 T_1WI+C	炎性病变、占位性病变时判断病变强化程度
6	冠状位 T_1WI+C	炎性病变、占位性病变时判断病变强化程度
7	矢状位 T_1WI+C	炎性病变、占位性病变时判断病变强化程度

扫描定位

1. 轴位 T_2WI

定位要求

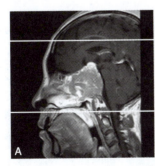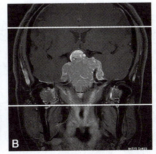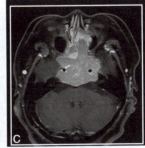

图 1-17-1　颅底轴位 T_2WI 定位方法

图 A 示：上缘为胼胝体顶缘，下缘为枕骨大孔，扫描 20～24 层，如病变较大，调整扫描范围，覆盖病变；图 B、C 示：在冠状位定位像上定位线垂直于中线结构，在轴位定位像上调整角度与颅脑中心，左右对称。

2. 轴位 T_1WI	
定位要求	● 完全复制轴位 T_2WI 定位信息

3. 轴位 DWI	
定位要求	● 完全复制轴位 T_2WI 定位信息

4. 轴位 DCE	
定位要求	● 覆盖实性占位病变

5. 轴位 T_1WI+C	
定位要求	● 完全复制轴位 T_2WI 定位信息

6. 冠状位 T_1WI+C

定位要求

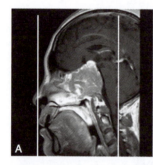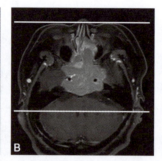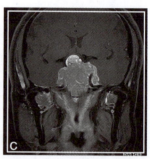

图 1-17-2　颅底冠状位 T_1WI+C 定位方法

图 A、B 示：理论上应覆盖全颅底，即矢状位及轴位图上前缘覆盖筛骨，后缘覆盖枕骨，如有明确占位性病变，则覆盖占位性病变及周围异常信号即可；图 B、C 示：在轴位定位像上，定位线垂直脑中线结构，在冠状位定位像上调整扫描视野角度，左右与颅脑中线结构平行。

7. 矢状位 T_1WI+C

定位要求

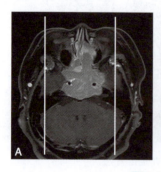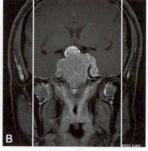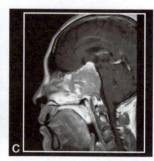

图 1-17-3　颅底矢状位 T_1WI+C 定位方法

图 A、B 示：在轴位和冠状位定位像上调整角度，与正中矢状位平行，扫描范围为两侧颞骨内侧；图 C 示：在矢状位定位像上调整扫描视野，以前颅底为上下中心点。

参数要求												
序号	序列	方位	加权	脂肪抑制	重复时间/ms	回波时间	视野/cm	层厚/层距/mm	层数	矩阵	相位编码	平均次数	呼吸控制
1	FSE	轴位	T_2WI	无	4 000	85ms	18×18	4/0.4	24	288×224	左右	1	自由
2	FSE	轴位	T_1WI	无	700	最短	18×18	4/0.4	24	288×224	左右	2	自由
3	FSE	轴位	DWI	有	3 000	最短	18×18	4/0.4	12	128×128	前后	1.5	自由
4	3D SPGR	轴位	T_1WI+C	无	3.9	最短	24×24	5/−2.5	10	200×200	左右	2	自由
5	FSE	轴位	T_1WI+C	有	700	最短	18×18	4/0.4	24	320×224	左右	2	自由
6	FSE	冠状位	T_1WI+C	有	700	最短	18×18	4/0.4	20	320×224	左右	2	自由
7	FSE	矢状位	T_1WI+C	无	700	最短	18×18	5/0.5	24	256×224	前后	2	自由

质量要求

- 扫描范围符合临床诊断需求
- 清晰显示颅底结构及病变与周围组织的相互关系
- 无明显伪影

标准图像

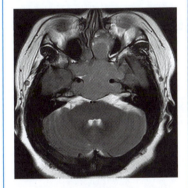

图 1-17-4　颅底轴位 T_2WI 标准图像

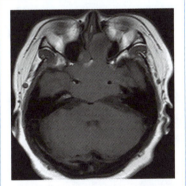

图 1-17-5　颅底轴位 T_1WI 标准图像

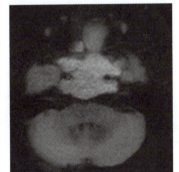

图 1-17-6　颅底轴位 DWI 标准图像

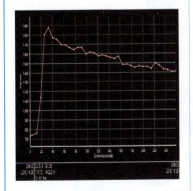

图 1-17-7　颅底轴位 DCE 曲线标准图像

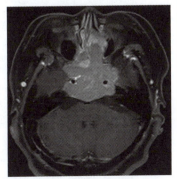

图 1-17-8　颅底轴位 T_1WI+C 标准图像

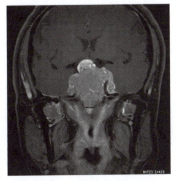

图 1-17-9　颅底冠状位 T_1WI+C 标准图像

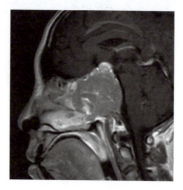

图 1-17-10　颅底矢状位 T_1WI+C 标准图像

特殊注意事项
• 脂肪抑制技术尽量采用水脂分离技术（IDEAL、mDixon 等） • 使用非 EPI 技术采集的 DWI • 怀疑颅底颈内动脉海绵窦瘘（CCF）时，增强前加扫颅底 MRA，扫描条件同颅脑 MRA

第十八节　脑对比增强磁共振血管成像

检查项目 中文名称	脑对比增强磁共振血管成像
患者准备及摆位	
准备	• 同脑其他项目，增强检查需遵守相应注意事项，如空腹及过敏史
摆位及线圈	• 线圈：头线圈或头颈联合线圈 • 定位点：眉弓上缘 • 摆位注意患者舒适度，外眦 - 外耳孔连线垂直于水平面
定位像	• 线圈高亮区域的覆盖范围与目标范围是否匹配 • 有无金属伪影位于成像范围，特别是可摘取的金属物品 图 1-18-1　头部矢状位定位像

扫描序列		
编号	序列名称	序列说明
1	2D 时间飞跃法 MRA	确认脑血管走行方向,便于增强序列定位
2	对比增强血管成像	三维薄层扰相 GRE 序列用于增强血管成像
扫描定位		

1. 2D 时间飞跃法 MRA

定位要求	<ul><li>轴位扫描,自上而下扫描,上缘包括头皮,下缘包括 C_7 椎体</li><li>图像做最大密度投影,选择左右方向</li></ul> 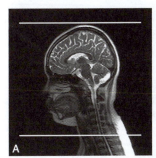 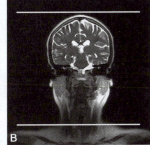 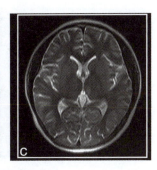 图 1-18-2　2D 时间飞跃法 MRA 定位方法 图 A 示:矢状位定位像;图 B 示:冠状位定位像;图 C 示:轴位定位像。

2. 对比增强血管成像

定位要求	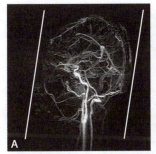 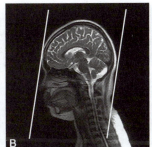 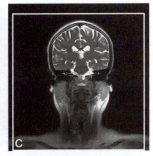 图 1-18-3　对比增强血管成像定位方法 图 A~C 示:冠状位采集,在二维时间飞跃法 MRA 的矢状位最大密度投影图像上定位,前后方向覆盖全颅内血管,成像平面尽量与血管走行平行以节省层数。

操作步骤

1. 在定位像上设置冠状位覆盖全脑的采集范围
2. 采集蒙片图像
3. 动态增强序列设置为连续 2 期采集,使用中心填充或椭圆中心填充
4. 启动透视跟踪,通过调整跟踪平面得出颈内动脉长轴平面
5. 高压注射器给药,对比剂用量 15~20ml,流速 3ml/s,生理盐水冲洗
6. 透视平面显示对比剂团开始流入颈内动脉颅外段后启动采集(动脉期),或显示对比剂团开始流入颈内动脉颅内段后启动采集(静脉期)

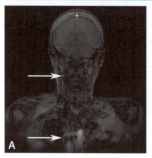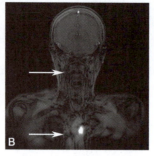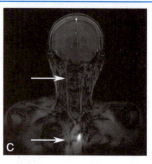

图 1-18-4　透视跟踪

图 A～C 示：对比剂团依次流经主动脉及颈内动脉，主动脉、颈内动脉依次显影（箭头）。

参数要求													
序号	序列	方位	加权	脂肪抑制	重复时间	回波时间	视野/cm	层厚/层距/mm	层数	矩阵	相位编码	平均次数	呼吸控制
1	2D TOF	轴位	T₁WI	无	最短	最短	30	6/0	60	384×128	前后	1	自由
2	3D SPGR	斜冠状位	T₁WI+C	无	最短	最短	24～30	2.4/−0.6	90	448×256	左右	1	自由

后处理

- 增强后的各期图像与蒙片相减，得到对比更明显的减影图像
- 静脉期减影图像与动脉期减影图像再次相减，可得到静脉图
- 减影图像载入三维重建工具设置最大强度投影，根据需要调整层厚生成沿着血管长轴或短轴的多平面重建（MPR）图像，以及全脑最大密度投影（MIP）图像

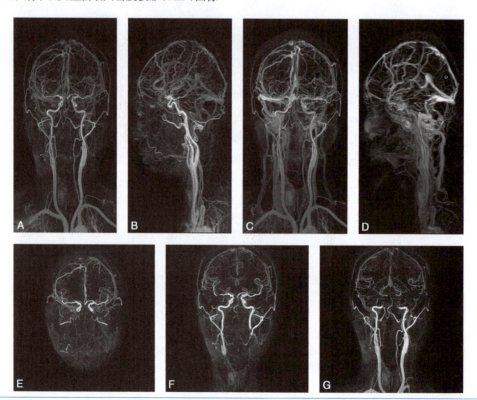

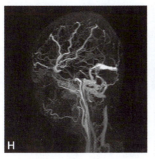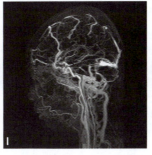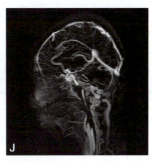

图 1-18-5　不同期相减影后 MIP 图像

图 A、B 示：第 1 期减影后的冠状位及矢状位全容积最大强度投影；图 C、D 示：第 2 期减影后的冠状位及矢状位全容积最大强度投影；图 E～G 示：第 1 期减影后的冠状位厚层最大强度投影；图 H～J 示：第 2 期减影后的矢状位厚层最大强度投影。

质量要求

- 没有明显的运动伪影及其他来源于患者或参数设置不合理造成的伪影
- 空间分辨率足够高，结合插值使最终体素大小低于 0.6mm
- 信噪比高，血管及背景组织内不应出现明显的、影响血管评价的噪声
- 时间分辨率高和采集时相恰当，动脉期不应过早或过晚采集出现动脉环形伪影或静脉污染

标准图像

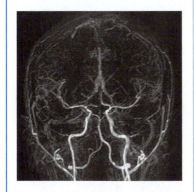

图 1-18-6　减影后的对比增强 MRA 最大密度投影标准图像

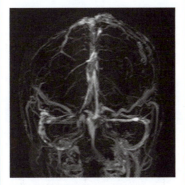

图 1-18-7　减影后的对比增强 MRV 最大密度投影标准图像

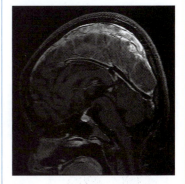

图 1-18-8　增强后正中矢状面 3D FSE 序列标准图像（上矢状窦血栓形成）

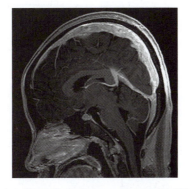

图 1-18-9　增强后正中矢状面 3D 扰相 GRE 序列标准图像（上矢状窦血栓形成）

特殊注意事项（MRA）

- 动脉成像具有首过效应，为避免静脉污染和动脉信号强度不足，应综合采用相位编码数调制、层面内及层面间插值、并行采集、压缩感知、部分 k 空间填充和中心 k 空间填充等提高时间分辨率，并缩短对比剂团注时间，使对比剂浓度高峰与 k 空间中心数据采集时机尽量匹配
- 该项目推荐采用更大视野的定位像，用以观察主动脉弓至颅脑区域，便于后续定位，同时也可判断对比剂流经区域是否存在潜在的磁敏感伪影，以防影响检查效果；序列 1 也可改为速度更快的二维或三维相位对比法进行；在有经验的情况下，结合快速梯度回波（FGRE）序列的定位像，也可省略成像序列 1
- 除透视跟踪触发外，还可采用小剂量对比剂团测试的方式预先计算对比剂注射后的延迟时间，在血管成像时直接使用该延迟时间设置自动启动采集
- 基于 k 空间共享的三维时间分辨类技术可以实现更高的时间分辨率，并生成多期和高空间分辨率图像，省去了上述计算和跟踪的步骤和时间，生成的多期图像也能用于减影和三维重建，在实际中更值得采用

特殊注意事项（MRV）

- 动、静脉循环延迟时间极短，因此使用增强方式进行血管成像时，推荐连续采集至少两期，同时获得动脉期和静脉期首过图像
- 静脉成像对时间分辨率的要求不如 MRA 高，但某些时期的血栓会由于成分的不同出现不同程度的早期充盈缺损和延迟期强化，因此推荐采集首过或对比剂早期流过的图像，尽管在动态增强后采集全脑三维扰相 GRE 序列 T_1WI 能得到信噪比更好的增强后图像
- 静脉疾病病因来源广泛，症状较为隐匿，确定责任血管难度较大，实际工作中该检查项目还需结合脑的其他高分辨率成像技术，包括 T_1WI、T_2WI、薄层 SWI 和 DWI 等，特别是增强前后基于可变翻转角技术的 3D FSE 序列能够检出慢速的血流和强化的血栓，在血栓的早期检出、分期和治疗后随访中都应采集这些序列

第二章　五官磁共振扫描

第一节　眼眶磁共振平扫、眼眶磁共振增强扫描

检查项目中文名称	眼眶磁共振平扫、眼眶磁共振增强扫描
患者准备及摆位	
准备	• 去除活动义齿、活动义眼、磁性假睫毛 • 取掉口罩或口罩上的金属丝 • 明确眼部及其附近组织有无金属异物（特别注意外伤患者，眼部外伤患者属于禁忌证）
摆位及线圈	• 线圈：头部相控阵线圈 • 定位点：眉心 • 其他要求：嘱患者平静呼吸，闭目、眼球不要动 • 仰卧头先进，双臂置于身体两侧
定位像	扫描定位像时注意 • 有无金属伪影及运动伪影 • 定位像居中无偏移 图 2-1-1　眼眶冠状位及矢状位定位像 图 A 示：冠状位应显示出眼球及眼眶层面；图 B 示：矢状位应显示出视神经层面。
扫描序列	

编号	序列名称	序列说明
1	冠状位 T_2WI 脂肪抑制和/或非脂肪抑制	显示眼内直肌、外直肌、上直肌、下直肌及视神经的关系，观察病变并作出评估与判断，制订下一步扫描方案及指导更精准的定位。根据阅片习惯选择脂肪抑制或非脂肪抑制

2	轴位 T_2WI 脂肪抑制和/或非脂肪抑制	脂肪抑制与非脂肪抑制信号对比辨别眼部病变成分及突出显示病变
3	左眼/右眼斜矢状位 T_2WI 脂肪抑制和/或非脂肪抑制	沿左眼/右眼视神经走行定位,更好地观察视神经及上直肌和下直肌。根据阅片习惯选择脂肪抑制或非脂肪抑制
4	轴位 T_1WI 脂肪抑制和/或非脂肪抑制	观察解剖结构与协助鉴别病变是否含有脂肪成分
5	轴位 DWI	检出病变,观察病变扩散受限程度及范围
6	轴位 DCE	观察病变的血流动力学特点,提供定量或半定量测量参数,协助疾病的良恶性诊断,动态增强扫描时间4.5~5分钟
7	轴位 T_1WI+C	观察病变强化程度、侵犯范围
8	冠状位 T_1WI+C	观察病变强化程度、侵犯范围
9	斜矢状位 T_1WI+C	观察病变强化程度、侵犯范围

扫描定位	

1. 冠状位 T_2WI

定位要求	● 需包括整个病变范围 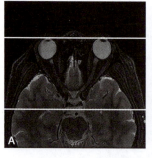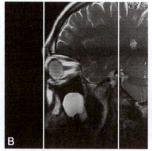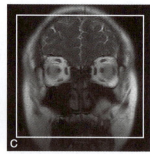 图2-1-2　眼眶冠状位 T_2WI 定位方法 图 A 示:在轴位定位像上,定位线前缘包括眼睑前壁,后至视交叉,包括整个眼眶结构及视神经;图 B 示:在矢状位定位像上,定位线垂直于眶内段视神经的走行;图 C 示:定位框中心置于眼眶中心。

2. 轴位 T_2WI

定位要求	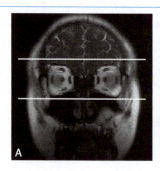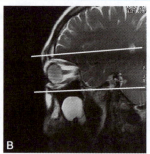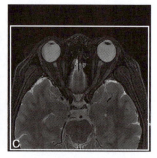 图2-1-3　眼眶轴位 T_2WI 定位方法 图 A 示:在冠状位定位像上,定位线平行两眼球中心连线,双侧对称扫描,扫描范围包括双侧眼眶上下壁,需包括整个病变范围;图 B 示:在矢状位定位像上,定位线平行眶内段视神经走行;图 C 示:轴位上调正,定位框中心置于眼眶及眼球处。

3. 斜矢状位 T_2WI

- 需包括整个病变范围
- 双侧分别进行扫描

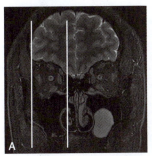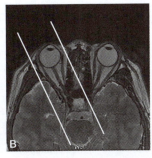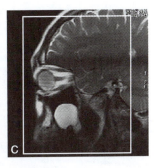

图 2-1-4　眼眶斜矢状位 T_2WI 定位方法（右眼）

定位要求　图 A 示：在冠状位定位像上调整层面，范围包括眼眶内外侧壁；图 B 示：在轴位 T_2WI 图像上，定位线平行于右眼眶内段视神经走行；图 C 示：在矢状位定位像上，定位框中心置于视神经处。

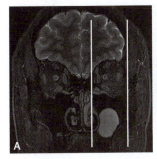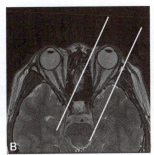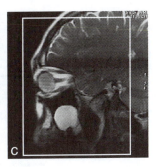

图 2-1-5　眼眶斜矢状位 T_2WI 定位方法（左眼）

图 A 示：在冠状位定位像上调整层面，范围包括眼眶内外侧壁；图 B 示：在轴位定位像上，定位线平行于左眼眶内段视神经走行；图 C 示：在矢状位定位像上，定位框中心置于视神经处。

4. 轴位 T_1WI

定位要求	• 复制轴位 T_2WI 定位信息

5. 轴位 DWI

定位要求	• 复制轴位 T_2WI 定位信息

6. 轴位 DCE

定位要求	• 基线同轴位 T_1WI，范围覆盖占位性病变即可

7. 轴位 T_1WI+C

定位要求	• 复制轴位 T_2WI 定位信息

8. 冠状位 T_1WI+C

定位要求	• 复制冠状位 T_2WI 定位信息

9. 斜矢状位 T$_1$WI+C		
定位要求	• 分别复制左眼斜矢状位 T$_2$WI 与右眼斜矢状位 T$_2$WI 定位信息	

参数要求													
序号	序列	方位	加权	脂肪抑制	重复时间	回波时间	视野/cm	层厚/层距/mm	层数	矩阵	相位编码	平均次数	呼吸控制
1	FSE	冠状位	T$_2$WI	有	3 000ms	85ms	20×20	3～4/0.3	18～24	288×256	左右	1	自由
2	FSE	轴位	T$_2$WI	有	3 000ms	85ms	18×18	2～3/0.2	16～20	288×256	左右	2	自由
3	FSE	斜矢状位	T$_2$WI	有	>2 500ms	100～120ms	20×20	3/0.3	12～16	288×224	前后	2	自由
4	FSE	轴位	T$_1$WI	无	700ms	最短	18×18	2～3/0.3	16～20	288×224	左右	1	自由
5	DWI	轴位	DWI	有	>3 000ms	最短	18×18	2～3/0.3	16～20	192×192	前后	4	自由
6	SPGR	轴位	T$_1$WI	有	4ms	1.1/2.2ms	24×24	3. 6/0	10	200×200	左右	2	自由
7	FSE	轴位	T$_1$WI+C	有	最短	最短	18×18	3/0.3	16～20	288×224	左右	1	自由
8	FSE	冠状位	T$_1$WI+C	有	最短	最短	20×20	3/0.3	24	288×224	左右	1	自由
9	FSE	斜矢状位	T$_1$WI+C	有	最短	最短	20×20	3/0.3	12	192×192	前后	1	自由

质量要求
• 扫描范围符合临床诊断需求 • 清晰显示视神经及病变 • 图像无明显眼球运动及金属异物等伪影 • 脂肪抑制均匀 • 增强图像表现为病变组织根据血供情况呈现不同程度强化。增强后的图像至少有两个方位存在脂肪抑制图像，根据设备情况和阅片习惯而定

标准图像

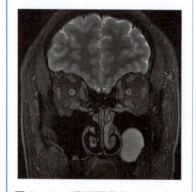

图 2-1-6 眼眶冠状位 T$_2$WI 脂肪抑制标准图像

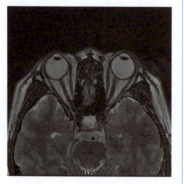

图 2-1-7 眼眶轴位 T$_2$WI 标准图像

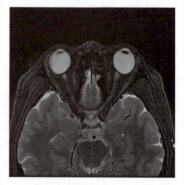

图 2-1-8 眼眶轴位 T$_2$WI 脂肪抑制标准图像

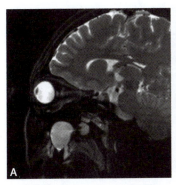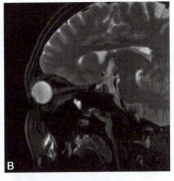

图 2-1-9 眼眶矢状位 T$_2$WI 脂肪抑制标准图像

图 A 示：左侧矢状位 T$_2$WI 脂肪抑制；图 B 示：右侧矢状位 T$_2$WI 脂肪抑制。

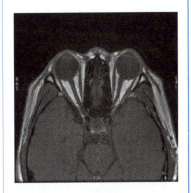

图 2-1-10 眼眶轴位 T$_1$WI 标准图像

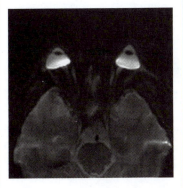

图 2-1-11 眼眶轴位 DWI 标准图像

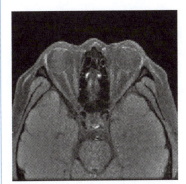

图 2-1-12 眼眶轴位 DCE 标准图像

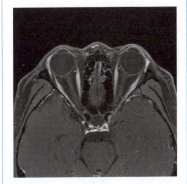

图 2-1-13 眼眶轴位 T$_1$WI 脂肪抑制 +C 标准图像

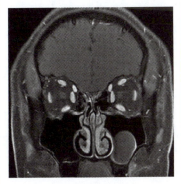

图 2-1-14 眼眶冠状位 T$_1$WI 脂肪抑制 +C 标准图像

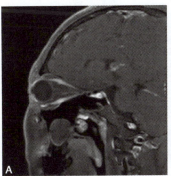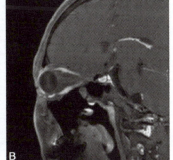

图 2-1-15 眼眶矢状位 T$_1$WI 脂肪抑制 +C 标准图像

图 A 示：左侧矢状位 T$_1$WI 脂肪抑制 +C；图 B 示：右侧矢状位 T$_1$WI 脂肪抑制 +C。

伪影图像
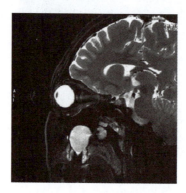 图 2-1-16 眼球运动伪影

特殊注意事项

- 在眼部扫描时应嘱受检者自然闭双眼，尽量保持眼球不动
- 为防止卷褶伪影，可使用防卷褶技术
- 建议采用水脂分离的脂肪抑制方法
- 在扫描过程中应合理及灵活地调整扫描参数，如流动补偿的应用、饱和带的施加等
- 眼部为富含水的组织，T_2WI 序列中的重复时间（TR）、回波时间（TE）设置不应过低，维持较强的 T_2 权重为宜

第二节 颞下颌关节磁共振平扫

检查项目中文名称	颞下颌关节磁共振平扫
患者准备及摆位	
准备	• 患者检查前去除随身携带的金属物品 • 摘下口罩或口罩上的金属丝与活动义齿
摆位及线圈	• 线圈：头部相控阵线圈或颞下颌关节专用表面线圈 • 定位点：两外耳孔连线中点 • 其他要求：嘱患者平静呼吸。闭口位时嘱患者咬紧后牙，张口位时患者需手持开口器，一般张口到 3.5cm 以上位置 • 仰卧位头先进，人体长轴与床面长轴一致，双臂置于身体两侧
定位像	扫描定位像时注意： • 有无金属伪影 • 冠状定位像显示颞下颌关节的关节盘

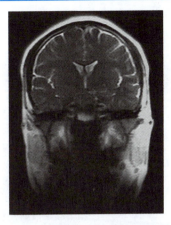

图 2-2-1　颞下颌关节冠状位定位像

扫描序列		
编号	序列名称	序列说明
1	轴位 T_2WI	用于关节腔积液、髁突和颞骨骨髓水肿及肌肉病变的评估
2	斜矢状位 PDWI	主要用于关节盘形态、位置、信号异常改变及双板区损伤评估,同时也可对骨质形态进行评估
3	斜矢状位 T_2WI	提供积液、肿瘤、炎症和水肿等相关信息,对于关节盘外的病变显示较好,对髁突及下颌骨挫伤显示敏感
4	斜矢状位 T_1WI	用于评估髁突及颞骨形态变化,提供清晰解剖位置和软组织层次对比,显示关节盘
5	左侧-斜冠状位 T_2WI	观察颞颌关节左右位移情况及关节盘形态等
6	右侧-斜冠状位 T_2WI	观察颞颌关节左右位移情况及关节盘形态等
7	开口位-轴位 T_2WI	同闭口位
8	开口位-斜矢状位 PDWI	同闭口位
9	开口位-斜矢状位 T_2WI	同闭口位

扫描定位

1. 轴位 T_2WI

定位要求	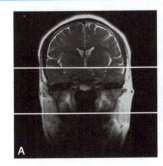 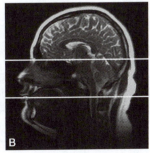 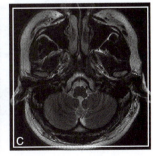

图 2-2-2　颞下颌关节轴位 T_2WI 定位方法

图 A 示:在冠状位定位像上,扫描线平行于两侧髁突顶部连线,范围包括颞颌关节;图 B 示:在矢状位定位像上调整角度,使定位线呈正轴位;图 C 示:将轴位定位像调正且定位框左右居中。

2. 斜矢状位 PDWI

<table>
<tr><td rowspan="2">定位
要求</td><td>

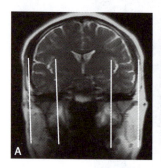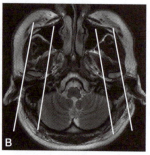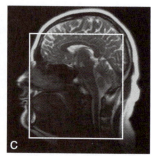

图 2-2-3　颞下颌关节斜矢状位 PDWI 定位方法

图 A 示：在冠状位定位像上，定位线平行于下颌支，覆盖髁突；图 B 示：在轴位定位像上找到髁突显示最大层面，垂直于髁突范围覆盖整个颞颌关节；图 C 示：在矢状位定位像上将定位框中心点置于髁突断面中点。

</td></tr>
</table>

3. 斜矢状位 T$_2$WI

<table>
<tr><td>定位
要求</td><td>复制斜矢状位 PDWI 定位信息</td></tr>
</table>

4. 斜矢状位 T$_1$WI

<table>
<tr><td>定位
要求</td><td>复制斜矢状位 PDWI 定位信息</td></tr>
</table>

5. 左侧-斜冠状位 T$_2$WI

<table>
<tr><td rowspan="2">定位
要求</td><td>

- 覆盖整个颞颌关节

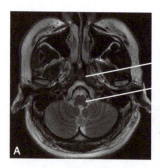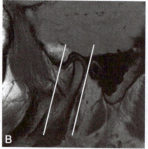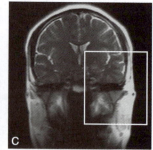

图 2-2-4　左侧颞下颌关节斜冠状位 T$_2$WI 定位方法

图 A 示：在轴位定位像上，定位线平行于左侧髁突；图 B 示：在斜矢状位 PDWI 图像上，定位线平行于下颌骨的体部；图 C 示：在冠状位定位像上将定位框中心置于左侧颞颌关节的中心。

</td></tr>
</table>

6. 右侧-斜冠状位 T$_2$WI

<table>
<tr><td>定位
要求</td><td>

- 覆盖整个颞颌关节

</td></tr>
</table>

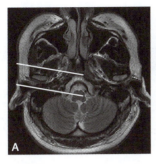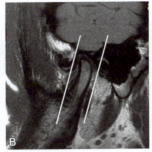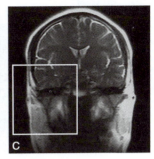

图 2-2-5　右侧颞下颌关节斜冠状位 T_2WI 定位方法

图 A 示：在轴位定位像上，定位线平行于右侧髁突；图 B 示：在斜矢状位 PDWI 图像上，定位线平行于下颌骨的体部；图 C 示：在冠状位定位像上将定位框中心置于右侧颞颌关节的中心。

7. 开口位 - 轴位 T_2WI

定位要求	● 调整角度，定位同闭口位 - 轴位 T_2WI

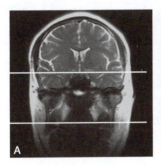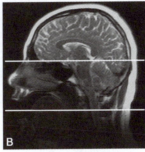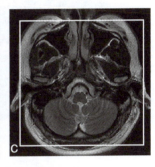

图 2-2-6　颞下颌关节开口位 - 轴位 T_2WI 定位方法（图 A～C ）

8. 开口位 - 斜矢状位 PDWI

定位要求	● 调整角度，定位同闭口位 - 矢状位 PDWI

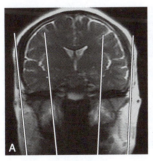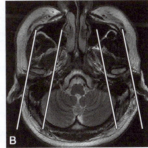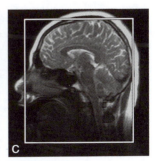

图 2-2-7　颞下颌关节开口位 - 斜矢状位 PDWI 定位方法（图 A～C ）

9. 开口位 - 斜矢状位 T_2WI

定位要求	● 复制开口位斜矢状位 PDWI 定位信息

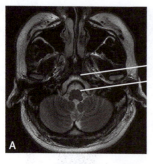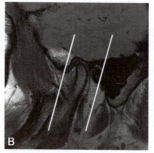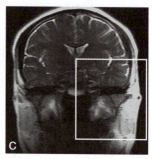

图 2-2-8　左侧颞下颌关节开口位-斜冠状位 T$_2$WI 定位方法（图 A~C）

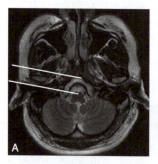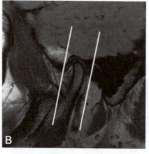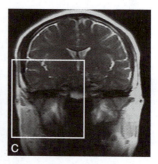

图 2-2-9　右侧颞下颌关节开口位-斜冠状位 T$_2$WI 定位方法（图 A~C）

参数要求												
序号	序列	方位	加权	脂肪抑制	重复时间/ms	回波时间	视野/cm	层厚/层距/mm	层数	矩阵	相位编码	平均次数	呼吸控制
1	FSE	轴位	T$_2$WI	无	4 200	96ms	24×24	4/0	16	256×256	左右	1	自由
2	FSE	斜矢状位	PDWI	无	1 800	25ms	12×12	3/0.3	16	256×192	前后	2	自由
3	FSE	斜矢状位	T$_2$WI	无	4 200	102ms	12×12	3/0.2	16	256×224	前后	2	自由
4	FSE	斜矢状位	T$_1$WI	无	420	最短	12×12	3/0.3	16	192×160	前后	2	自由
5	FSE	斜冠状位	T$_2$WI	无	420	最短	10×10	2/0.3	10	128×128	左右	2	自由
6	FSE	斜冠状位	T$_2$WI	无	420	最短	10×10	2/0.3	10	128×128	左右	2	自由
7	FSE	轴位	T$_2$WI	无	4 200	96ms	24×24	4/0	16	256×256	左右	1	自由
8	FSE	斜矢状位	PDWI	无	1 800	25ms	12×12	3/0.3	16	256×192	前后	2	自由
9	FSE	斜矢状位	T$_2$WI	无	420	最短	10×10	2/0.3	10	128×128	左右	2	自由

质量要求

- 扫描范围符合临床诊断需求
- 图像背景应为黑色,对比度清晰,清晰显示关节盘形态及位置等
- 图像无明显伪影
- 选择关节盘移位最大层面或病变层面

标准图像

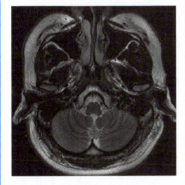

图 2-2-10　颞下颌关节闭口位-轴位 T_2WI 标准图像

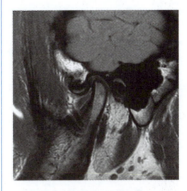

图 2-2-11　颞下颌关节闭口位-右斜矢状位 PDWI 标准图像

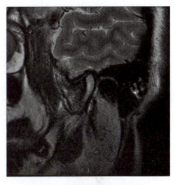

图 2-2-12　颞下颌关节闭口位-右斜矢状位 T_2WI 标准图像

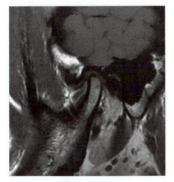

图 2-2-13　颞下颌关节闭口位-右斜矢状位 T_1WI 标准图像

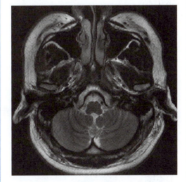

图 2-2-14　颞下颌关节开口位-轴位 T_2WI 标准图像

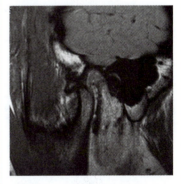

图 2-2-15　颞下颌关节张口位-右斜矢状位 PDWI 标准图像

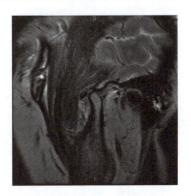

图 2-2-16　颞下颌关节张口位-右斜矢状位 T_2WI 标准图像

特殊注意事项
• 本检查视野(FOV)较小,为保持一定的信噪比(SNR),应尽量选择颞下颌关节专用表面线圈或通道数更大的相控阵头线圈 • FOV较小,适当增加过采样或采用去卷褶技术,防止产生卷褶伪影 • 在扫描 T_2 加权图像时,可根据自己单位的习惯决定是否使用脂肪抑制技术 • 张口位时不可完全拷贝闭口位的定位设置,需在新的定位像上进行定位,方法同闭口位 • 张口位时患者需手持开口器,保持头部不动,开口到舒适位置至不能张开为止

第三节　脑脊液鼻漏磁共振平扫

检查项目 中文名称	脑脊液鼻漏磁共振平扫	
患者准备及摆位		
准备	• 患者无需特殊准备	
摆位及线圈	• 线圈:头部相控阵线圈,通道数≥8 • 定位点:鼻根 • 仰卧,头先进;必要时俯卧,头先进	
定位像	扫描定位像时注意 • 鼻窦位于定位像中间位置 • 无明显伪影	
扫描序列		
编号	序列名称	序列说明
1	冠状位 FSE 重 T_2WI 脂肪抑制	观察脑脊液鼻漏漏口
扫描定位		

1. 冠状位 FSE 重 T_2WI 脂肪抑制

定位
要求

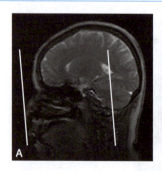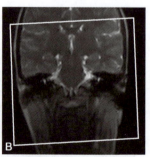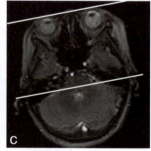

图 2-3-1　脑脊液鼻漏冠状位 FSE 重 T_2WI 脂肪抑制定位方法

图 A、C 示:前缘到鼻尖,后缘到蝶窦结束,扫描 72 层;图 B、C 示:在冠状位和轴位定位像上调整扫描框,使左右对称。

参数要求												
序号	序列	方位	加权	脂肪抑制	重复时间/ms	回波时间/ms	视野/cm	层厚/层距/mm	层数	矩阵	相位编码	平均次数	呼吸控制
1	FSE	冠状位	T_2WI	有	9 000	200	22×22	1.5/0	72	320×192	左右	2	自由

质量要求
• 扫描范围符合临床诊断需求 • T_2权重要大，脑脊液高亮显示 • 脂肪抑制要彻底，方便高亮脑脊液的显示 • 施加匀场框

标准图像

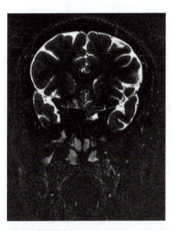

图 2-3-2　脑脊液鼻漏冠状位 FSE 重 T_2WI 脂肪抑制标准图像

第四节　鼻窦磁共振平扫、鼻窦磁共振增强扫描

检查项目中文名称	鼻窦磁共振平扫、鼻窦磁共振增强扫描
患者准备及摆位	
准备	• 患者检查前去除随身携带的金属物品 • 明确鼻窦及其附近区域无金属异物（特别注意外伤患者） • 取掉口罩或口罩处的金属丝及活动义齿
摆位及线圈	• 线圈:头部相控阵线圈 • 定位点:鼻根部 • 其他要求:嘱患者平静呼吸 • 仰卧头先进,双臂置于身体两侧,头部用海绵固定
定位像	扫描定位像时注意 • 有无金属伪影 • 三平面定位或矢状位定位,范围包括硬腭至额窦上缘的全部鼻腔以及鼻

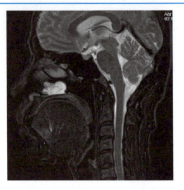

图 2-4-1　鼻窦矢状位定位像

	扫描序列	
编号	序列名称	序列说明
1	矢状位 T_2WI 脂肪抑制和/或非脂肪抑制	观察病灶及其范围,与邻近组织结构的关系
2	冠状位 T_2WI 脂肪抑制与非脂肪抑制	观察病灶及其范围,与邻近组织结构的关系
3	轴位 T_2WI 脂肪抑制与非脂肪抑制	观察病灶及其范围,与邻近组织结构的关系
4	轴位 T_1WI	观察鼻窦及骨质情况
5	轴位 DWI	复制轴位 T_2WI,观察病变位置与侵犯浸润情况,显示扩散受限程度
6	轴位 T_1WI 脂肪抑制 +C	鉴别肿瘤与炎性病变,更准确地显示侵袭性病变鼻外侵犯范围
7	矢状位 T_1WI 脂肪抑制 +C	鉴别肿瘤与炎性病变,更准确地显示侵袭性病变鼻外侵犯范围
8	冠状位 T_1WI 脂肪抑制 +C	鉴别肿瘤与炎性病变,更准确地显示侵袭性病变鼻外侵犯范围

	扫描定位	
定位要求	1. 矢状位 T_2WI ● 覆盖鼻与鼻窦(上颌窦、额窦、筛窦、蝶窦)及病变 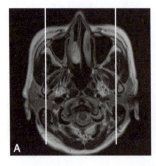 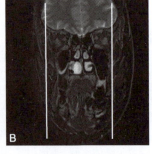 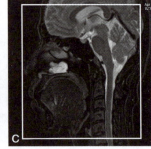 图 2-4-2　鼻窦矢状位 T_2WI 定位方法 图 A 示:在轴位定位像上调整左右定位线使其平行于大脑纵裂,并包括两侧上颌窦;图 B 示:在冠状位定位像上,定位线与鼻道走行一致,覆盖鼻与鼻窦;图 C 示:在矢状位定位像上将定位框中心置于鼻窦处。		

2. 冠状位 T₂WI	
定位要求	• 覆盖病变 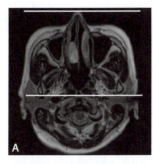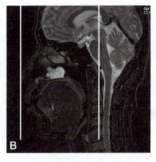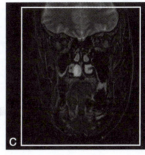 图 2-4-3　**鼻窦冠状位 T₂WI 定位方法** 图 A 示：在轴位定位像上，定位线垂直于鼻中隔；B 示：在矢状位定位像上调整层面，使定位线平行于鼻咽后壁或垂直于硬腭水平；图 C 示：冠状位定位范围包括鼻与鼻窦，将定位框中心置于鼻窦处。
3. 轴位 T₂WI	
定位要求	• 范围包括范围上至额窦上缘，下至上门齿 • 覆盖病变，Dixon 脂肪抑制 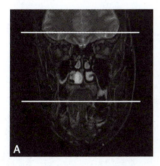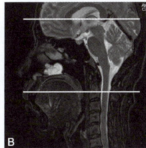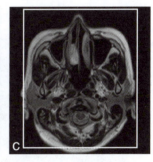 图 2-4-4　**鼻窦轴位 T₂WI 定位方法** 图 A 示：在冠状位定位像上调整角度，使定位线平行两侧颞骨连线；图 B 示：在矢状位定位像上，定位线平行于硬腭；图 C 示：在轴位定位像上调整定位框使其左右居中。
4. 轴位 T₁WI	
定位要求	• 完全复制轴位 T₂WI 定位信息
5. 轴位 DWI	
定位要求	• 完全复制轴位 T₂WI 定位信息
6. 轴位 T₁WI 脂肪抑制 +C	
定位要求	• 完全复制轴位 T₂WI 定位信息
7. 矢状位 T₁WI 脂肪抑制 +C	
定位要求	• 完全复制矢状位 T₂WI 定位信息
8. 冠状位 T₁WI 脂肪抑制 +C	
定位要求	• 完全复制冠状位 T₂WI 定位信息

								层厚/				
序号	序列	方位	加权	脂肪抑制	重复时间	回波时间	视野/cm	层厚/层距/mm	层数	矩阵	相位编码	平均次数

参数要求

序号	序列	方位	加权	脂肪抑制	重复时间	回波时间	视野/cm	层厚/层距/mm	层数	矩阵	相位编码	平均次数
1	FSE	矢状位	T_2WI	有	>3 000ms	75ms	30×30	5/0.5	24	232×320	头足	2
2	FSE	冠状位	T_2WI	有	>3 000ms	75ms	30×30	5/0.5	24	232×320	头足	2
3	FSE	轴位	T_2WI	有	>3 000ms	75ms	24×24	5/0.5	24	177×256	前后	2
4	FSE	轴位	T_1WI	无	最短	最短	24×24	5/0.5	24	182×320	前后	2
5	DWI	轴位	DWI	有	>3 000ms	最短	24×24	5/0.5	24	88×128	前后	2～4
6	FSE	轴位	T_1WI+C	有	最短	最短	24×24	5/0.5	24	146×256	前后	3
7	FSE	冠状位	T_1WI+C	有	最短	最短	30×30	5/0.5	24	203×320	头足	2
8	FSE	矢状位	T_1WI+C	有	最短	最短	30×30	5/0.5	24	203×320	头足	2

质量要求

- 扫描范围符合临床诊断需求
- 清晰显示病变与邻近解剖结构的相互关系
- 图像无明显运动及金属伪影
- 脂肪抑制均匀

标准图像

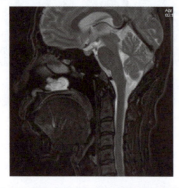

图 2-4-5　鼻窦矢状位 T_2WI 脂肪抑制标准图像

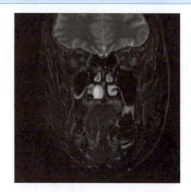

图 2-4-6　鼻窦冠状位 T_2WI 脂肪抑制标准图像

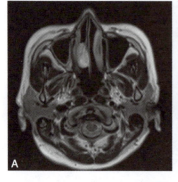
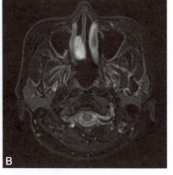

图 2-4-7　鼻窦轴位 T_2WI 标准图像
图 A 示：非脂肪抑制；图 B 示：脂肪抑制。

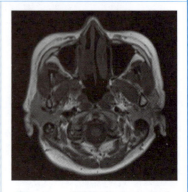

图 2-4-8　鼻窦轴位 T_1WI 标准图像

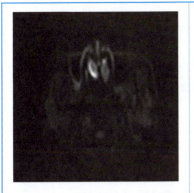

图 2-4-9　鼻窦轴位 DWI 标准图像

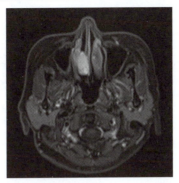

图 2-4-10　鼻窦轴位 T_1WI 脂肪抑制 +C 标准图像

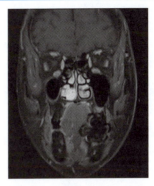

图 2-4-11　鼻窦冠状位 T_1WI 脂肪抑制 +C 标准图像

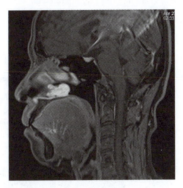

图 2-4-12　鼻窦矢状位 T_1WI 脂肪抑制 +C 标准图像

伪影图像

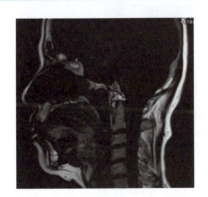

图 2-4-13　Dixon 水像与脂像计算错误

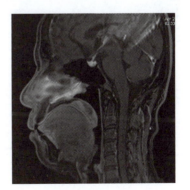

图 2-4-14　卷褶伪影

特殊注意事项

- 需嘱患者不能做吞咽动作
- 建议采用 FSE-DWI、小视野 DWI、基于 k 空间螺旋状填充的 DWI 以及多次激发的 DWI 技术，以减少图像失真和磁敏感伪影
- 鼻窦部位，脂肪抑制容易不均匀，建议使用水脂分离的脂肪抑制方法，如果设备不允许，可以采用短反转时间反转恢复（STIR）的脂肪抑制方法

第五节　鼻咽部磁共振平扫、鼻咽部磁共振增强扫描

检查项目 中文名称	鼻咽部磁共振平扫、鼻咽部磁共振增强扫描
患者准备及摆位	
准备	• 患者检查过程中不做吞咽或咳嗽动作,不转动头部,不说话,平静呼吸
摆位及线圈	• 线圈:头部相控阵线圈或头颈联合线圈 • 定位点:眉间 • 其他要求:嘱患者双手、双脚避免交叉,双眼闭合。颅底在线圈里,头部和颈部自然平直 • 仰卧位头先进,双手自然置于身体两侧
定位像	扫描定位像时注意 • 使用快速成像序列同时采集冠状位、矢状位、轴位三个方位定位像 • 在定位像上确定扫描基线、检查方案和检查范围 图 2-5-1　鼻咽部冠状位定位像

扫描序列		
编号	序列名称	序列说明
1	冠状位 T_2WI 脂肪抑制	鼻咽部肿瘤扫描应包括颈部淋巴结,包含咽旁间隙,颅中窝底部和颈前三角
2	轴位 T_2WI 脂肪抑制	检查范围根据检查要求及实际病情情况具体确定,如是否包括蝶窦等。主要显示病变的位置、大小、形态、边缘及信号特点
3	矢状位 T_2WI 脂肪抑制	检查范围根据要求可覆盖整个鼻咽部
4	轴位 T_1WI	显示细小解剖结构及位置关系,根据实际情况合理应用脂肪抑制技术
5	轴位 DWI	显示病变组织,观察淋巴结及软组织情况,检出病变,观察病变扩散受限程度及范围
6	轴位 T_1WI+C	显示病变与周围结构的关系,病变的血供情况,病变强化程度和强化模式、周围浸润、淋巴结等
7	冠状位 T_1WI+C	显示病变与周围结构的关系,病变的血供情况,病变强化程度和强化模式、周围浸润、淋巴结等
8	矢状位 T_1WI+C	显示病变与周围结构的关系,病变的血供情况,病变强化程度和强化模式、周围浸润、淋巴结等

扫描定位

1. 冠状位 T_2WI 脂肪抑制

定位要求

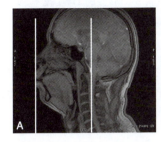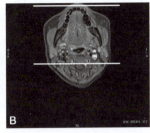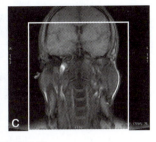

图 2-5-2　鼻咽部冠状位 T_2WI 脂肪抑制定位方法

图 A、B 示：扫描基线平行于鼻咽后壁，从鼻尖后至 C_2 椎体后缘；图 C 示：人体结构居中，对于恶性肿瘤患者，如需观察颈部淋巴结，应扩大扫描范围，从颅底至颈根部。

2. 轴位 T_2WI 脂肪抑制

定位要求

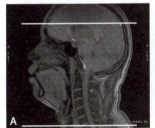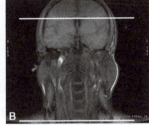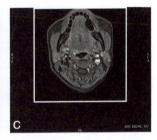

图 2-5-3　鼻咽部轴位 T_2WI 脂肪抑制定位方法

图 A、B 示：扫描基线平行于硬腭，检查范围从额窦至会厌水平，根据患者实际病变情况调整检查范围；图 C 示：人体结构居中，对于恶性肿瘤患者，如需观察颈部淋巴结，应扩大扫描范围，从颅底至颈根部。

3. 矢状位 T_2WI 脂肪抑制

定位要求

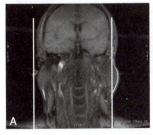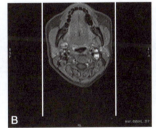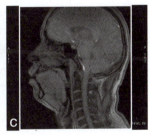

图 2-5-4　鼻咽部矢状位 T_2WI 脂肪抑制定位方法

图 A、B 示：扫描基线垂直于硬腭平面，检查范围至两侧软组织外缘，包含两侧乳突外缘，根据实际病变调整；图 C 示：人体结构居中，对于恶性肿瘤患者，如需观察颈部淋巴结，应扩大扫描范围，从颅底至颈根部。

4. 轴位 T_1WI

定位要求

- 完全复制轴位 T_2WI 脂肪抑制定位范围
- 复制轴位 T_2WI 脂肪抑制扫描范围

5. 轴位 DWI	
定位要求	• 完全复制轴位 T_2WI 脂肪抑制定位信息 • 咽部结构组织复杂，常规的 DWI-EPI 变形严重，建议使用减少形变的 DWI 技术，或分二次扫描，分别扫描头部及颈部 DWI

6. 轴位 T_1WI+C	
定位要求	• 完全复制轴位 T_2WI 脂肪抑制定位信息 • 根据病变显示情况，注射对比剂后做 T_1WI 脂肪抑制增强扫描，可以清晰显示增强程度和增强模式，避免脂肪信号干扰

7. 冠状位 T_1WI+C	
定位要求	• 完全复制冠状位 T_2WI 脂肪抑制定位信息 • 根据病变显示情况，注射对比剂后做 T_1WI 脂肪抑制增强扫描，可以清晰显示增强程度和增强模式，避免脂肪信号干扰

8. 矢状位 T_1WI+C	
定位要求	• 完全复制矢状位 T_2WI 脂肪抑制定位信息 • 根据病变显示情况，注射对比剂后做 T_1WI 脂肪抑制增强扫描，可以清晰显示增强程度和增强模式，避免脂肪信号干扰

参数要求												
序号	序列	方位	加权	脂肪抑制	重复时间/ms	回波时间	视野/cm	层厚/层距/mm	层数	矩阵	相位编码	平均次数	回波链长度
1	FSE	冠状位	T_2WI	有	>4 500	80ms	24×24	4/0.4	20～24	320×288	头足	2	16
2	FSE	轴位	T_2WI	有	>4 500	80ms	20×20	4/0.4	24～30	288×256	左右	2	16
3	FSE	矢状位	T_2WI	有	>4 500	80ms	22×22	4/0.4	20～24	320×288	头足	2	16
4	FSE	轴位	T_1WI	无	400	最短	20×20	4/0.4	24～30	288×224	左右	1	3
5	SE-EPI	轴位	DWI	无	>2 500	最短	20×20	4/0.4	24～30	128×128	左右	8	—
6	FSE	轴位	T_1WI+C	有	500	最短	20×20	4/0.4	24～30	288×256	前后	2	3
7	FSE	冠状位	T_1WI+C	有	500	最短	24×24	4/0.4	20～24	288×224	头足	2	3
8	FSE	矢状位	T_1WI+C	有	500	最短	22×22	4/0.4	20～24	288×224	头足	2	3

质量要求

• 扫描范围符合临床诊断需求
• 清晰显示颈部细微解剖结构及其位置关系
• 图像无明显伪影
• 脂肪抑制均匀
• 增强图像清晰显示病变与周围组织结构的位置、大小、形态和边缘情况

标准图像

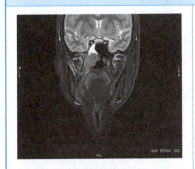

图 2-5-5 鼻咽部冠状位 T$_2$WI 脂肪抑制标准图像

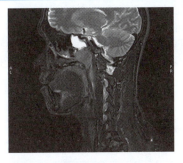

图 2-5-6 鼻咽部矢状位 T$_2$WI 脂肪抑制标准图像

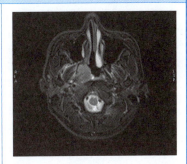

图 2-5-7 鼻咽部轴位 T$_2$WI 脂肪抑制标准图像

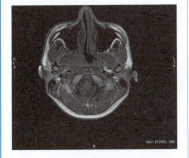

图 2-5-8 鼻咽部轴位 T$_1$WI 标准图像

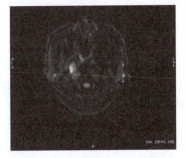

图 2-5-9 鼻咽部轴位 DWI 标准图像

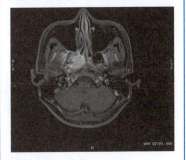

图 2-5-10 鼻咽部轴位 T$_1$WI+C 标准图像

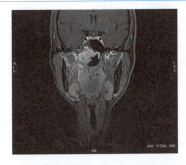

图 2-5-11 鼻咽部冠状位 T$_1$WI+C 标准图像

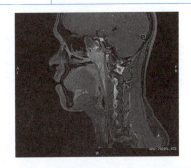

图 2-5-12 鼻咽部矢状位 T$_1$WI+C 标准图像

伪影图像

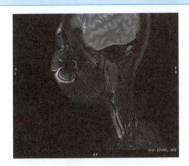

图 2-5-13 金属伪影

可见信号缺失区域，周边为不均匀、不规则高信号。

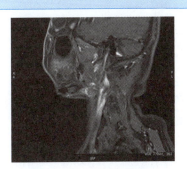

图 2-5-14 血管搏动伪影

区域结构模糊，显示不清晰。

特殊注意事项
<ul><li>颈部血管搏动伪影明显时,可在扫描范围上、下使用空间预饱和带</li><li>某些肿瘤沿神经侵犯时,扫描范围根据需要适当扩大</li><li>相位编码方向选择时应使伪影避开检查部位</li><li>T_2WI 推荐使用频率饱和法的脂肪抑制技术或适用绝热脉冲的频率饱和法脂肪抑制技术,效果不佳时可以采用水脂分离或 STIR 脂肪抑制方法</li></ul>

第六节 喉咽部磁共振平扫、喉咽部磁共振增强扫描

检查项目中文名称	喉咽部磁共振平扫、喉咽部磁共振增强扫描	
患者准备及摆位		
准备	• 患者检查过程中不做吞咽或咳嗽动作,不转动头部,不说话,平静呼吸	
摆位及线圈	• 线圈:颈部专用表面线圈或头颈联合线圈 • 定位点:鼻尖 • 其他要求:患者双手、双脚避免交叉,双眼闭合。颅底在线圈里,头部和颈部自然平直 • 仰卧位头先进,双手自然置于身体两侧	
定位像	扫描定位像时注意 • 使用快速成像序列同时采集冠状位、矢状位、轴位三个方位定位像 • 在定位像上确定扫描基线、检查方案和范围 图 2-6-1 喉咽部冠状位定位像	
扫描序列		

编号	序列名称	序列说明
1	冠状位 T_2WI 脂肪抑制	发现病变 咽部肿瘤扫描应包括咽旁间隙、颅中窝底部和颈前三角。成像范围应覆盖全部颈部,以利于观察颈部淋巴结情况
2	轴位 T_2WI 脂肪抑制	检查范围根据检查要求及实际病变情况具体确定。主要显示病变的位置、大小、形态、边缘及信号特点
3	矢状位 T_2WI 脂肪抑制	可疑有淋巴结或咽旁病变,扫描范围应扩大,包含颅底至甲状软骨区
4	轴位 T_1WI	显示细小解剖结构及位置关系,根据实际情况合理应用脂肪抑制技术
5	轴位 DWI	显示病变组织,观察淋巴结及软组织情况,检出病变,观察病变扩散受限程度及范围

6	轴位 T_1WI+C	显示病变与周围结构的关系,病变的血供情况,病变强化程度和强化模式、周围浸润、淋巴结等
7	冠状位 T_1WI+C	显示病变与周围结构的关系,病变的血供情况,病变强化程度和强化模式、周围浸润、淋巴结等
8	矢状位 T_1WI+C	显示病变与周围结构的关系,病变的血供情况,病变强化程度和强化模式、周围浸润、淋巴结等
扫描定位		

1. 冠状位 T_2WI 脂肪抑制

定位要求

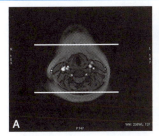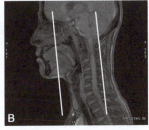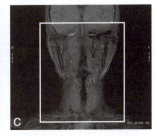

图 2-6-2 喉咽部冠状位 T_2WI 脂肪抑制定位方法

图 A、B 图示:扫描范围从甲状软骨前缘至乳突后,颅底到胸锁关节的区域应包含在图像中,局限于声带的肿瘤,定位层面需要平行于喉腔,应覆盖硬腭上缘到胸锁关节;图 C 示:人体结构居中,对于恶性肿瘤患者,如需观察颈部淋巴结,应扩大扫描范围,从颅底至颈根部。

2. 轴位 T_2WI 脂肪抑制

定位要求

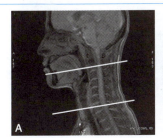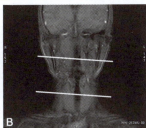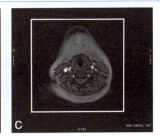

图 2-6-3 喉咽部轴位 T_2WI 脂肪抑制定位方法

图 A、B 示:检查范围从会厌上缘至 C_6 椎体下缘,局限于声带的肿瘤,定位层面需要垂直于喉部,在矢状位定位像上垂直于喉腔及气管长轴,保持图像左右对称;图 C 示:人体结构居中,对于恶性肿瘤患者,如需观察颈部淋巴结,应扩大扫描范围,从颅底至颈根部。

3. 矢状位 T_2WI 脂肪抑制

定位要求

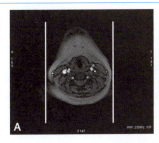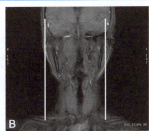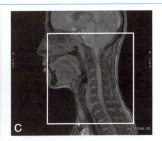

图 2-6-4 喉咽部矢状位 T_2WI 脂肪抑制定位方法

图 A、B 示:包含喉咽部两侧软组织外缘,硬腭上缘到胸锁关节区域应包含在图像中;图 C 示:人体结构居中,对于恶性肿瘤患者,如需观察颈部淋巴结,应扩大扫描范围,从颅底至颈根部。

4. 轴位 T_1WI

定位要求	• 完全复制轴位 T_2WI 定位信息

5. 轴位 DWI

定位要求	• 完全复制轴位 T_2WI 定位信息 • 咽部结构组织复杂,常规的 DWI-EPI 变形严重,建议使用减少形变的 DWI 技术 • b 值设为 0 或 50、1 000s/mm^2

6. 轴位 T_1WI+C

定位要求	• 完全复制轴位 T_2WI 定位信息 • 根据病变显示情况,注射对比剂后进行 T_1WI 脂肪抑制增强扫描,可以清晰显示增强程度和增强模式

7. 冠状位 T_1WI+C

定位要求	• 完全复制冠状位 T_2WI 定位信息 • 根据病变显示情况,注射对比剂后进行 T_1WI 脂肪抑制增强扫描,可以清晰显示增强程度和增强模式

8. 矢状位 T_1WI+C

定位要求	• 完全复制矢状位 T_2WI 定位信息 • 根据病变显示情况,注射对比剂后进行 T_1WI 脂肪抑制增强扫描,可以清晰显示增强程度和增强模式

参数要求

序号	序列	方位	加权	脂肪抑制	重复时间/ms	回波时间	视野/cm	层厚/层距/mm	层数	矩阵	相位编码	平均次数	回波链长度
1	FSE	冠状位	T_2WI	有	500	90~120ms	24×24	4/0.4	20~24	288×224	左右	2	16
2	FSE	轴位	T_2WI	有	>4 500	90~120ms	20×20	4/0.4	24~30	288×256	左右	2	16
3	FSE	矢状位	T_2WI	有	>4 500	80~100ms	22×22	4/0.4	20~24	320×288	头足	2	16
4	FSE	轴位	T_1WI	无	400	最短	20×20	4/0.4	24~30	288×224	左右	1	3
5	SE/EPI	轴位	DWI	有	>2 500	最短	20×20	4/0.4	24~30	128×128	左右	8	—
6	FSE	轴位	T_1WI+C	有	400	最短	20×20	4/0.4	20~24	288×256	前后	2	3
7	FSE	冠状位	T_1WI+C	有	400	最短	24×24	4/0.4	20~24	288×224	左右	2	3
8	FSE	矢状位	T_1WI+C	有	400	最短	22×22	4/0.4	20~24	288×224	头足	2	3

质量要求

• 扫描范围符合临床诊断需求
• 清晰显示颈部细微解剖结构及其位置关系
• 图像无明显伪影
• 脂肪抑制均匀
• 增强图像清晰显示病变与周围组织结构的位置、大小、形态和边缘情况

标准图像

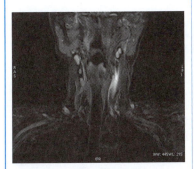

图 2-6-5　喉咽部冠状位 T₂WI 标准图像

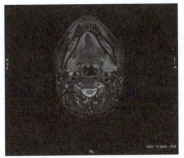

图 2-6-6　喉咽部轴位 T₂WI 标准图像

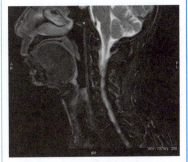

图 2-6-7　喉咽部矢状位 T₂WI 标准图像

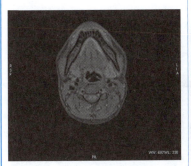

图 2-6-8　喉咽部轴位 T₁WI 标准图像

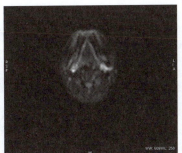

图 2-6-9　喉咽部轴位 DWI 标准图像

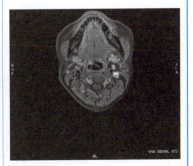

图 2-6-10　喉咽部轴位 T₁WI+C 标准图像

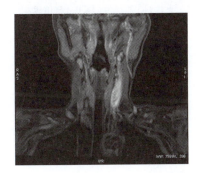

图 2-6-11　喉咽部冠状位 T₁WI+C 标准图像

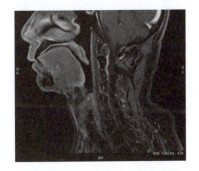

图 2-6-12　喉咽部矢状位 T₁WI+C 标准图像

特殊注意事项

- 某些肿瘤沿神经侵犯时，扫描范围根据需要适当扩大
- 颈部血管搏动伪影明显时，可在扫描范围上、下使用空间预饱和带
- 相位编码方向选择时应使伪影避开检查部位
- T₂WI 推荐使用频率饱和法的脂肪抑制技术或使用绝热脉冲的频率饱和法脂肪抑制技术，效果不佳时可以采用水脂分离或 STIR 的脂肪抑制方法

第七节　腮腺磁共振平扫、腮腺磁共振增强扫描

检查项目 中文名称	腮腺磁共振平扫、腮腺磁共振增强扫描
患者准备及摆位	
准备	• 患者无需特殊准备
摆位及线圈	• 线圈:头部或头颈联合相控阵线圈,通道数≥8 • 定位点:鼻尖 • 仰卧,头先进,双臂至于身体两侧,无交叉 • 患者下颌下收,整个过程中口部紧闭
定位像	扫描定位像时注意 • 腮腺部位应位于定位像中心 • 图像无伪影 图 2-7-1　腮腺矢状位(图 A)、轴位(图 B)和冠状位(图 C)定位像

扫描序列		
编号	序列名称	序列说明
1	轴位 T_2WI	观察腮腺和腮腺管结构和病变,方便腮腺管定位
2	轴位 T_1WI	观察腮腺结构和病变
3	冠状位 T_2WI(脂肪抑制)	观察腮腺结构和病变
4	轴位 DWI	检出病变,观察病变的扩散受限程度及范围
5	轴位 DCE	观察腮腺实性或囊实性占位性病变的血流动力学情况
6	轴位 T_1WI+C	炎性病变、占位性病变时判断病变强化程度
7	冠状位 T_1WI+C	炎性病变、占位性病变时判断病变强化程度
8	矢状位 T_1WI+C	炎性病变、占位性病变时判断病变强化程度

扫描定位

1. 轴位 T$_2$WI

定位要求

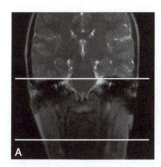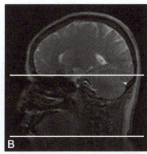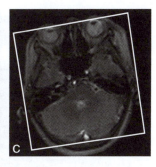

图 2-7-2　腮腺轴位 T$_2$WI 定位方法

图 A、B 示：扫描框包含双侧腮腺上下缘，根据病变调整扫描范围，完整覆盖病变，或扫描 24 层；图 C 示：在轴位定位像上调整定位框，使左右对称。

2. 轴位 T$_1$WI

定位要求

● 完全复制轴位 T$_2$WI 定位信息

3. 冠状位 T$_2$WI

定位要求

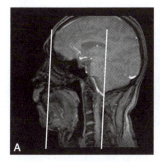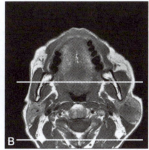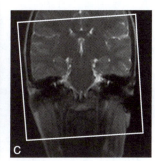

图 2-7-3　腮腺冠状位 T$_2$WI 定位方法

图 A、B 示：在矢状位和轴位定位像上调整定位框，前后包括双侧腮腺，根据病变调整扫描范围，完整覆盖病变，或扫描 20～24 层；图 C 示：在冠状位定位像上调整定位框，使左右对称。

4. 轴位 DWI

定位要求

● 完全复制轴位 T$_2$WI 定位信息

5. 轴位 DCE

定位要求

● 复制轴位 T$_2$WI 定位线角度，以病变为扫描中心点

6. 轴位 T$_1$WI+C

定位要求

● 完全复制轴位 T$_2$WI 定位信息

7. 冠状位 T_1WI+C	
定位 要求	• 完全复制轴位 T_2WI 定位信息

8. 矢状位 T_1WI+C

定位 要求	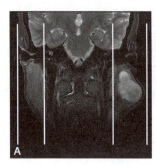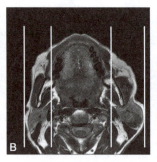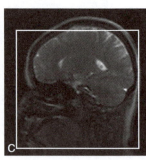

图 2-7-4　腮腺矢状位 T_1WI+C 定位方法

图 A、B 示：在冠状位及轴位定位像上定位，左右完整覆盖腮腺；图 C 示：在矢状位定位像上调整扫描框，前后轴线平行于硬腭。

参数要求

序号	序列	方位	加权	脂肪 抑制	重复 时间/ ms	回波 时间	视野/ cm	层厚/ 层距/ mm	层数	矩阵	相位 编码	平均 次数	呼吸 控制
1	FSE	轴位	T_2WI	无	3 840	85ms	18×18	4/0.4	24	288×224	左右	1	自由
2	FSE	轴位	T_1WI	无	700	最短	18×18	4/0.4	24	288×224	左右	2	自由
3	FSE	冠状位	T_2WI	有	3 469	68ms	18×18	4/0.4	20	320×224	左右	2	自由
4	DW-EPI	轴位	DWI	有	>2 000	70ms	18×18	4/0.4	12	128×128	左右	—	自由
5	3D SPGR	轴位	T_1WI+C	无	3.9	最短	24×24	5/−2.5	10	200×200	左右	2	自由
6	FSE	轴位	T_1WI+C	有	570	最短	18×18	4/0.4	24	320×224	左右	2	自由
7	FSE	冠状位	T_1WI+C	有	605	最短	18×18	4/0.4	20	320×224	左右	2	自由
8	FSE	矢状位	T_1WI+C	无	481	最短	18×18	5/0.5	24	256×224	前后	2	自由

质量要求

• 扫描范围符合临床诊断需求
• 清晰显示腮腺和腮腺导管结构及其与周围组织的相互关系
• 平扫 T_2WI 需脂肪抑制，脂肪抑制技术尽量采用水脂分离技术（IDEAL、mDixon 等）
• 无明显伪影
• DWI 尽量使用非 EPI 技术采集，防止失真和伪影

标准图像

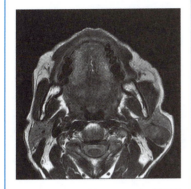

图 2-7-5　腮腺轴位 T_2WI 标准图像

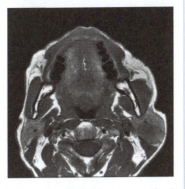

图 2-7-6　腮腺轴位 T_1WI 标准图像

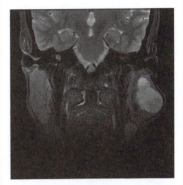

图 2-7-7　腮腺冠状位 T_2WI 脂肪抑制标准图像

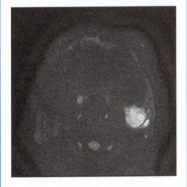

图 2-7-8　腮腺轴位 DWI 标准图像

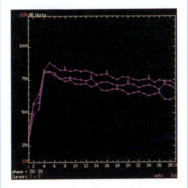

图 2-7-9　腮腺轴位 DCE 后处理曲线标准图像

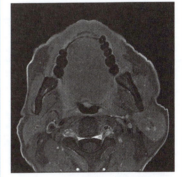

图 2-7-10　腮腺轴位 T_1WI+C 标准图像

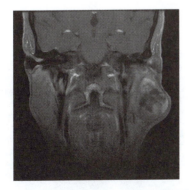

图 2-7-11　腮腺冠状位 T_1WI+C 标准图像

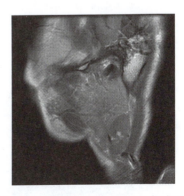

图 2-7-12　腮腺矢状位 T_1WI+C 标准图像

伪影图像
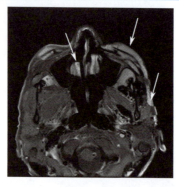 图 2-7-13 水脂分离计算失误伪影 箭头区域可见信号缺失及不规则高信号。
特殊注意事项
• 如患者不可控吞咽口水或尽量缓慢吞咽 • 勾画时间-信号强度曲线的感兴趣区时，应避开血管和囊变区，选择最先开始强化的地方

第八节 腮腺导管磁共振成像

检查项目 中文名称	腮腺导管磁共振成像		
患者准备及摆位			
准备	• 温水漱口，清洁口腔 • 腮腺导管水成像时，提前 3～5 分钟使用催涎剂（维生素 C、酒石酸、柠檬酸等）		
摆位及线圈	• 线圈：头部或头颈联合相控阵线圈，通道数≥8 • 定位点：鼻尖 • 仰卧，头先进，双臂至于身体两侧，无交叉 • 患者下颌下收，整个过程中口部紧闭		
定位像	扫描定位像时注意 • 腮腺部位应位于定位像中心 • 图像无伪影 A B C 图 2-8-1 腮腺导管矢状位（图 A）、轴位（图 B）和冠状位（图 C）定位像		

扫描序列		
编号	序列名称	序列说明
1	2D 左/右斜矢状位水成像	快速分别扫描左右两侧腮腺导管
2	3D 轴位高分辨水成像	同时获取双侧高分辨率腮腺导管像
扫描定位		

1. 2D 左/右斜矢状位水成像

定位 要求	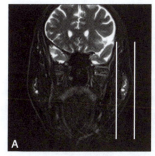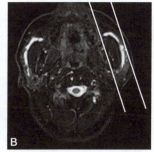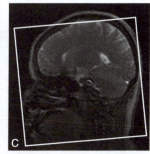 图 2-8-2 腮腺导管斜矢状位水成像定位方法 图 A、B 示：在 T_2WI 脂肪抑制的冠状位和轴位定位像上，找到腮腺导管位置，范围包括整个导管，双侧分开扫描，双侧各扫描 1 层，层厚设置以完整覆盖病变为准；图 C 示：在矢状位定位像上调整定位框，前后轴线平行于硬腭。

2. 3D 轴位高分辨水成像

定位 要求	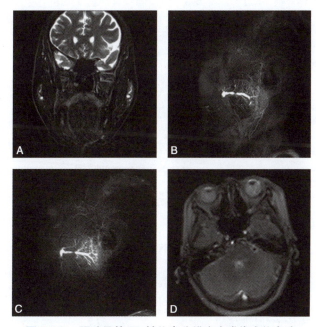 图 2-8-3 腮腺导管 3D 轴位高分辨率水成像定位方法 图 A~D 示：在冠状位及 2D 序列定位像上，双侧 2D 序列上平行于腮腺导管走行，完整覆盖导管及分支；在冠状位 T_2WI 图像上调整角度使双侧对称扫描。

参数要求												
序号	序列	方位	加权	脂肪抑制	重复时间	回波时间	视野/cm	层厚/层距/mm	层数	矩阵	相位编码	平均次数	呼吸控制
1	水成像	斜矢状位	T$_2$WI	有	8 000ms	1 200ms	16×16	40	1	384×256	—	—	自由
2	3D FSE	轴位	T$_2$WI	有	最短	最短	20×20	2.4/−1.2	60	256×192	左右	0.5	自由

质量要求
• 扫描范围符合临床诊断需求
• 清晰显示腮腺导管结构及其与周围组织的相互关系
• 平扫 T$_2$WI 需脂肪抑制,脂肪抑制技术尽量采用水脂分离技术(IDEAL、mDixon 等)
• 无明显伪影
• DWI 尽量使用非 EPI 技术采集,防止失真和伪影

标准图像

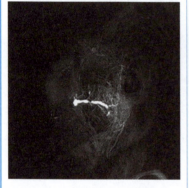 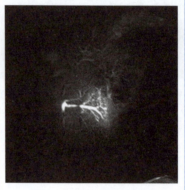 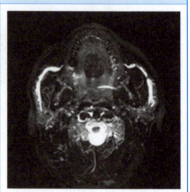

图 2-8-4 右侧腮腺导管重 T$_2$WI 标准图像 　　图 2-8-5 左侧腮腺导管重 T$_2$WI 标准图像 　　图 2-8-6 双侧腮腺导管轴位重 T$_2$WI 标准图像

特殊注意事项
• 扫描前嘱患者口服维生素 C,刺激唾液分泌,更好地显示腮腺导管

第九节　内耳磁共振平扫、内耳磁共振增强扫描

检查项目中文名称	内耳磁共振平扫、内耳磁共振增强扫描
患者准备及摆位	
准备	• 患者无需特殊准备
摆位及线圈	• 线圈:头部相控阵线圈,通道数≥8 • 定位点:双侧外耳孔连线中点 • 仰卧,头先进,双臂置于身体两侧,无交叉 • 不推荐强迫体位,以患者舒适为主
定位像	扫描定位像时注意 • 三平面定位中内耳结构显示务必对称,必要时在轴位定位像上进行冠状位二次定位,保证获取高度对称的扫描图像 • 注意有无伪影

定位像	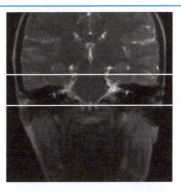 图 2-9-1　内耳冠状位二次定位像

扫描序列

编号	序列名称	序列说明
1	轴位 T_2WI	观察内耳、中耳、外耳结构和病变
2	轴位 T_1WI	观察内耳、中耳、外耳结构和病变,关注内耳迷路异常信号,尤其是突发性耳聋患者
3	轴位高分辨率水成像	观察神经和内耳迷路结构及异常信号
4	冠状位 T_2WI	观察内耳、中耳、外耳结构和病变
5	轴位 DWI	检出病变,观察病变扩散受限程度及范围
6	轴位 T_1WI+C	炎性病变、占位性病变时判断病变强化程度
7	冠状位 T_1WI+C	炎性病变、占位性病变时判断病变强化程度
8	斜矢状位 T_1WI+C	炎性病变、占位性病变时判断病变强化程度

扫描定位

1. 轴位 T_2WI

定位要求	• 上缘左右完整覆盖三叉神经 • 下缘包括双侧外耳道下缘 • 轴位基线平行于颅中窝 • 扫描 12～16 层,完整覆盖病变 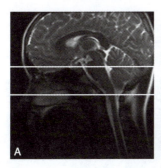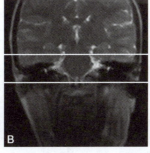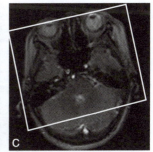 图 2-9-2　内耳轴位 T_2WI 定位方法(图 A～C)

2. 轴位 T_1WI

定位要求	• 完全复制轴位 T_2WI 定位信息

3. 轴位高分辨率水成像

定位要求	• 复制轴位 T_2WI 扫描范围 • 多平面重建（MPR）方法：垂直于内听道神经斜矢状面，重建 FOV 20cm，厚度 10mm，最大密度投影（MIP）

4. 冠状位 T_2WI

定位要求	• 前缘包含内耳耳蜗结构或病变 • 后缘包含内耳半规管结构或病变 • 扫描 12～16 层，完整覆盖病变 • 如有增强扫描，可不扫本序列 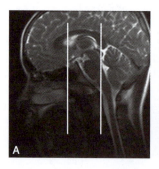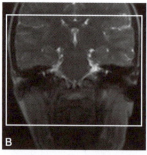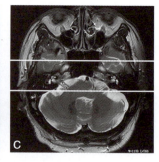 图 2-9-3　内耳冠状位 T_2WI 定位方法（图 A～C）

5. 轴位 DWI

定位要求	• 完全复制轴位 T_2WI 定位信息

6. 轴位 T_1WI+C

定位要求	• 完全复制轴位 T_2WI 定位信息 • 使用水脂分离（Dixon）技进行脂肪抑制

7. 冠状位 T_1WI+C

定位要求	• 完全复制冠状位 T_2WI 定位信息 • 使用 Dixon 技进行脂肪抑制

8. 斜矢状位 T_1WI+C

定位要求	• 轴位图像上平行于面神经水平段 • 扫描 12～16 层，完整覆盖病变 • 使用 Dixon 技进行脂肪抑制 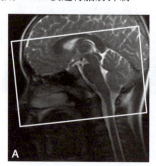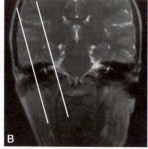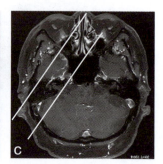 图 2-9-4　内耳斜矢状位 T_1WI+C 定位方法（图 A～C）

参数要求													
序号	序列	方位	加权	脂肪抑制	重复时间	回波时间	视野/cm	层厚/层距/mm	层数	矩阵	相位编码	平均次数	呼吸控制
1	FSE	轴位	T₂WI	无	>2 000ms	80～120ms	18×18	2/0.2	12～16	320×224	左右	4	自由
2	FSE	轴位	T₁WI	无	700ms	最短	18×18	2/0.2	12～16	320×224	左右	3	自由
3	3D FIESTA-C	轴位	T₂WI/T₁WI	无	5.8ms	2.8ms	18×18	0.8/−0.4	40～60	320×288	左右	2	自由
4	FSE	冠状位	T₂WI	无	>2 000ms	80～120ms	18×18	2/0.2	12～16	320×224	左右	1	自由
5	FSE-DWI	轴位	DWI	有	3 000	67.3ms	24×24	3/0.3	8～12	128×128	—	1	自由
6	FSE	轴位	T₁WI+C	有	最短	最短	18×18	2/0.2	12～16	288×224	左右	1	自由
7	FSE	冠状位	T₁WI+C	有	最短	最短	18×18	2/0.2	12～16	288×224	左右	1	自由
8	FSE	矢状位	T₁WI+C	有	最短	最短	18×18	2/0.2	12～16	288×224	前后	1	自由

质量要求

- 扫描范围符合临床诊断需求
- 清晰显示耳部细微结构及其与周围组织的相互关系
- 图像耳部结构显示高度对称，无明显伪影
- 轴位图像最好完整覆盖三叉神经
- 3D 高分辨率水成像斜矢状位重组邻近耳蜗基底部的四根神经清晰显示
- 在出现炎症或占位时使用，DWI 应采用非 EPI 技术
- 脂肪抑制技术采用伪影或变形相对较少的技术
- 增强时扫描轴位和冠状位即可。累及面神经时（炎性或占位性病变）加扫患侧斜矢状位

标准图像

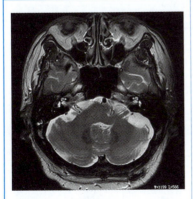

图 2-9-5　内耳轴位 T₂WI 标准图像

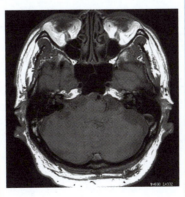

图 2-9-6　内耳轴位 T₁WI 标准图像

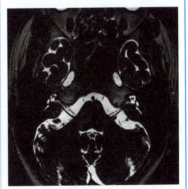

图 2-9-7　内耳轴位高分辨率水成像标准图像

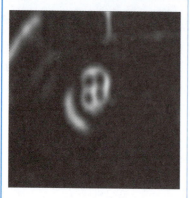

图 2-9-8　内耳重组斜矢状位标准图像

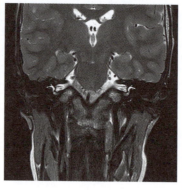

图 2-9-9　内耳冠状位 T₂WI 标准图像

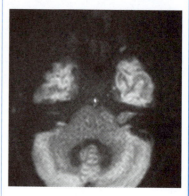

图 2-9-10　内耳轴位 DWI 标准图像

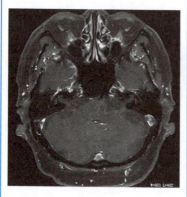

图 2-9-11　内耳轴位 T₁WI+C 标准图像

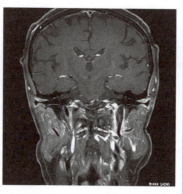

图 2-9-12　内耳冠状位 T₁WI+C 标准图像

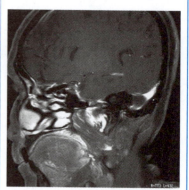

图 2-9-13　内耳斜矢状位 T₁WI+C 标准图像

第十节　内耳磁共振造影

检查项目中文名称	内耳磁共振造影
患者准备及摆位	
准备	• 鼓室法：经鼓膜穿刺或咽鼓管给药，24 小时后检查 • 静脉法：经静脉给药，4～6 小时后检查
摆位及线圈	• 线圈：头部相控阵线圈，通道数≥8 • 定位点：双侧外耳孔连线中点 • 仰卧位，头先进，双臂至于身体两侧，无交叉 • 不推荐强迫体位，以患者舒适为主
定位像	• 扫描定位像时注意 • 三平面定位中内耳结构显示务必对称，必要时在轴位定位像上进行冠状位二次定位，保证获取高度对称的扫描图像 • 无明显伪影

定位像	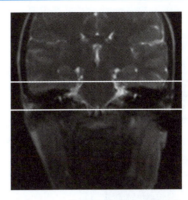

图 2-10-1 内耳冠状位二次定位像

扫描序列

编号	序列名称	序列说明
1	轴位 3D FLAIR 序列	通过不同方法将钆对比剂引入内耳外淋巴液来改变外淋巴液的弛豫时间,通过设置合适的扫描参数(重复时间与反转时间),提高外淋巴液信号强度,形成内、外淋巴液的信号差异,内淋巴液和脑脊液信号被抑制而表现为低信号(暗区);前庭、耳蜗和半规管中的外淋巴液因含钆对比剂而表现为高信号(亮区),3D FLAIR 图像不足之处为无法明确区分迷路周围骨质与内淋巴液,因为二者均呈低信号(暗区)
2	轴位 3D real IR 序列	3D real IR 序列对内、外淋巴液的对比显示效果更佳,该序列也是 3D-IR 序列中的一种,其真实重建模式能够反映组织的真实正负信号值而非绝对值,选取合适的 TI(约 1 800ms)可使内淋巴液呈低信号(暗区)、外淋巴液呈高信号(亮区)、周围骨质呈等信号(灰区),从而通过一次扫描将内、外淋巴液及周围骨质三者区分开

扫描定位

1. 轴位 3D FLAIR 序列或 3D real IR 序列

定位要求	• 定位基线同内耳磁共振平扫和增强扫描 • 扫描范围完整覆盖内耳膜迷路结构

参数要求

序号	序列	方位	加权	脂肪抑制	重复时间/ms	反转时间/ms	回波时间	视野/cm	层厚/mm	层数	矩阵	相位编码	平均次数	呼吸控制
1	3D FLAIR	轴位	T_2WI	有	9 000	1 700～1 800	300ms左右	20×20	0.5～1.0	20～24	不低于256×256	左右	2	自由

质量要求

• 扫描范围符合临床诊断需求
• 清晰显示内、外淋巴液细微结构及其与周围组织的相互关系
• 图像内耳迷路结构显示高度对称,无明显伪影

标准图像	
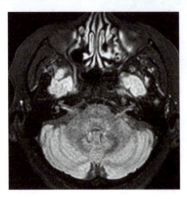 图 2-10-2 内耳 3D FLAIR 标准图像	 图 2-10-3 内耳 3D real IR 标准图像

特殊注意事项

- 共有三种给药途径：经鼓室、咽鼓管或静脉给药。目前经鼓室给药最为常用，需穿透鼓膜；经咽鼓管给药无创，但十分依赖操作者的经验。前两种方法均是将钆对比剂与生理盐水按照 1：7 稀释，药量一般 0.4～0.8ml，注射后嘱患者仰卧 15～30 分钟，避免吞咽动作，24 小时后扫描。静脉给药后内耳迷路显影较浅淡，优势在于操作简单，可用单倍剂量或双倍剂量（0.2mmol/kg），静脉注射 6～12 小时后扫描
- 目前 3D FLAIR 序列是内淋巴积水 MR 检查的主要扫描序列。3D real IR 序列是在 3D FLAIR 序列基础上选择 real 重建模式，余参数不变，该重建模式能够使反转恢复序列反映组织的真实正负信号值而非绝对值，可使图像上内淋巴液呈低信号（负值），外淋巴液呈高信号（正值），周围骨质呈等信号（接近于 0），一次扫描将内、外淋巴液及周围的骨质区分开
- 3D FLAIR 序列扫描时间较长，务必改善患者舒适感，避免运动伪影，提高成功率

第三章　颈部磁共振扫描

第一节　颈部软组织磁共振平扫、颈部软组织磁共振增强扫描

检查项目中文名称	颈部软组织磁共振平扫、颈部软组织磁共振增强扫描
患者准备及摆位	
准备	• 患者检查过程中不做吞咽或咳嗽动作,不转动头部,不说话,平静呼吸
摆位及线圈	• 线圈:颈部专用表面线圈或头颈联合线圈 • 定位点:喉结或甲状软骨 • 其他要求:患者颈下置软垫,确保颈部自然状态。采用固定带和海绵垫固定 • 仰卧位头先进,双手自然置于身体两侧
定位像	扫描定位像时注意 • 使用快速成像序列同时采集冠状位、矢状位、轴位三方位定位像 • 在定位像上确定扫描基线、检查方案和检查范围 图 3-1-1　颈部软组织冠状位定位像

扫描序列		
编号	序列名称	序列说明
1	冠状位 T_2WI 脂肪抑制	范围应覆盖整个颈部,以利于观察颈部淋巴结情况
2	轴位 T_2WI 脂肪抑制	扫描范围根据检查要求及实际病变情况具体确定。主要显示病变的位置、大小、形态、边缘及信号特点
3	矢状位 T_2WI 脂肪抑制	检查范围根据要求可覆盖整个颈部
4	轴位 T_1WI	显示细小解剖结构及位置关系,根据实际情况合理应用脂肪抑制技术
5	轴位 DWI	显示病变组织,观察淋巴结及软组织情况,检出病变,观察病变扩散受限程度及范围

6	轴位 T_1WI+C	显示病变与周围结构的关系,病变的血供情况,病变强化程度和强化模式、周围浸润、淋巴结等
7	冠状位 T_1WI+C	显示病变与周围结构的关系,病变的血供情况,病变强化程度和强化模式、周围浸润、淋巴结等
8	矢状位 T_1WI+C	显示病变与周围结构的关系,病变的血供情况,病变强化程度和强化模式、周围浸润、淋巴结等

扫描定位

1. 冠状位 T_2WI 脂肪抑制

<table>
<tr><td rowspan="2">定位要求</td><td>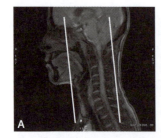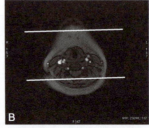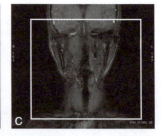</td></tr>
<tr><td>

图 3-1-2　颈部软组织冠状位 T_2WI 脂肪抑制定位方法

图 A、B 示:定位线平行于喉腔及气管长轴,在轴位定位像上进行调节保证左右对称,局限于声带的肿瘤,定位层面需要平行于喉部,硬腭上缘到胸锁关节应全部覆盖;图 C 示:人体结构居中,对于恶性肿瘤患者,如需观察颈部淋巴结,应扩大扫描范围,从颅底至颈根部。
</td></tr>
</table>

2. 轴位 T_2WI 脂肪抑制

<table>
<tr><td rowspan="2">定位要求</td><td>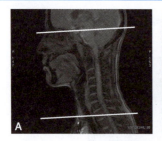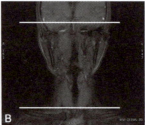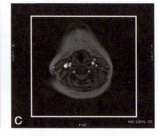</td></tr>
<tr><td>

图 3-1-3　颈部软组织轴位 T_2WI 脂肪抑制定位方法

图 A、B 示:检查范围从前颅底至 C_7 椎体下缘;在矢状位定位像上,定位线垂直于咽喉及气管长轴,口腔以上部位基线应与硬腭平行,口腔以下与下颌骨下缘平行,保持图像左右对称;图 C 示:人体结构居中,对于恶性肿瘤患者,如需观察颈部淋巴结,应扩大扫描范围,从颅底至颈根部。
</td></tr>
</table>

3. 矢状位 T_2WI 脂肪抑制

<table>
<tr><td rowspan="2">定位要求</td><td>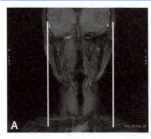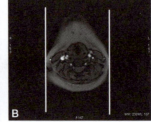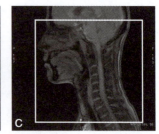</td></tr>
<tr><td>

图 3-1-4　颈部软组织矢状位 T_2WI 脂肪抑制定位方法

图 A、B 示:扫描范围从颈表面皮肤左侧到右侧,硬腭上缘到胸锁关节区域应包含在图像中;图 C 示:人体结构居中,对于恶性肿瘤患者,如需观察颈部淋巴结,应扩大扫描范围,从颅底至颈根部。
</td></tr>
</table>

4. 轴位 T_1WI

定位要求	• 完全复制轴位 T_2WI 脂肪抑制定位信息

5. 轴位 DWI

定位要求	• 完全复制轴位 T_2WI 脂肪抑制定位信息 • 颈部结构组织复杂,常规的 DWI-EPI 变形严重,建议使用减少形变的 DWI 技术

6. 轴位 T_1WI+C

定位要求	• 完全复制轴位 T_2WI 脂肪抑制定位信息

7. 冠状位 T_1WI+C

定位要求	• 完全复制冠状位 T_2WI 脂肪抑制定位信息

8. 矢状位 T_1WI+C

定位要求	• 完全复制矢状位 T_2WI 脂肪抑制定位信息

参数要求

序号	序列	方位	加权	脂肪抑制	重复时间/ms	回波时间	视野/cm	层厚/层距/mm	层数	矩阵	相位编码	平均次数	回波链长度
1	FSE	冠状位	T_2WI	有	>4 500	90～120ms	24×24	4/0.4	20～24	288×224	头足	2	16
2	FSE	轴位	T_2WI	有	>4 500	90～120ms	20×20	4/0.4	24～30	288×256	左右	2	16
3	FSE	矢状位	T_2WI	有	>4 500	80～100ms	22×22	4/0.4	20～24	320×288	头足	2	16
4	FSE	轴位	T_1WI	无	400	最短	20×20	4/0.4	24～30	288×224	左右	1	3
5	SE/EPI	轴位	DWI	无	>2 500	最短	20×20	4/0.4	24～30	128×128	左右	8	—
6	FSE	轴位	T_1WI+C	有	400	最短	20×20	4/0.4	24～30	288×256	前后	2	3
7	FSE	冠状位	T_1WI+C	有	400	最短	24×24	4/0.4	20～24	288×224	头足	2	3
8	FSE	矢状位	T_1WI+C	有	400	最短	22×22	4/0.4	20～24	288×224	头足	2	3

质量要求

• 扫描范围符合临床诊断需求
• 清晰显示颈部细微解剖结构及其位置关系
• 图像无明显伪影
• 脂肪抑制均匀
• 增强图像清晰显示病变与周围组织结构的位置、大小、形态和边缘情况

标准图像

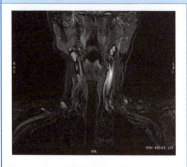

图 3-1-5　颈部软组织冠状位 T_2WI 标准图像

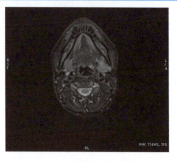

图 3-1-6　颈部软组织轴位 T_2WI 标准图像

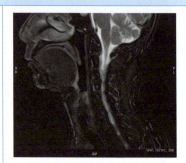

图 3-1-7　颈部软组织矢状位 T_2WI 标准图像

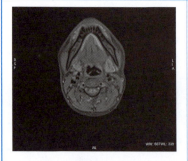

图 3-1-8　颈部软组织轴位 T_1WI 标准图像

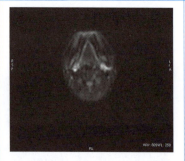

图 3-1-9　颈部软组织轴位 DWI 标准图像

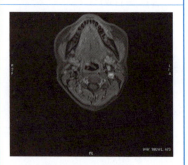

图 3-1-10　颈部软组织轴位 T_1WI+C 标准图像

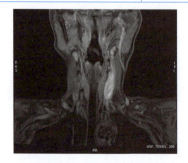

图 3-1-11　颈部软组织冠状位 T_1WI+C 标准图像

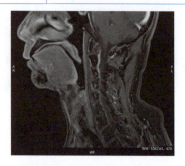

图 3-1-12　颈部软组织矢状位 T_1WI+C 标准图像

伪影图像

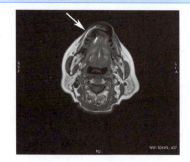

图 3-1-13　金属伪影

箭头区域可见信号缺失,周边为不均匀、不规则高信号。

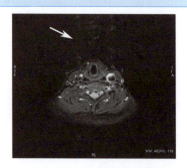

图 3-1-14　血管搏动伪影

箭头区域为血管搏动伪影。

特殊注意事项
• 相位编码方向选择时应使伪影避开目标成像部位 • 出现血管搏动伪影的干扰时,在扫描范围上、下使用空间预饱和带 • 推荐使用水脂分离的脂肪抑制技术 • 颈部结构组织复杂,常规的 DWI 序列变形严重,建议使用减少形变的 DWI 技术如小视野 DWI,基于快速自旋回波序列的 DWI 技术等

第二节　颈部非对比增强磁共振血管成像

检查项目 中文名称	颈部非对比增强磁共振血管成像	
患者准备及摆位		
准备	• 无特殊准备	
摆位及线圈	• 线圈:头颈联合相控阵线圈或颈部相控阵线圈 • 定位点:激光灯中心对齐下颌下缘 • 其他要求:保持平静呼气,减少吞咽动作,线圈摆放好后尽可能覆盖颈部	
定位像	扫描定位像时注意 • 线圈覆盖范围 • 有无金属伪影	
扫描序列		
编号	序列名称	序列说明
1	矢状位 2D PC MRA	显示颈部动脉血管大体走行、范围,辅助定位
2	轴位 3D TOF	采用时间飞跃法显示颈部血管全长,观察颈总动脉、颈内动脉、颈外动脉及椎动脉有无狭窄
扫描定位		

1. 矢状位 2D PC MRA

定位要求	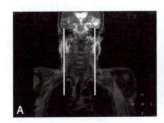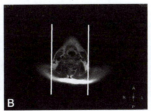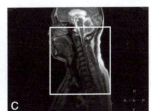

图 3-2-1　颈部血管矢状位 2D PC MRA 定位方法

图 A、B 示:覆盖颈部动脉血管;图 C 示:上缘到基底动脉水平,下缘到主动脉弓水平。

2. 轴位 3D TOF

| 定位要求 | 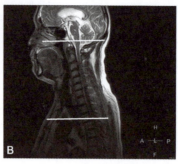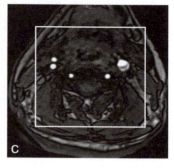 |

图 3-2-2　颈部血管轴位 3D TOF 定位方法

图 A 示：在矢状位 2D PCA 的重建图上，定位线垂直颈部血管，并确定扫描前后、左右方向覆盖颈部动脉血管；图 B 示：上缘到 C_1 上缘，下缘到 T_2 水平；图 C 示：人体结构居中。

参数要求

序号	序列	方位	加权	脂肪抑制	重复时间	回波时间	视野/cm	层厚/层距/mm	层数	矩阵	相位编码	平均次数	激发角/°
1	PC	矢状位	T_1WI	无	最短	最短	30×30	2/15	2	256×128	前后	1	15
2	3D TOF	轴位	T_1WI	无	最短	3.45ms	22×13	1.5/0	280	300×96	前后	1	20

质量要求

- 扫描范围符合临床诊断需求
- 重建血管图像清晰显示颈部动脉血管
- 图像无明显伪影

标准图像

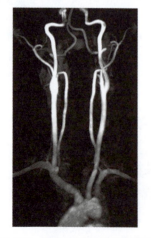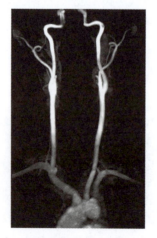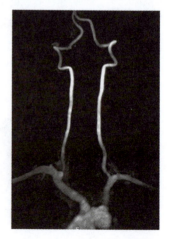

图 3-2-3　颈部动脉血管（颈动脉、椎动脉）标准图像

图 3-2-4　颈动脉（颈总动脉、颈内动脉、颈外动脉）标准图像

图 3-2-5　椎动脉标准图像

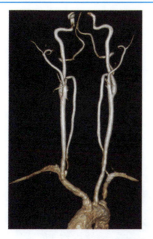

图 3-2-6 颈部动脉血管(颈动脉、椎动脉)图像后处理 3D 标准图像

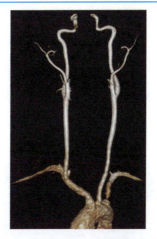

图 3-2-7 颈动脉(颈总动脉、颈内动脉、颈外动脉)图像后处理 3D 标准图像

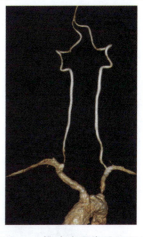

图 3-2-8 椎动脉图像后处理 3D 标准图像

特殊注意事项
● 部分厂家磁共振扫描仪可以采用多段轴位 TOF 扫描,然后进行拼接后处理

第三节 高分辨率颈血管壁磁共振成像

检查项目中文名称	高分辨率颈血管壁磁共振成像		
患者准备及摆位			
准备	● 患者摘除所有与检查无关物品 ● 明确患者无检查禁忌证		
摆位及线圈	● 线圈:头颈联合线圈或颈动脉专用线圈 ● 定位点:激光灯中心对齐下颌下缘 ● 其他要求:保持平静呼气,减少吞咽动作,线圈摆放好后尽可能覆盖颈部		
定位像	扫描定位像时注意 ● 线圈覆盖范围 ● 有无金属伪影		
扫描序列			
编号	序列名称	序列说明	
1	矢状位 2D PC MRA	显示颈部动脉血管大体走行、范围,辅助定位	
2	轴位 3D TOF	采用时间飞跃法显示颈部血管全长,观察颈动脉病变(狭窄、溃疡、钙化等)情况	
3	冠状位 3D 可变翻转角快速自旋回波 T_1WI	显示颈动脉病变的位置、分布、大小、形态,显示管腔表面情况(纤维帽、溃疡等),显示斑块易损特征(富含脂质的斑块内坏死、斑块内出血等)	
4	轴位 2D T_1WI	显示管腔表面情况(纤维帽、溃疡等),显示斑块易损特征(富含脂质的斑块内坏死、斑块内出血等)	

5	轴位 2D T₂WI	显示管腔表面情况（纤维帽、溃疡等），显示斑块易损特征（富含脂质的斑块内坏死、斑块内出血等）
6	冠状位 3D 可变翻转角快速自旋回波 T₁WI+C	评估血管壁的强化特征，分析管壁病变性质、斑块易损性等
7	轴位 2D T₁WI+C	评估血管壁的强化特征，分析管壁病变性质、斑块易损性等

扫描定位

1. 矢状位 2D PC MRA

定位要求	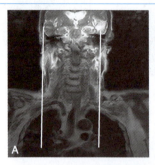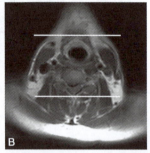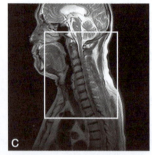

图 3-3-1　颈部血管矢状位 2D PC MRA 定位方法

图 A、B 示：完整覆盖颈部动脉血管；图 C 示：上缘到基底动脉水平，下缘到主动脉弓水平。

2. 轴位 3D TOF

定位要求	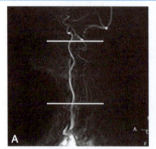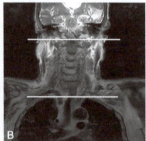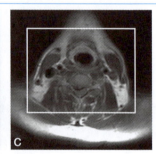

图 3-3-2　颈部血管轴位 3D TOF 定位方法

图 A、B 示：矢状位 2D PC MRA 的重建图像上，定位线垂直颈部血管，并确定扫描前后、左右方向完整覆盖颈部动脉血管；图 C 示：人体结构居中。

3. 冠状位 3D 可变翻转角快速自旋回波 T₁WI

定位要求	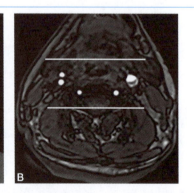

图 3-3-3　颈部血管冠状位 3D 可变翻转角快速自旋回波 T₁WI 定位方法

图 A、B 示：根据 3D TOF 重建血管及原始轴位图像，确定扫描左右、前后范围，完整覆盖颈部动脉血管；以颈总动脉分叉（箭头所示）为中心。

4. 轴位 2D T₁WI

定位要求	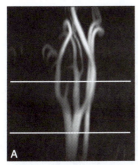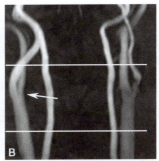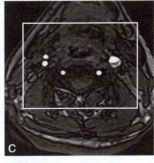

图 3-3-4　颈部血管轴位 2D T₁WI 定位方法

图 A～C 示：根据 3D TOF 重建血管图像及原始轴位图像，以颈总动脉分叉（图 B 箭头所示）为中心，至少包括分叉位置上下 3～4cm 的范围。

5. 轴位 2D T₂WI

定位要求	● 完全复制轴位 2D T₁WI 定位信息

6. 冠状位 3D 可变翻转角快速自旋回波 T₁WI+C

定位要求	● 完全复制冠状位 3D 可变翻转角快速自旋回波 T₁WI 定位信息

7. 轴位 2D T₁WI+C

定位要求	● 完全复制轴位 2D T₁WI 定位信息

参数要求

序号	序列	方位	加权	脂肪抑制	重复时间	回波时间	视野/cm	层厚/层距/mm	层数	矩阵	相位编码	平均次数	激发角/°
1	PC	矢状位	T₁WI	无	最短	最短	30×30	2/15	2	256×128	前后	1	15
2	3D TOF	轴位	T₁WI	无	最短	3.45ms	22×13	1.5/0	280	300×96	前后	1	20
3	3D FSE	冠状位	T₁WI	有	900ms	15ms	20×20	0.54～1/0	240	384×384	左右	1	90
4	FSE	轴位	T₁WI	有	600ms	9.4ms	16×16	2/0	20	256×256	左右	2	130
5	FSE	轴位	T₂WI	有	4 000ms	60ms	16×16	2/0	20	256×256	左右	2	130
6	3D FSE	冠状位	T₁WI+C	有	900ms	15ms	20×20	0.54～1/0	240	384×384	左右	1	90
7	FSE	冠状位	T₁WI+C	有	600ms	9.4ms	16×16	2/0	20	256×256	左右	2	130

质量要求
● 扫描范围符合临床诊断需求 ● 图像无明显伪影

标准图像

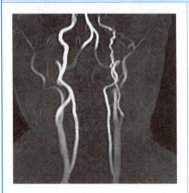

图 3-3-5　颈部动脉血管 3D TOF 标准图像

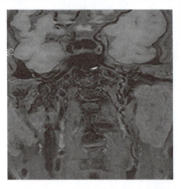

图 3-3-6　颈动脉斑块磁共振平扫 3D 冠状位标准图像

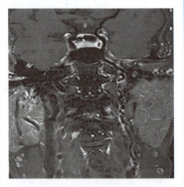

图 3-3-7　颈动脉斑块磁共振增强扫描 3D 冠状位标准图像

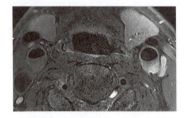

图 3-3-8　颈动脉斑块磁共振平扫轴位 2D T_1WI 标准图像

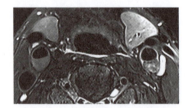

图 3-3-9　颈动脉斑块磁共振增强扫描轴位 2D T_2WI 标准图像

特殊注意事项
● 要获得高质量的颈动脉血管壁图像，建议采用专用的颈动脉线圈进行采集

第四章 | 胸部磁共振扫描

第一节　乳腺磁共振平扫、乳腺磁共振增强扫描

检查项目 中文名称	乳腺磁共振平扫、乳腺磁共振增强扫描
患者准备及摆位	
准备	• 预约检查时间，建议患者月经干净后 7～14 天 • 患者着宽松的开身纯棉衣服 • 建议空腹检查，以避免对比剂刺激胃肠道引起呕吐 • 裤子有拉链者将拉链退到膝关节
摆位及线圈	• 线圈：乳腺相控阵线圈 • 定位点：双侧乳头连线 • 其他要求：双侧乳腺自然下垂，置于线圈中心，腹部脂肪不要卷于线圈范围内，前额低至线圈之下以保证上胸部贴紧线圈
定位像	扫描定位像时注意 • 线圈覆盖范围 • 有无金属 图 4-1-1　乳腺矢状位定位像

扫描序列		
编号	序列名称	序列说明
1	轴位 T_2WI	观察病变影像特点
2	轴位 T_2WI 脂肪抑制	观察病变影像特点

3	轴位 DWI	检出病变,观察病变扩散受限程度及范围
4	矢状位 T_2WI 脂肪抑制	观察导管,结节空间位置及腋窝淋巴结
5	轴位 T_1WI 脂肪抑制	检出病变,观察导管溢液,出血
6	轴位 T_1WI+C 脂肪抑制 DCE	观察病变强化程度、强化方式、周围浸润等
7	矢状位 T_1WI+C 脂肪抑制	观察病变强化程度、强化方式、周围浸润等

扫描定位

1. 轴位 T_2WI

定位
要求

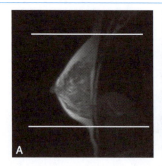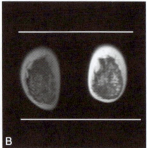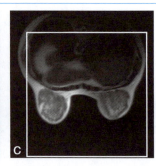

图 4-1-2　乳腺轴位 T_2WI 定位方法

图 A、B 示:上下完整覆盖乳腺,尽量包括腋窝淋巴结;图 C 示:贴近胸骨柄的前胸壁位于扫描视野中心。

2. 轴位 T_2WI 脂肪抑制

定位
要求

- 完全复制轴位 T_2WI 定位信息
- 如果有水脂分离技术(Dixon)(GE 磁共振扫描仪称为 IDEAL 或 FSE-Flex),1、2 序列可以合二为一,Dixon 扫描参数见下文参数要求最后一行

3. 轴位 DWI

定位
要求

- 复制轴位 T_2WI 扫描范围
- 层厚和间距适量降低,提高层面间分辨率
- b 值 0、800s/mm²

4. 矢状位 T_2WI 脂肪抑制

定位
要求

- 左右两侧矢状位分开扫描

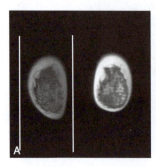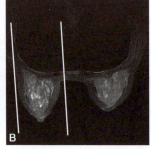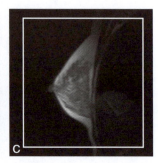

图 4-1-3　乳腺矢状位 T_2WI 脂肪抑制定位方法

图 A、B 示:在轴位 T_2WI 左右径最大的定位像上完整覆盖乳腺;图 B 示:平行于胸壁到乳头连线,扫描范围包含腋窝淋巴结;图 C 示:人体结构居中,完整覆盖病变。

5. 轴位 T$_1$WI 脂肪抑制（可以用 2D FSE 或 3D SPGR Dixon，本文用 3D SPGR Dixon）

定位要求	• 复制轴位 T$_2$WI 扫描范围

6. 轴位 T$_1$WI+C 脂肪抑制 DCE

定位要求	• 复制轴位 T$_2$WI 扫描范围 • 共扫描 7 个时相，每个时相 60 秒，总扫描时间 7 分钟 • 注射对比剂，20 秒后开始扫描
后处理	• 同时选中第 5、6 序列，进入后处理软件计算动态增强曲线，得到 SER 数值及最大斜率 • 保存带有感兴趣区标记及测量数值的图像，同时保存对应的动态增强曲线

7. 矢状位 T$_1$WI+C 脂肪抑制

定位要求	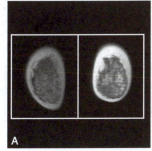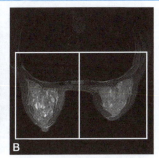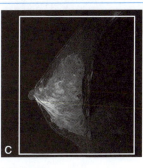

图 4-1-4　乳腺矢状位 T$_1$WI+C 脂肪抑制定位方法

图 A、B 示：扫描 100～120 层，包含双侧乳腺及腋窝淋巴结；图 C 示：人体结构居中，完整覆盖病变。

参数要求												
序号	序列	方位	加权	脂肪抑制	重复时间	回波时间	视野/cm	层厚/层距/mm	层数	矩阵	相位编码	平均次数	呼吸控制
1	FSE	轴位	T$_2$WI	无	>3 000ms	80～100ms	35×35	6/1.5	20～24	320×256	左右	1	自由
2	FSE	轴位	T$_2$WI	有	>3 000ms	80～100ms	35×35	6/1.5	20～24	320×256	左右	1	自由
3	SE-EPI	轴位	DWI	有	>3 000ms	最短	35×35	4/1.5	24～32	128×128	前后	8～10	自由
4	FSE	矢状位	T$_2$WI	有	>3 000ms	80～100ms	22×22	4/1.5	16～20	288×224	头足	2	自由
5	3D SPGR	轴位	T$_1$WI	有	最短	最短	35×35	3/-1.5	60～80	384×320	左右	1	自由
6	3D SPGR	轴位	T$_1$WI DCE	有	最短	最短	35×35	3/-1.5	60～80	384×320	左右	1	自由
7	3D SPGR	矢状位	T$_1$WI+C	有	最短	最短	22×22	3/-1.5	80～100	288×256	头足	1	自由
附加	FSE	轴位	T$_2$WI Dixon	有	>3 000ms	80～100ms	35×35	6/1.5	20～24	320×256	左右	1	自由

质量要求
<ul><li>扫描范围符合临床诊断需求</li><li>清晰显示肿瘤特征(分叶、毛刺等)及其周边组织的关系</li><li>图像无明显伪影</li><li>脂肪抑制均匀</li><li>增强动脉期表现为动脉血管及病灶明显强化</li><li>静脉期表现为背景实质强化</li></ul>

标准图像

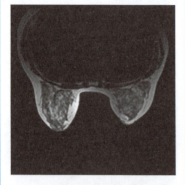 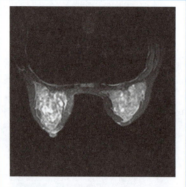 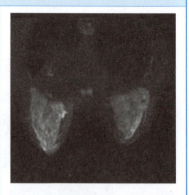

图 4-1-5　乳腺轴位 T_2WI 标准图像　图 4-1-6　乳腺轴位 T_2WI 脂肪抑制标准图像　图 4-1-7　乳腺轴位 DWI 标准图像

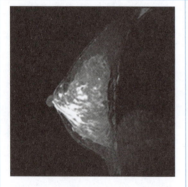 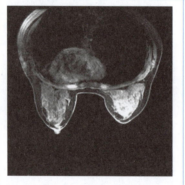 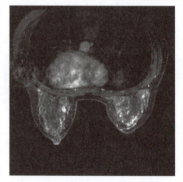

图 4-1-8　乳腺矢状位 T_2WI 脂肪抑制标准图像　图 4-1-9　乳腺轴位 T_1WI 脂肪抑制标准图像　图 4-1-10　乳腺轴位 T_1WI+C 脂肪抑制标准图像

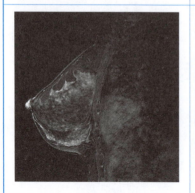 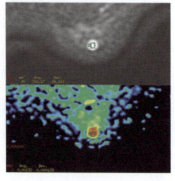 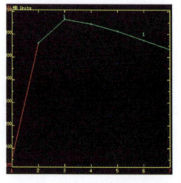

图 4-1-11　乳腺矢状位 T_1WI+C 脂肪抑制标准图像　图 4-1-12　乳腺 DWI/ADC 图及 ADC 值测量标准图像　图 4-1-13　时间-信号强度曲线标准图像

伪影图像	
	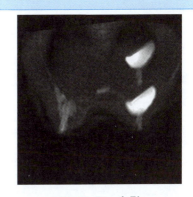
图 4-1-14　中心频率错误	图 4-1-15　鬼影

特殊注意事项
• 3.0T 磁共振扫描仪可使用 STIR-DWI 代替 DWI 扫描,可获得更好的图像
• DWI 图像需要重建出 ADC 图,并测量感兴趣区 ADC 值的大小
• 动态多期增强扫描选择动脉期进行 3D MIP 重建,观察肿瘤位置及责任血管
• 动态多期增强扫描需重建出感兴趣区的时间-信号强度曲线

第二节　乳腺假体磁共振平扫

检查项目中文名称	乳腺假体磁共振平扫
患者准备及摆位	
准备	• 患者着宽松的开身纯棉衣服 • 裤子有拉链者将拉链退到膝关节
摆位及线圈	• 线圈:乳腺相控阵线圈 • 定位点:双侧乳头连线 • 其他要求:患者着宽松的衣装,乳腺自然下垂,置于线圈中心,腹部脂肪不要卷于线圈范围内,前额低至线圈之下以保证上胸部贴紧线圈
定位像	扫描定位像时注意 • 线圈覆盖范围 • 有无金属伪影 图 4-2-1　乳腺矢状位定位像

扫描序列		
编号	序列名称	序列说明
1	轴位 T_2WI	观察乳腺、假体及双侧腋窝淋巴结
2	轴位 T_2WI 脂肪抑制	观察乳腺、假体及双侧腋窝淋巴结
3	轴位 DWI	检出病变，观察病变扩散受限程度及范围
4	轴位 T_1WI 脂肪抑制	观察乳腺假体及双侧腋窝淋巴结
5	矢状位 T_2WI 脂肪抑制	观察乳腺假体空间位置，假体外包装及腋窝淋巴结

扫描定位

1. 轴位 T_2WI

定位 要求	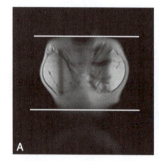 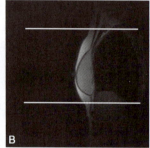 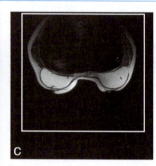 图 4-2-2　乳腺轴位 T_2WI 定位方法 图 A、B 示：上下完整覆盖乳腺及假体，尽量包括腋窝淋巴结；图 C 示：贴近胸骨柄的前胸壁位于扫描视野中心。

2. 轴位 T_2WI 脂肪抑制

定位 要求	• 完全复制轴位 T_2WI 定位信息 • 建议使用 Dixon 技术（GE 磁共振扫描仪称为 IDEAL 或 FSE-Flex），1、2 序列可以合二为一，Dixon 扫描参数见乳腺磁共振平扫参数要求最后一行 • 如没有 Dixon，可选择使用 STIR 技术进行脂肪抑制 • 不可使用化学法脂肪抑制技术 • 乳腺假体常见硅凝胶、水凝胶两种成分，选择不同脂肪抑制方法成像，两者信号也不相同，具体参考标准图像

3. 轴位 DWI

定位 要求	• 复制轴位 T_2WI 扫描范围 • 建议使用 STIR-DWI 技术，常规 EPI-DWI 易出现伪影

4. 轴位 T_1WI 脂肪抑制

定位 要求	• 完全复制轴位 T_2WI 定位信息 • 可以使用 2D FSE 扫描 T_1WI，也可使用 3D SPGR 序列薄层扫描 3D T_1WI

5. 矢状位 T_2WI 脂肪抑制

定位 要求	• 左右两侧矢状位分开扫描 • 建议使用化学位移脂肪抑制法，注意添加偏中心局部匀场

定位要求	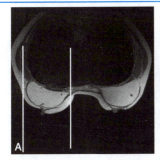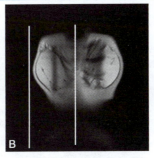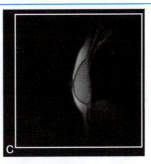

图 4-2-3　乳腺矢状位 T_2WI 脂肪抑制定位方法

图 A、B 示：轴位 T_2WI 定位像上在左右径最大的图像上完整覆盖乳腺，图 A 为平行于胸壁到乳头连线，扫描范围包含腋窝淋巴结；图 C 示：人体结构居中，完整覆盖病变。

参数要求

序号	序列	方位	加权	脂肪抑制	重复时间	回波时间	视野/cm	层厚/层距/mm	层数	矩阵	相位编码	平均次数	呼吸控制
1	FSE	轴位	T_2WI	无	>3 000ms	80～100ms	35×35	6/1.5	20～24	320×256	左右	1	自由
2	FSE	轴位	T_2WI	有	>3 000ms	80～100ms	35×35	6/1.5	20～24	320×256	左右	1	自由
3	SE-EPI	轴位	DWI	有	>3 000ms	最短	35×35	4/1.5	24～32	128×128	前后	8～10	自由
4	3D SPGR	轴位	T_1WI	有	最短	最短	35×35	3/-1.5	60～80	384×320	左右	1	自由
5	FSE	矢状位	T_2WI	有	>3 000ms	80～100ms	22×22	4/1.5	16～20	288×224	头足	2	自由

质量要求

- 扫描范围符合临床诊断需求
- 可以清楚看到纤维包膜的低信号
- 可以分辨假体内外包膜
- 图像无明显伪影
- 脂肪抑制均匀

标准图像

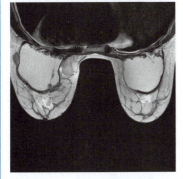

图 4-2-4　水凝胶假体轴位 T_2WI 标准图像

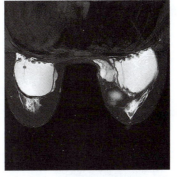

图 4-2-5　水凝胶假体轴位 T_2WI Dixon 脂肪抑制标准图像

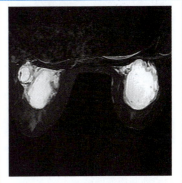

图 4-2-6　水凝胶假体轴位 T_2WI STIR 脂肪抑制标准图像

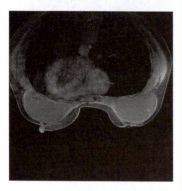

图 4-2-7 水凝胶假体轴位 T₁WI 脂肪抑制标准图像

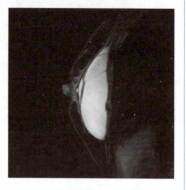

图 4-2-8 水凝胶假体矢状位 T₂WI 脂肪抑制标准图像

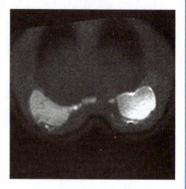

图 4-2-9 水凝胶假体轴位 STIR-DWI 标准图像

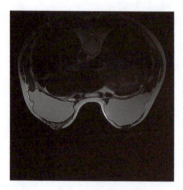

图 4-2-10 硅凝胶假体轴位 T₂WI 标准图像

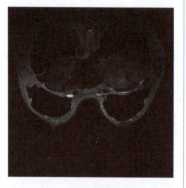

图 4-2-11 硅凝胶假体轴位 T₂WI Dixon 脂肪抑制标准图像

图 4-2-12 硅凝胶假体轴位 T₂WI STIR 脂肪抑制标准图像

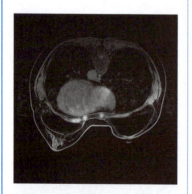

图 4-2-13 硅凝胶假体轴位 T₁WI 脂肪抑制标准图像

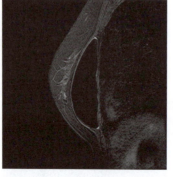

图 4-2-14 硅凝胶假体矢状位 T₂WI 脂肪抑制标准图像

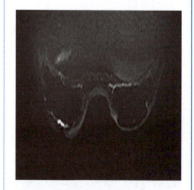

图 4-2-15 硅凝胶假体轴位 STIR-DWI 标准图像

伪影图像	
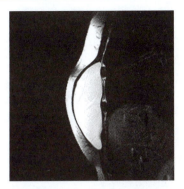 图 4-2-16 中心频率错误	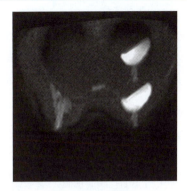 图 4-2-17 鬼影

特殊注意事项
• 乳腺假体材料不同,在使用不同脂肪抑制技术时,假体信号不同:①使用 Dixon 技术时,水凝胶为高信号,硅凝胶为低信号;②使用 STIR 技术时,水凝胶为高信号,硅凝胶为高信号 • T₂WI 脂肪抑制图像主要目的是观察假体外腺体病变 • T₂WI 图像可观察到纤维包膜,假体内外包膜是否完整 • 由于假体植入容易引起局部磁场不均匀,脂肪抑制序列首选 Dixon 技术,其次选择 STIR 序列

第三节 胸骨磁共振平扫、胸骨磁共振增强扫描

检查项目 中文名称	胸骨磁共振平扫、胸骨磁共振增强扫描
患者准备及摆位	
准备	• 无特殊准备
摆位及线圈	• 线圈首选乳腺线圈俯卧位,次选多通道表面线圈仰卧位 • 定位点:双侧乳头连线上两横指 • 线圈摆放好后,在表面线圈上使用沙袋压迫
定位像	扫描定位像时注意 • 线圈覆盖范围上缘包括颈部,下缘抱括肋膈角 图 4-3-1 胸骨矢状位定位像

扫描序列		
编号	序列名称	序列说明
1	冠状位 T_2WI	观察胸骨及胸锁关节周围病变
2	冠状位 T_1WI	观察胸骨及胸锁关节周围病变
3	冠状位 T_2WI 脂肪抑制	观察胸骨及胸锁关节周围病变
4	轴位 T_1WI	辅助观察胸骨及胸锁关节周围病变
5	轴位 DWI	检出病变,观察病变扩散受限程度及范围
6	矢状位 T_1WI+C 脂肪抑制	观察病变强化程度、强化方式、周围浸润等
7	冠状位 T_1WI+C 脂肪抑制	观察病变强化程度、强化方式、周围浸润等

扫描定位		

1. 冠状位 T_2WI

定位要求	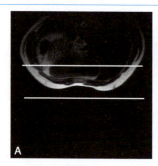 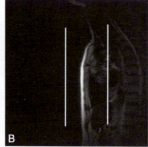 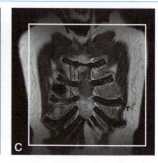 图 4-3-2　胸骨冠状位 T_2WI 定位方法 图 A 示:胸骨结构居中;图 B 示:前后完整覆盖胸骨;图 C 示:扫描范围上缘完整覆盖胸锁关节,下缘完整覆盖剑突。

2. 冠状位 T_1WI

定位要求	• 完全复制冠状位 T_2WI 定位信息

3. 冠状位 T_2WI 脂肪抑制

定位要求	• 完全复制冠状位 T_2WI 定位信息

4. 轴位 T_1WI

定位要求	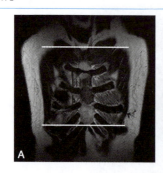 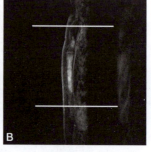 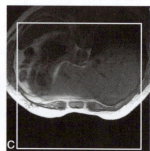 图 4-3-3　胸骨轴位 T_1WI 定位方法 图 A、B 示:扫描范围上缘完整覆盖胸锁关节,下缘完整覆盖剑突;图 C 示:扫描视野以胸骨为中心。

5. 轴位 DWI

定位要求	• 完全复制轴位 T_1WI 定位信息 • 首先建议使用小视野 DWI，b 值 600～800s/mm²。高 b 值图像 MPR 重建冠状位图像并保存 • 如没有小视野 DWI，建议使用 STIR-DWI

6. 矢状位 T_1WI+C 脂肪抑制

定位要求	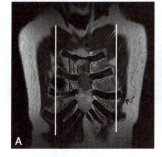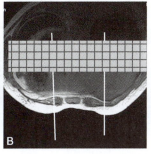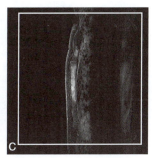 **图 4-3-4　胸骨矢状位 T_1WI 定位方法** 图 A、B 示：扫描范围左右完整覆盖胸骨，上缘包含胸锁关节，下缘包含剑突；图 C 示：以胸骨中心为扫描视野中心。

7. 冠状位 T_1WI+C 脂肪抑制

定位要求	• 完全复制冠状位 T_2WI 定位信息

参数要求

序号	序列	方位	加权	脂肪抑制	重复时间/ms	回波时间/	视野/cm	层厚/层距/mm	层数	矩阵	相位编码	平均次数	呼吸控制
1	FSE	冠状位	T_2WI	无	>2 500	60～80ms	32×32	2/0	12～16	288×288	头足	4	自由
2	FSE	冠状位	T_1WI	无	300～600	最短	32×32	2/0	12～16	288×256	头足	2	自由
3	FSE	冠状位	T_2WI	有	>2 500	60～80ms	32×32	2/0	12～16	288×256	头足	4	自由
4	FSE	轴位	T_1WI	无	300～600	最短	35×35	3/0	30～40	288×256	左右	2	自由
5	SE-EPI	轴位	DWI	有	>3 000	最短	35×35	3/0	30～40	128×128	前后	6～8	自由
6	FSE	矢状位	T_1WI+C	有	300～600	最短	28×28	2/0	12～16	288×256	头足	2	自由
7	FSE	冠状位	T_1WI+C	有	300～600	最短	32×32	2/0	12～16	288×256	左右	4	自由

质量要求

• 扫描范围符合临床诊断需求
• 清晰显示胸骨柄、胸骨、剑突
• 图像无明显伪影
• 脂肪抑制均匀

标准图像		

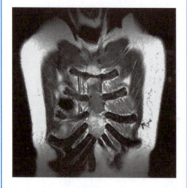

图 4-3-5　胸骨冠状位 T_2WI 标准图像

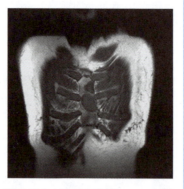

图 4-3-6　胸骨冠状位 T_1WI 标准图像

图 4-3-7　胸骨冠状位 T_2WI 脂肪抑制标准图像

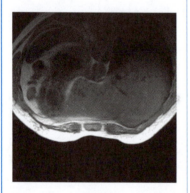

图 4-3-8　胸骨轴位 T_1WI 标准图像

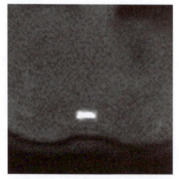

图 4-3-9　胸骨轴位 DWI 标准图像

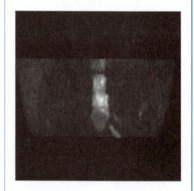

图 4-3-10　胸骨 MPR 重建冠状位 DWI 标准图像

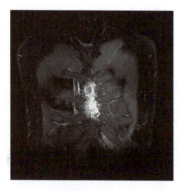

图 4-3-11　胸骨冠状位 T_1WI+C 脂肪抑制标准图像

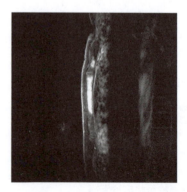

图 4-3-12　胸骨矢状位 T_1WI+C 脂肪抑制标准图像

伪影图像	
 图 4-3-13　动脉搏动伪影	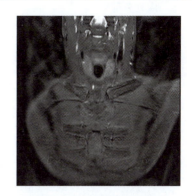 图 4-3-14　呼吸运动伪影

特殊注意事项
• 冠状位扫描相位编码方向为头足方向 • 矢状位增强扫描相位编码方向为前后方向,在主动脉及心脏处添加饱和带

第四节　胸锁关节磁共振平扫

检查项目 中文名称	胸锁关节磁共振平扫
患者准备及摆位	
准备	• 无需特殊准备
摆位及线圈	• 线圈:头颈联合线圈与柔软表面线圈联用,仰卧位 • 定位点:锁骨平行线,线圈摆放好后,在表面线圈上使用沙袋压迫
定位像	扫描定位像时注意 • 线圈覆盖范围 • 有无金属伪影 图 4-4-1　胸锁关节冠状位定位像

扫描序列		
编号	序列名称	序列说明
1	冠状位 T_2WI	观察胸锁关节面及其周围组织
2	冠状位 T_2WI 脂肪抑制	观察胸锁关节面及其周围组织
3	冠状位 T_1WI	观察胸锁关节面及其周围组织
4	轴位 T_1WI	辅助观察胸锁关节面及其周围组织
5	轴位 T_2WI 脂肪抑制	辅助观察胸锁关节面及其周围组织
6	轴位 DWI	检出病变,观察病变扩散受限程度及范围
扫描定位		

1. 冠状位 T_2WI

<table>
<tr><td rowspan="2">定位
要求</td><td>

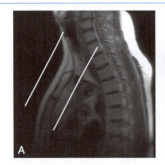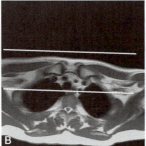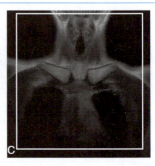

图 4-4-2　胸锁关节冠状位 T_2WI 定位方法

图 A 示:在矢状位定位像上,定位线平行于胸骨柄,自前向后完整覆盖双侧胸锁关节;图 B、C 示:将胸锁关节置于扫描视野中心。
</td></tr>
</table>

2. 冠状位 T_2WI 脂肪抑制

定位要求	● 复制冠状位 T_2WI 定位信息

3. 冠状位 T_1WI(可以用 2D FSE 或 3D SPGR Dixon,本文用 3D SPGR Dixon)

定位要求	● 如使用 2D FSE,复制冠状位 T_2WI 定位信息 ● 如使用 3D SPGR Dixon,复制冠状位 T_2WI 的扫描范围

4. 轴位 T_1WI

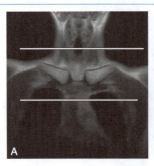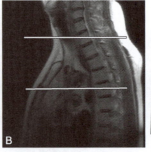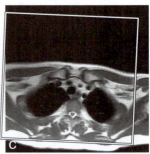

图 4-4-3　胸锁关节轴位 T_1WI 定位方法

图 A、B 示:上缘包括胸锁关节,下缘包括胸骨柄;图 C 示:将胸锁关节置于扫描视野中心。

5. 轴位 T_1WI 脂肪抑制

定位要求	• 复制轴位 T_1WI 定位信息

6. 轴位 DWI

定位要求	• 复制轴位 T_1WI 定位信息 • 首先建议使用小视野 DWI，b 值 600～800s/mm² • 如没有小视野 DWI，可不进行 DWI 扫描

参数要求

序号	序列	方位	加权	脂肪抑制	重复时间	回波时间	视野/cm	层厚/层距/mm	层数	矩阵	相位编码	平均次数	呼吸控制
1	FSE	冠状位	T_2WI	无	>3 000ms	60～80ms	28×28	3/0.3	9～12	304×228	头足	2	自由
2	FSE	冠状位	T_2WI	有	>3 000ms	60～80ms	28×28	3/0.3	9～12	304×228	头足	4	自由
3	3D FSPGR	冠状位	T_1WI	无	最短	最短	28×28	1.5/0	40～60	300×200	头足	1	自由
4	FSE	轴位	T_1WI	无	300～600ms	最短	30×30	3/0.3	9～12	2 320×256	左右	1	自由
5	3D FSPGR	轴位	T_1WI	无	最短	最短	30×30	2.4/0	60～80	240×168	左右	1	自由
6	SE-EPI	轴位	DWI	有	>3 000ms	最短	30×15	3/0.3	9～12	128×64	前后	10～16	自由

质量要求

• 扫描范围符合临床诊断需求
• 清晰显示胸锁关节及胸骨柄
• 图像无明显伪影
• 脂肪抑制均匀

标准图像

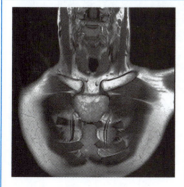 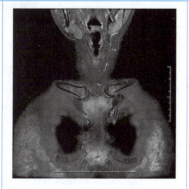 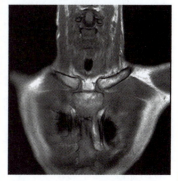

图 4-4-4　胸锁关节冠状位 T_2WI 标准图像

图 4-4-5　胸锁关节冠状位 T_2WI 脂肪抑制标准图像

图 4-4-6　胸锁关节冠状位 T_1WI 标准图像

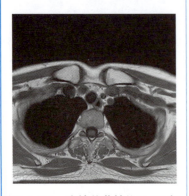

图 4-4-7　胸锁关节轴位 T_1WI 标准图像

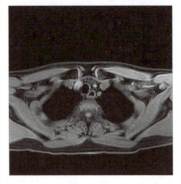

图 4-4-8　胸锁关节轴位 T_1WI 脂肪抑制标准图像

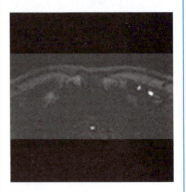

图 4-4-9　胸锁关节轴位 DWI 标准图像

伪影图像

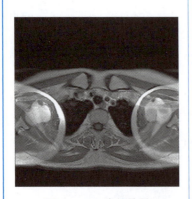

图 4-4-10　卷褶伪影

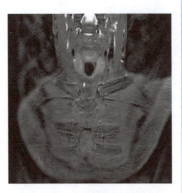

图 4-4-11　呼吸运动伪影 1

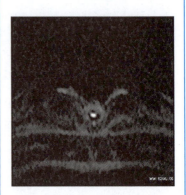

图 4-4-12　B1 场不均匀伪影

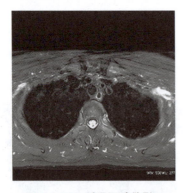

图 4-4-13　呼吸运动伪影 2

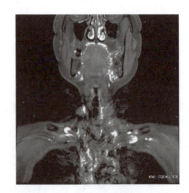

图 4-4-14　动脉搏动伪影

特殊注意事项

- DWI 必须使用小视野扩散或快速自旋回波的扩散序列，如没有可不扫
- 轴位扫描相位编码方向建议放在左右方向
- 冠状位扫描相位编码方向建议放在头足方向

第五节 纵隔磁共振平扫、纵隔磁共振增强扫描

检查项目中文名称	纵隔磁共振平扫、纵隔磁共振增强扫描
患者准备及摆位	
准备	• 患者贴电极片,使用心电门控
摆位及线圈	• 线圈:体部相控阵线圈 • 定位点:胸骨中心 • 其他要求:使用呼吸门控和指脉门控 • 对患者进行呼吸训练
定位像	扫描定位像时注意 • 冠状位定位像线圈覆盖范围自颈部至肾门水平 • 局部无金属伪影 图 4-5-1 纵隔冠状位定位像

扫描序列		
编号	序列名称	序列说明
1	矢状位 T_2WI	病变定位,观察病变信号特点、与邻近组织关系
2	冠状位 T_2WI	病变定位,观察病变信号特点、与邻近组织关系
3	轴位 T_2WI 脂肪抑制	观察病变信号特点、与邻近组织关系
4	轴位 T_2WI	观察病变信号特点、纵隔淋巴结、与邻近组织关系
5	轴位 DWI	观察病变信号特点、纵隔淋巴结、与邻近组织关系
6	轴位 T_1WI Dixon	观察病变内信号特点
7	轴位 DCE	观察病变强化模式,分析病变血供
8	冠状位 T_1WI+C Dixon	观察病变强化特点
9	轴位 T_1WI+C Dixon	观察病变强化特点

扫描定位	
1. 矢状位 T$_2$WI	
定位 要求	• 使用螺旋桨采集技术,呼气末屏气扫描 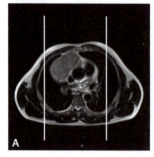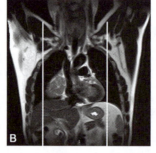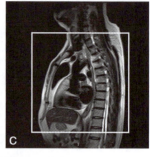 图 4-5-2　纵隔矢状位 T$_2$WI 定位方法 图 A、B 示:在轴位及冠状位定位像上,定位线平行于人体中线,自右向左,完整覆盖纵隔;图 C 示:在矢状定位像上,扫描视野上缘达 C$_7$ 水平,下缘完整覆盖纵隔,前后方向纵隔位于扫描视野中心。
2. 冠状位 T$_2$WI	
定位 要求	• 使用螺旋桨采集技术,呼气末屏气扫描 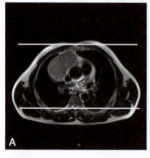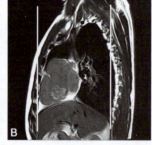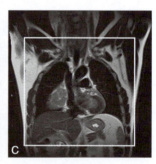 图 4-5-3　纵隔冠状位 T$_2$WI 定位方法 图 A、B 示:在轴位及矢状位定位像上,定位线前缘包括心脏最前缘,后缘包括胸椎椎体或完整覆盖病变,上缘达 C$_7$ 椎体,下缘达肋膈角;图 C 示:在冠状位定位像上,调整扫描视野左右位置及角度,使纵隔位于扫描视野中心,与人体长轴一致。
3. 轴位 T$_2$WI 脂肪抑制	
定位 要求	• 使用指脉或/心电门控和向量/膈肌导航 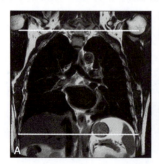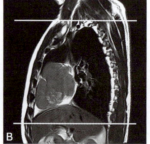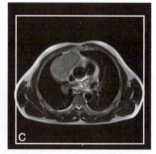 图 4-5-4　纵隔轴位 T$_2$WI 脂肪抑制定位方法 图 A、B 示:扫描范围上缘达胸廓入口,下缘完整覆盖肋膈角;图 C 示:在轴位定位像上调整扫描视野,确认前后、左右完整覆盖,人体结构居中。

4. 轴位 T_2WI

定位要求	• 复制轴位 T_2WI 脂肪抑制定位信息 • 使用指脉门控或心电门控 • 使用螺旋桨采集技术, 呼气末屏气扫描

5. 轴位 DWI

定位要求及参数要求	• 复制轴位 T_2WI 脂肪抑制定位信息 • b 值 $50s/mm^2$、$800s/mm^2$ 或 $1\,000s/mm^2$ • 使用呼吸门控

6. 轴位 T_1WI Dixon

定位要求	复制轴位 T_2WI 脂肪抑制扫描范围

7. 轴位 DCE

定位要求	复制轴位 T_2WI 脂肪抑制扫描范围

8. 冠状位 T_1WI+C Dixon

定位要求	复制冠状位 T_2WI 扫描范围

9. 轴位 T_1WI+C Dixon

定位要求	复制轴位 T_2WI 脂肪抑制扫描范围

参数要求

序号	序列	方位	加权	脂肪抑制	重复时间	回波时间	视野/cm	层厚/层距/mm	层数	矩阵	相位编码	平均次数	呼吸控制
1	FSE 螺旋桨	矢状位	T_2WI	无	1 800ms	70ms	35	5/1	20~30	256×256	前后	1	屏气
2	FSE 螺旋桨	冠状位	T_2WI	无	1 800ms	70ms	35	4/0.8	20~26	256×256	左右	1	屏气
3	FSE	轴位	T_2WI	有	>4 000ms	85ms	40	5/1	40~50	256×256	前后	1	门控
4	FSE 螺旋桨	轴位	T_2WI	无	1 800ms	85ms	40	5/1	40~50	256×256	前后	1	屏气
5	DW-EPI	轴位	DWI	有	>6 000ms	56ms	40	5/1	40~50	120×96	前后	2	门控
6	3D SPGR	轴位	T_1WI	无	最短	最短	40	6.77/-4	70~80	320×240	前后	1	屏气
7	3D SPGR	轴位	T_1WI+C	有	最短	最短	40	6.77/-4	70~80	320×208	前后	7	屏气
8	3D SPGR	冠状位	T_1WI+C	有	最短	最短	40	5/-2.5	70~80	288×209	左右	1	屏气
9	3D SPGR	轴位	T_1WI+C	有	最短	最短	40	6.77/-4	70~80	320×240	前后	1	屏气

质量要求
• T$_2$WI 图像清晰，无呼吸运动伪影及心血管搏动伪影 • 轴位 T$_2$WI 脂肪抑制在肺尖区域允许脂肪抑制不均匀

标准图像

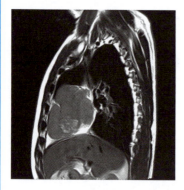 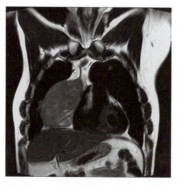 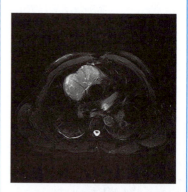

图 4-5-5　纵隔矢状位 T$_2$WI 标准图像

图 4-5-6　纵隔冠状位 T$_2$WI 标准图像

图 4-5-7　纵隔轴位 T$_2$WI 脂肪抑制标准图像

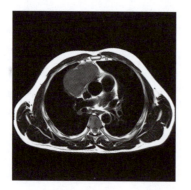 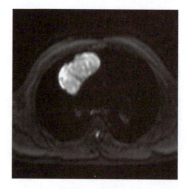

图 4-5-8　纵隔轴位 T$_2$WI 标准图像

图 4-5-9　纵隔轴位 DWI 标准图像

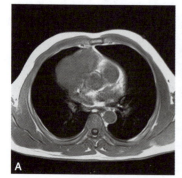 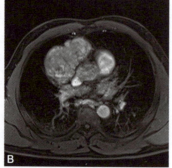 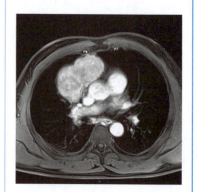

图 4-5-10　纵隔轴位 T$_1$WI Dixon 标准图像

图 A 示：纵隔轴位 T$_1$WI 同相位标准图像；图 B 示：纵隔轴位 T$_1$WI 水相标准图像。

图 4-5-11　纵隔轴位 DCE 第一期标准图像

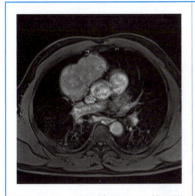

图 4-5-12　纵隔轴位 DCE 第四期标准图像

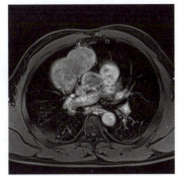

图 4-5-13　纵隔轴位 DCE 第五期标准图像

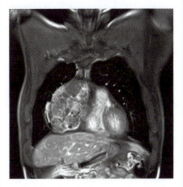

图 4-5-14　纵隔冠状位 T$_1$WI+C Dixon 标准图像

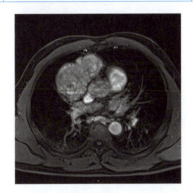

图 4-5-15　纵隔轴位 T$_1$WI+C Dixon 标准图像

特殊注意事项

- 建议双手上举，置于头顶，如患者不耐受，可以放置于身体两侧
- 矢状位及冠状位 T$_2$WI 主要用于定位，采用屏气 SSFSE 序列也可
- T$_2$WI 脂肪抑制序列，建议选择频率饱和法、STIR 或 Dixon 等脂肪抑制技术。因肺尖区域磁场均匀度差，普通的化学饱和法脂肪抑制会出现明显的脂肪抑制不均匀
- DWI 序列可以相应采用小视野的 DWI 方法，单次激发 DWI 序列建议弥散方向改为 techr，以减轻图像变形
- 如果设备不能同时使用指脉与膈肌导航，需使用指脉屏气扫描

第六节　食管磁共振平扫、食管磁共振增强扫描

检查项目 中文名称	食管磁共振平扫、食管磁共振增强扫描
患者准备及摆位	
准备	• 患者检查前 4 小时禁食 • 检查前 20 分钟肌内注射低张药物 • 饮水 500～1 000ml
摆位及线圈	• 线圈：体部相控阵线圈 • 定位点：胸骨中心 • 门控：贴电极片，使用心电门控及膈肌导航，亦可使用指脉门控 • 其他要求：呼吸训练

定位像	<ul><li>冠状位定位像上缘完整覆盖颈部，下缘达肾门</li><li>胃充盈或部分充盈</li></ul> 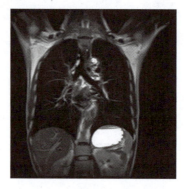 图 4-6-1　食管冠状位定位像

扫描序列			
编号	序列名称	序列说明
1	矢状位 T_2WI	肿瘤定位及观察肿瘤与周围组织关系
2	轴位 T_2WI	主要用于食管癌 N 分期
3	轴位 DWI	明确病变位置及数量，与邻近组织关系
4	斜轴位高分辨率 T_2WI	主要用于食管癌 T 分期
5	轴位 T_1WI Dixon	为 T_2WI 及 DWI 提供补充信息，辅助鉴别诊断
6	轴位 DCE	明确病变的位置及数目、病变与黏膜层、肌层的关系，以及与邻近组织关系
7	矢状位 T_1WI+C Dixon	观察病变强化程度、周围浸润、淋巴结等
8	冠状位 T_1WI+C Dixon	观察病变强化程度、周围浸润、淋巴结等
9	薄层斜轴位 T_1WI+C Dixon	显示病变与黏膜层、肌层的关系，对 T_1 期诊断意义大

扫描定位

1. 矢状位 T_2WI

定位 要求	<ul><li>呼气末屏气，螺旋桨采集</li></ul> 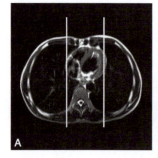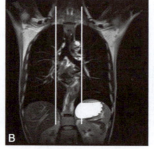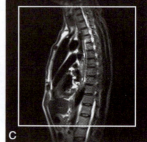 图 4-6-2　食管矢状位 T_2WI 定位方法 图 A、B 示：在轴位及冠状位定位像上，定位线平行于人体中线，左右完整覆盖食管；图 C 示：在矢状位定位像上，扫描视野前后完整覆盖人体结构，上缘完整覆盖颈部，下缘达肾上极。

2. 轴位 T_2WI	
定位要求	• 呼气末屏气，使用心电或指脉门控，螺旋桨采集 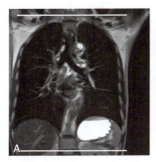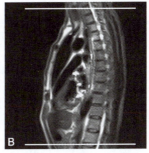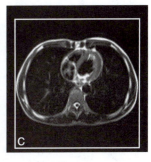 **图 4-6-3　食管轴位 T_2WI 定位方法** 图 A、B 示：上缘包括颈部，下缘达肾脏中上极；图 C 示：前后、左右完整覆盖人体。

3. 轴位 DWI	
定位要求	• 完全复制轴位 T_2WI 的定位信息 • b 值 50、1 000s/mm² • 呼吸门控扫描

4. 斜轴位高分辨率 T_2WI	
定位要求	• 要求高分辨率，薄层扫描，层厚 3mm，层面内体素＜0.8mm • 头足方向完整覆盖病变，层数控制 20 层，如病变范围大，增加层间隔，保持层厚不变 • 如多发病变，只扫描最大病灶或对周围组织侵犯最明显的病灶 • FSE 螺旋桨采集，同时使用心电门控，膈肌导航，自由呼吸扫描，如扫描视野不能包全人体结构，使用过采样技术 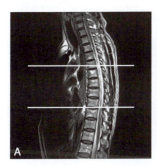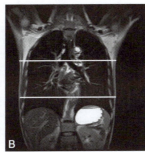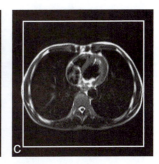 **图 4-6-4　食管斜轴位高分辨率 T_2WI 定位方法** 图 A、B 示：定位线垂直于肿瘤所在区域食管长轴；图 C 示：人体结构居中，可以不完整覆盖人体结构。

5. 轴位 T_1WI Dixon	
定位要求	• 复制轴位 T_2WI 序列扫描范围

6. 轴位 DCE	
定位要求	• 复制轴位 T_2WI 序列扫描范围 • 注射对比剂后 15 秒开始屏气扫描，共 6 个时相，间隔 20 秒

7. 矢状位 T_1WI+C Dixon	
定位要求	• 复制矢状位 T_2WI 扫描范围

8. 冠状位 T_1WI+C Dixon	
定位要求	• 自后向前完整覆盖纵隔，上下范围同矢状位 T_2WI

9. 薄层斜轴位 T_1WI+C Dixon	
定位要求	• 复制斜轴位高分辨率 T_2WI 扫描范围

<table>
<tr><td colspan="14" align="center">参数要求</td></tr>
<tr>
<th>序号</th><th>序列</th><th>方位</th><th>加权</th><th>脂肪抑制</th><th>重复时间</th><th>回波时间</th><th>视野/cm</th><th>层厚/层距/mm</th><th>层数</th><th>矩阵</th><th>相位编码</th><th>平均次数</th><th>呼吸控制</th>
</tr>
<tr>
<td>1</td><td>FSE 螺旋桨</td><td>矢状位</td><td>T_2WI</td><td>无</td><td>1 900ms</td><td>85ms</td><td>35</td><td>3.5/0.7</td><td>16</td><td>250×256</td><td>前后</td><td>1.3</td><td>屏气</td>
</tr>
<tr>
<td>2</td><td>FSE 螺旋桨</td><td>轴位</td><td>T_2WI</td><td>无</td><td>1 900ms</td><td>85ms</td><td>35～40</td><td>4.5/0.5</td><td>65～70</td><td>320×320</td><td>前后</td><td>0.83</td><td>屏气</td>
</tr>
<tr>
<td>3</td><td>DW-EPI</td><td>轴位</td><td>DWI</td><td>有</td><td>＞3 000ms</td><td>最短</td><td>35～40</td><td>4.5/0.5</td><td>65～70</td><td>164×131</td><td>前后</td><td>—</td><td>门控</td>
</tr>
<tr>
<td>4</td><td>FSE 螺旋桨</td><td>斜轴位</td><td>T_2WI</td><td>无</td><td>＞3 000ms</td><td>85ms</td><td>28</td><td>3/0.6</td><td>20</td><td>320×320</td><td>前后</td><td>1.3</td><td>VCG 膈肌导航</td>
</tr>
<tr>
<td>5</td><td>3D SPGR</td><td>轴位</td><td>T_1WI</td><td>有</td><td>最短</td><td>最短</td><td>35～40</td><td>6.77/4</td><td>80</td><td>320×156</td><td>前后</td><td>1</td><td>屏气</td>
</tr>
<tr>
<td>6</td><td>3D SPGR</td><td>轴位</td><td>T_1WI+C</td><td>有</td><td>最短</td><td>最短</td><td>35～40</td><td>6.77/4</td><td>80</td><td>320×156</td><td>前后</td><td>1</td><td>屏气</td>
</tr>
<tr>
<td>7</td><td>3D SPGR</td><td>矢状位</td><td>T_1WI+C</td><td>有</td><td>最短</td><td>最短</td><td>35～40</td><td>4/2</td><td>40～50</td><td>320×240</td><td>前后</td><td>1</td><td>屏气</td>
</tr>
<tr>
<td>8</td><td>3D SPGR</td><td>冠状位</td><td>T_1WI+C</td><td>有</td><td>最短</td><td>最短</td><td>35～40</td><td>4/2</td><td>70～80</td><td>320×240</td><td>左右</td><td>1</td><td>屏气</td>
</tr>
<tr>
<td>9</td><td>3D SPGR</td><td>斜轴位</td><td>T_1WI+C</td><td>有</td><td>最短</td><td>最短</td><td>35～40</td><td>2.4/1.2</td><td>70～80</td><td>320×240</td><td>前后</td><td>1</td><td>自由</td>
</tr>
<tr><td colspan="14" align="center">质量要求</td></tr>
</table>

- 无心血管搏动伪影
- 无呼吸运动伪影
- 食管层次清晰，食管肌层显示为低信号
- 包括全部区域淋巴结及胃
- 斜轴位高清 T_2WI 图像结构清晰，保证足够信噪比及对比度，纵隔区域无伪影
- 轴位可以有螺旋桨采集的放射状伪影

标准图像

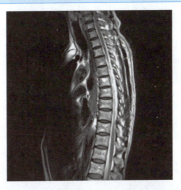

图 4-6-5　食管矢状位 T₂WI 标准图像

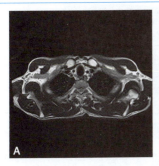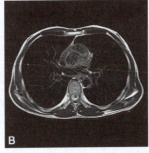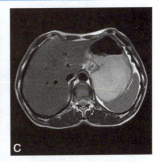

图 4-6-6　食管轴位 T₂WI 标准图像

图 A 示：颈部区域图像；图 B 示：纵隔区域图像；图 C 示：上腹部区域图像。

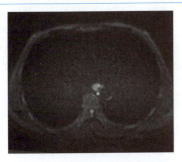

图 4-6-7　食管轴位 DWI 标准图像

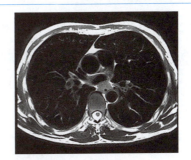

图 4-6-8　食管斜轴位高分辨率 T₂WI 标准图像

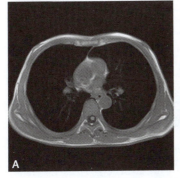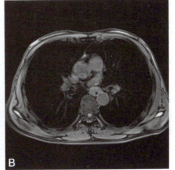

图 4-6-9　食管轴位 T₁WI Dixon 标准图像

图 A 示：食管轴位 T₁WI 同相位标准图像；图 B 示：食管轴位 T₁WI 反相位标准图像。

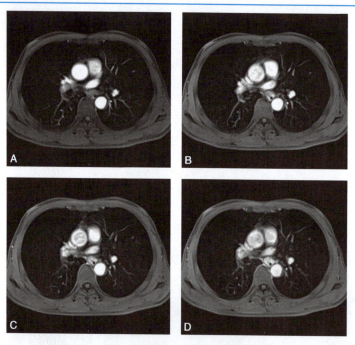

图 4-6-10　食管轴位 DCE 标准图像

图 A 示：第一期；图 B 示：第二期；图 C 示：第四期；图 D 示：第五期。

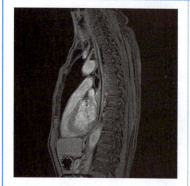

图 4-6-11　食管矢状位 T₁WI+C Dixon 标准图像

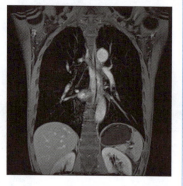

图 4-6-12　食管冠状位 T₁WI+C Dixon 标准图像

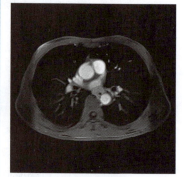

图 4-6-13　食管薄层斜轴位 T₁WI+ C Dixon 标准图像

特殊注意事项
● DWI 序列可以采用小视野 DWI 技术或多次激发 DWI 等技术

第七节　躯干壁磁共振平扫、躯干壁磁共振增强扫描

检查项目 中文名称	躯干壁磁共振平扫、躯干壁磁共振增强扫描
患者准备及摆位	
准备	● 患者无需特殊准备 ● 如病灶较小，可在病变局部贴一粒维生素 E 胶囊或鱼油胶囊。同时记住局部体表标记

摆位及线圈	• 线圈:体部相控阵线圈 • 定位点:以病变为扫描中心点	
定位像	• 病变或体表标记在线圈覆盖范围中心区域	
扫描序列		
编号	序列名称	序列说明
1	冠状位 T$_2$WI	定位病变位置
2	轴位 T$_2$WI	观察病变影像特点与邻近组织关系
3	轴位 T$_2$WI 脂肪抑制	观察病变影像特点
4	轴位 T$_1$WI Dixon	观察病变影像特点
5	轴位 DWI	检出病变,观察病变扩散受限程度及范围
6	轴位 T$_1$WI+C Dixon	观察病变强化程度、强化方式、周围浸润
7	冠状位 T$_1$WI+C Dixon	观察病变强化程度、强化方式、周围浸润
扫描定位		

1. 冠状位 T$_2$WI

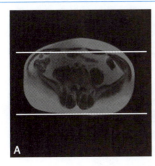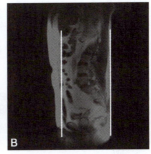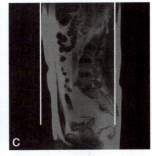

图 4-7-1　躯干壁冠状位 T$_2$WI 定位方法

图 A、B 示:病变位于背部,定位线后缘完整覆盖人体,前缘腹直肌;图 C 示:病变位于前部,定位线后缘完整覆盖竖脊肌,前缘完整覆盖人体结构。

定位要求

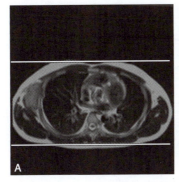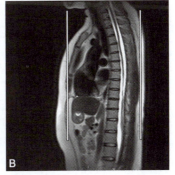

图 4-7-2　躯干壁冠状位 T$_2$WI 定位方法(病变位于侧壁)

图 A 示:定位线前缘完整覆盖腹直肌,后缘完整覆盖竖脊肌,如病变前后范围大于人体,以完整覆盖病变为主;图 B 示:扫描视野头足方向以病变位置为中心。

2. 轴位 T$_2$WI

<table>
<tr>
<td rowspan="3">定位要求</td>
<td>● 3.0T 屏气扫描，1.5T 使用呼吸门控</td>
</tr>
<tr>
<td>
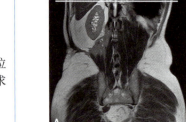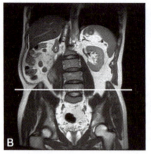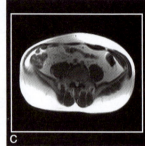

图 4-7-3　躯干壁轴位 T$_2$WI 定位方法
</td>
</tr>
<tr>
<td>图 A、B 示：在冠状位 T$_2$WI 定位像上找到病变上下缘，完整覆盖病变或术后刀口；图 C 示：调节扫描视野大小，左右完整覆盖人体组织。</td>
</tr>
</table>

3. 轴位 T$_2$WI 脂肪抑制

定位要求	● 完全复制轴位 T$_2$WI 定位信息 ● 3.0T 扫描仪使用屏气扫描，1.5T 扫描仪使用呼吸门控

4. 轴位 T$_1$WI Dixon

定位要求	● 复制轴位 T$_2$WI 扫描范围 ● 屏气扫描

5. 轴位 DWI

定位要求	● 完全复制轴位 T$_2$WI 定位信息 ● b 值 50s/mm^2、800s/mm^2 或 1 000s/mm^2

6. 轴位 T$_1$WI+C Dixon

定位要求	● 复制轴位 T$_2$WI 扫描范围 ● 注药后需等待 1～2 分钟后扫描，或注射对比剂后，先扫描轴位 DWI，再扫描此序列

7. 冠状位 T$_1$WI+C Dixon

定位要求	● 复制冠状位 T$_2$WI 扫描范围

参数要求													
序号	序列	方位	加权	脂肪抑制	重复时间	回波时间	视野/cm	层厚/层距/mm	层数	矩阵	相位编码	平均次数	呼吸控制
1	FSE	冠状位	T$_2$WI	无	>3 000ms	80～90ms	40	5/0.5	18～24	320×288	左右	1	屏气
2	FSE	轴位	T$_2$WI	无	>3 000ms	80～90ms	35～40	5/1	20～40	288×256	前后	1	屏气

3	FSE	轴位	T₂WI	有	>3 000ms	70～80ms	35～40	5/1	20～40	288×256	前后	2	门控
4	3D SPGR	轴位	T₁WI Dixon	有	最短	最短	35～40	3/−1.5	完整覆盖病变	260×224	前后	1	屏气
5	SE-EPI	轴位	DWI	有	>3 000ms	最短	35～40	5/1	20～40	128×128	前后	2～4	门控
6	3D SPGR	轴位	T₁WI+C	有	最短	最短	35～40	3/−1.5	完整覆盖病变	260×224	前后	1	屏气
7	3D SPGR	冠状位	T₁WI+C	有	最短	最短	40×40	3/−1.5	完整覆盖病变	288×224	左右	1	屏气

质量要求

- 图像无影响诊断的呼吸运动伪影
- 脂肪抑制均匀,胸背部允许有轻微脂肪抑制不均匀,近胸廓开口处允许明显不均匀
- DWI 无伪影、变形

标准图像

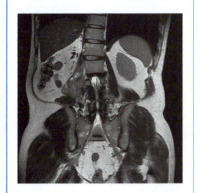

图 4-7-4　躯干壁冠状位 T₂WI 标准图像

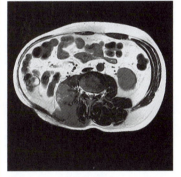

图 4-7-5　躯干壁轴位 T₂WI 标准图像

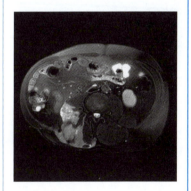

图 4-7-6　躯干壁轴位 T₂WI 脂肪抑制标准图像

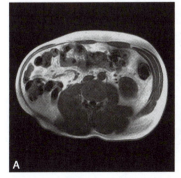

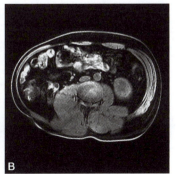

图 4-7-7　躯干壁轴位 T₁WI Dixon 标准图像

图 A 示:躯干壁轴位 T₁WI 同相位标准图像;图 B 示:躯干壁轴位 T₁WI 水相标准图像。

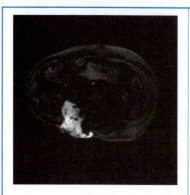

图 4-7-8 躯干壁轴位 DWI 标准图像

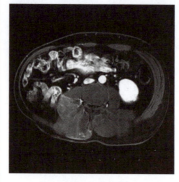

图 4-7-9 躯干壁轴位 T$_1$WI+C Dixon 标准图像

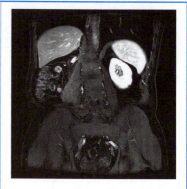

图 4-7-10 躯干壁冠状位 T$_1$WI+C Dixon 标准图像

特殊注意事项

- 为优化扫描流程，如果不做科研定量分析，可以在注射对比剂后扫描轴位 DWI 序列

第五章 腹部磁共振扫描

第一节 肝、胆、脾磁共振平扫，肝、胆、脾磁共振增强扫描

检查项目 中文名称	肝、胆、脾磁共振平扫，肝、胆、脾磁共振增强扫描
患者准备及摆位	
准备	• 检查前禁食、禁水摄入至少 6 小时 • 扫描前进行呼吸训练 • 如需扫描呼吸触发序列，需要将呼吸垫用腹带固定于腹部呼吸运动最显著处
摆位及线圈	• 线圈：体部相控阵线圈 • 定位点：线圈中心与患者剑突对齐 • 其他要求：双上臂上举（推荐）或置于身体两侧。呼吸不均匀，可使用腹带压迫腹部
定位像	扫描定位像时注意 • 线圈覆盖范围：肝门部为中心，包括整个肝脏、脾脏及病变位置 • 观察有无金属伪影 图 5-1-1 肝、胆、脾冠状位定位像

扫描序列		
编号	序列名称	序列说明
1	冠状位 T_2WI	观察解剖结构以及病变情况
2	轴位 T_2WI 脂肪抑制	病变检出、定位、囊实性鉴别
3	轴位 T_1WI	识别病变脂质成分
4	轴位 DWI	观察病变扩散受限情况、淋巴结受累情况

5	轴位 T_1WI+C（动脉期增强）脂肪抑制	观察动脉期解剖、病变强化方式及淋巴结受累情况
6	轴位 T_1WI+C（门静脉期增强）脂肪抑制	观察门静脉期解剖、病变强化方式及淋巴结受累情况
7	轴位 T_1WI+C（平衡期增强）脂肪抑制	观察平衡期解剖、病变强化方式及淋巴结受累情况
8	冠状位 T_1WI+C脂肪抑制	观察解剖、病变强化及淋巴结等
9	轴位 T_1WI+C（延迟期增强）脂肪抑制	观察延迟期解剖、病变强化方式及淋巴结受累情况

扫描定位

1. 冠状位 T_2WI

定位要求	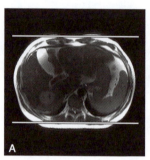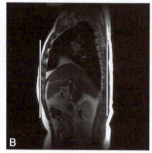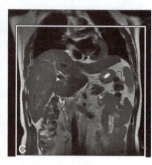

图 5-1-2　肝、胆、脾冠状位 T_2WI 定位方法

图 A、B 示：自后向前定位，前后定位线完整覆盖肝脏；图 C 示：在冠状位定位像上调整扫描视野，左右完整覆盖人体结构，肝脏置于视野中心，FOV 与人体长轴一致。

2. 轴位 T_2WI 脂肪抑制

定位要求	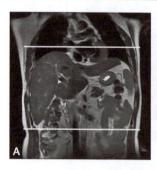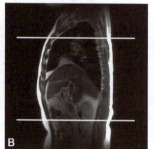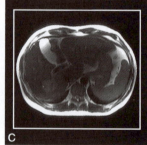

图 5-1-3　肝、胆、脾轴位 T_2WI 脂肪抑制定位方法

图 A、B 示：在冠状位 T_2WI 定位像，上下完整覆盖肝、胆、脾；图 C 示：在轴位定位像上观察扫描视野，完整覆盖肝脏，人体结构居中。

3. 轴位 T_1WI（可使用双回波或Dixon，同时生成同相位图像、反相位图像、水相图像和脂相图像）

定位要求	• 完全复制轴位 T_2WI 定位信息（二维定位）或复制轴位 T_2WI 扫描范围（三维定位） • 呼气末屏气扫描

4. 轴位 DWI	
定位 要求	• 完全复制轴位 T_2WI 定位信息 • b 值 50s/mm²、800～1 000s/mm²，同时自动重建 ADC 图 • 建议结合呼吸触发扫描

5. 轴位 T_1WI+C（动脉期增强）脂肪抑制	
定位 要求	• 复制轴位 T_2WI 扫描范围 • 注射对比剂后延迟扫描 • 经验法是以女性 40 岁为基线，延迟 16 秒，每增加 10 岁延迟增加 1 秒，男性在女性基础上延迟增加 5 秒 • 呼气末屏气扫描

6. 轴位 T_1WI+C（门静脉期增强）脂肪抑制	
定位 要求	• 复制轴位 T_2WI 扫描范围 • 轴位 T_1WI+C 动脉期扫描完毕后患者呼吸 2 次即开始扫描 • 呼气末屏气扫描

7. 轴位 T_1WI+C（平衡期增强）脂肪抑制	
定位 要求	• 复制轴位 T_2WI 扫描范围 • 轴位 T_1WI+C 门静脉期扫描完毕后患者呼吸 3～4 次开始扫描 • 呼气末屏气扫描

8. 冠状位 T_1WI+C 脂肪抑制	
定位 要求	• 复制冠状位 T_2WI 扫描范围

9. 轴位 T_1WI+C（延迟期增强）脂肪抑制	
定位 要求	• 复制轴位 T_2WI 扫描范围

参数要求												
序号	序列	方位	加权	脂肪抑制	重复时间	回波时间	视野/cm	层厚/层距/mm	层数	矩阵	相位编码	平均次数	呼吸控制
1	FSE	冠状位	T_2WI	无	1 000ms	80～100ms	42×42	5/0.5	18～24	320×288	左右	1	屏气
2	FSE	轴位	T_2WI	有	>2 000ms	70～85ms	40×40	6/1	24～30	320×256	前后	2	门控
3	3D SPGR	轴位	T_1WI	有	最短	最短	40×38	4/-2	40～60	288×256	前后	1	屏气
4	SE-EPI	轴位	DWI	有	>3 000ms	最短	40×32	6/1	24～30	128×128	前后	2～4	门控
5	3D SPGR	轴位	T_1WI+C	有	最短	最短	40×38	4/-2	40～60	288×256	前后	1	屏气

6	3D SPGR	轴位	T$_1$WI+C	有	最短	最短	40×38	4/−2	40～60	288×256	前后	1	屏气
7	3D SPGR	轴位	T$_1$WI+C	有	最短	最短	40×38	4/−2	40～60	288×256	前后	1	屏气
8	3D SPGR	冠状位	T$_1$WI+C	有	最短	最短	42×40	3/−1.5	40～60	288×256	前后	1	屏气
9	3D SPGR	轴位	T$_1$WI+C	有	最短	最短	40×38	4/−2	40～60	288×256	前后	1	屏气

质量要求

- 扫描范围符合临床诊断需求
- 清晰显示肝、胆、脾大小、形态、病变与周围组织的相互关系
- 图像无明显伪影
- 脂肪抑制均匀
- 增强动脉期表现为动脉血管及病灶明显强化,静脉血管轻微显影

标准图像

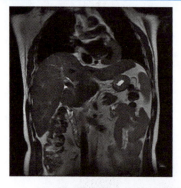

图 5-1-4　肝、胆、脾冠状位 T$_2$WI 标准图像

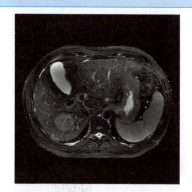

图 5-1-5　肝、胆、脾轴位 T$_2$WI 脂肪抑制标准图像

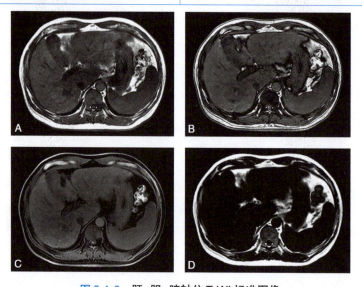

图 5-1-6　肝、胆、脾轴位 T$_1$WI 标准图像

图 A 示:同相位图像;图 B 示:反相位图像;图 C 示:水相图像;图 D 示:脂相图像。

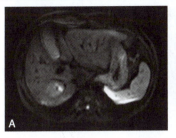 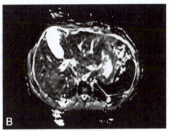

图 5-1-7　肝、胆、脾轴位 DWI 标准图像

图 A 示：b 为 1 000s/mm² 图像；图 B 示：ADC 图。

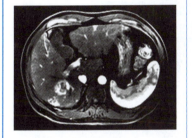 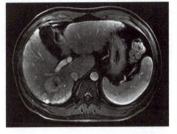 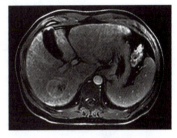

图 5-1-8　肝、胆、脾轴位 T₁WI+C（动脉期增强）脂肪抑制标准图像

图 5-1-9　肝、胆、脾轴位 T₁WI+C（门静脉期增强）脂肪抑制标准图像

图 5-1-10　肝、胆、脾轴位 T₁WI+C（平衡期增强）脂肪抑制标准图像

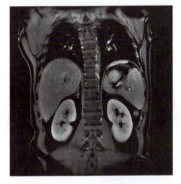 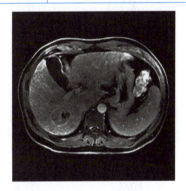

图 5-1-11　肝、胆、脾冠状位 T₁WI+C 脂肪抑制标准图像

图 5-1-12　肝、胆、脾轴位 T₁WI+C（延迟期增强）脂肪抑制标准图像

伪影图像

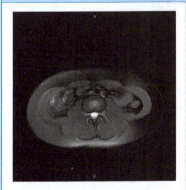 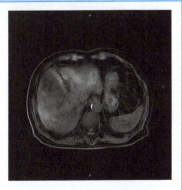 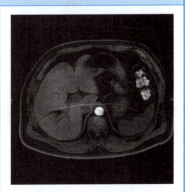

图 5-1-13　脂肪抑制不均

图 5-1-14　呼吸运动伪影

图 5-1-15　Sense 伪影

特殊注意事项
• 如有条件,加扫脂肪定量序列,客观评价病变脂肪含量   • 注药前 T_1WI 采用双回波扫描,可以使用三维或二维扫描方式   • 动脉期扫描采集动脉晚期,建议采集双动脉期,或使用 k 空间共享技术采集多时相,扫描参数可根据各厂家扫描仪具体设置,图像要求可参考 LI-RADS v2018   • 为提高扫描效率,可将 T_2WI 安排在增强后扫描   • 轴位 T_2WI、DWI 和冠状位 T_2WI 可根据情况采用屏气、呼吸门控、回波导航。表现为不典型肝细胞癌（HCC）及肝硬化相关结节,可使用肝特异性对比剂,扫描肝胆期

第二节 胰腺磁共振平扫、胰腺磁共振增强扫描

检查项目中文名称	胰腺磁共振平扫、胰腺磁共振增强扫描	
患者准备及摆位		
准备	• 检查前禁食、禁水摄入至少 6 小时以上 • 扫描前进行呼吸训练,呼气末屏气 • 如需扫描呼吸触发序列,需要将呼吸垫用腹带固定于腹部呼吸运动最显著处	
摆位及线圈	• 线圈:体部相控阵线圈 • 定位点:剑突与脐连线中心为定位中心,与线圈中心位于磁体中心（三中心一线） • 其他要求:双上臂上举（推荐）或置于两侧。呼吸不均匀,可使用腹带压迫腹部	
定位像	扫描定位像时注意 • 线圈覆盖范围:胰头部为扫描中心,包括膈顶至胰腺钩突下缘十二指肠水平段 • 观察有无金属伪影 图 5-2-1　胰腺冠状位定位像	
扫描序列		
编号	序列名称	序列说明
1	冠状位 T_2WI	观察解剖结构以及病变情况
2	轴位 T_2WI 脂肪抑制	观察病变检出、定位、囊实性鉴别
3	轴位 T_1WI	识别病变形态、定位及 T_1 特性
4	轴位 DWI	病变扩散受限情况、淋巴结受累情况

5	轴位 T_1WI+C 脂肪抑制（动脉期增强）	观察动脉期解剖、病变强化方式及淋巴结受累情况
6	轴位 T_1WI+C 脂肪抑制（门静脉期增强）	观察门静脉期解剖、病变强化方式及淋巴结受累情况
7	轴位 T_1WI+C 脂肪抑制（平衡期增强）	观察平衡期解剖、病变强化方式及淋巴结受累情况
8	冠状位 T_1WI+C 脂肪抑制	观察解剖、病变强化及淋巴结等
9	轴位 T_1WI+C 脂肪抑制（延迟期增强）	观察延迟期解剖、病变强化方式及淋巴结受累情况
扫描定位		

1. 冠状位 T_2WI

定位要求	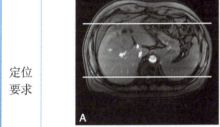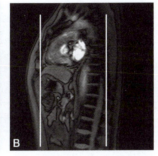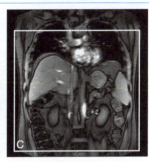 图 5-2-2　胰腺冠状位 T_2WI 定位方法 图 A、B 示：以轴位定位像为主定位，前后方向完整覆盖胰腺，定位线前缘包括胰腺前缘，后缘到胰腺最后缘；图 C 示：在冠状位定位像上调整扫描视野，胰腺置于视野中心。

2. 轴位 T_2WI 脂肪抑制

定位要求	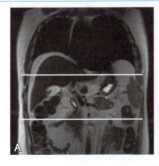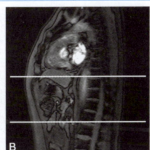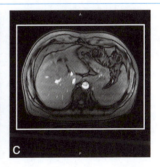 图 5-2-3　胰腺轴位 T_2WI 脂肪抑制定位方法 图 A、B 示：在冠状位 T_2WI 图上定位，定位线完整覆盖胰腺；图 C 示：在轴位定位像上调整扫描视野，人体结构居中。

3. 轴位 T_1WI（可使用双回波或 Dixon，同时生成同相位图像、反相位图像、水像图像和脂像图像）

定位要求	• 复制轴位 T_2WI 扫描范围

4. 轴位 DWI

定位要求	• 完全复制轴位 T_2WI 定位信息 • b 值 $50s/mm^2$、$1\,000s/mm^2$，同时自动重建 ADC 图 • 建议呼吸门控或膈肌导航扫描

5. 轴位 T_1WI+C 脂肪抑制（动脉期增强）

定位要求	• 完全复制轴位 T_2WI 定位范围 • 注射对比剂后按照如下方案扫描 • 以女性 40 岁为基线，延迟 16 秒，每增加 10 岁延迟增加 1 秒；男性在女性基础上延迟增加 5 秒 • 呼气末屏气扫描

6. 轴位 T_1WI+C 脂肪抑制（门静脉期增强）

定位要求	• 完全复制轴位 T_2WI 定位范围 • 动脉期扫描完毕后患者呼吸两次后即刻扫描 • 呼气末屏气扫描

7. 轴位 T_1WI+C 脂肪抑制（平衡期增强）

定位要求	• 完全复制轴位 T_2WI 定位范围 • 呼气末屏气扫描

8. 冠状位 T_1WI+C 脂肪抑制

定位要求	• 复制冠状位 T_2WI 扫描范围

9. 轴位 T_1WI+C 脂肪抑制（延迟期增强）

定位要求	• 复制轴位 T_2WI 扫描范围

参数要求													
序号	序列	方位	加权	脂肪抑制	重复时间	回波时间	视野/cm	层厚/层距/mm	层数	矩阵	相位编码	平均次数	呼吸控制
1	SSFSE	冠状位	T_2WI	无	1 000ms	80～100ms	42×42	4/0.5	18～24	320×288	左右	1	屏气
2	FSE	轴位	T_2WI	有	>2 000ms	70～85ms	40×40	3/0.5	24～30	320×256	前后	2	门控
3	3D SPGR	轴位	T_1WI	有	最短	最短	40×38	3/-1.5	40～60	288×256	前后	1	屏气
4	SE-EPI	轴位	DWI	有	>3 000ms	最短	40×32	3/0.5	24～30	128×128	前后	2～4	门控
5	3D SPGR	轴位	T_1WI+C	有	最短	最短	40×38	3/-1.5	40～60	288×256	前后	1	屏气
6	3D SPGR	轴位	T_1WI+C	有	最短	最短	40×38	3/-1.5	40～60	288×256	前后	1	屏气
7	3D SPGR	轴位	T_1WI+C	有	最短	最短	40×38	3/-1.5	40～60	288×256	前后	1	屏气
8	3D SPGR	冠状位	T_1WI+C	有	最短	最短	42×40	3/-1.5	40～60	288×256	前后	1	屏气

9	3D SPGR	轴位	T₁WI+C	有	最短	最短	40×38	3/−1.5	40～60	288×256	前后	1	屏气

质量要求

- 扫描范围符合临床诊断需求
- 清晰显示胰腺大小、形态、病变与周围组织的相互关系
- 图像无明显伪影
- 脂肪抑制均匀
- 增强动脉期表现为动脉血管及病灶明显强化,静脉血管轻微显影

标准图像

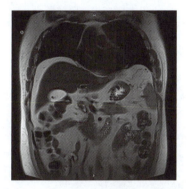

图 5-2-4 胰腺冠状位 T₂WI 标准图像

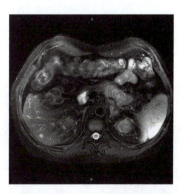

图 5-2-5 胰腺轴位 T₂WI 脂肪抑制标准图像

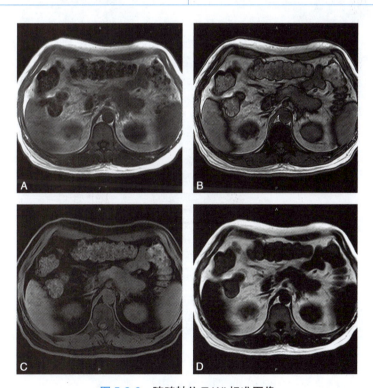

图 5-2-6 胰腺轴位 T₁WI 标准图像

图 A 示:同相位图像;图 B 示:反相位图像;图 C 示:水相图像;图 D 示:脂相图像。

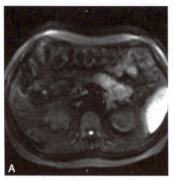
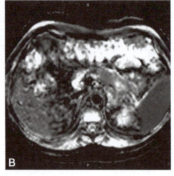

图 5-2-7　胰腺轴位 DWI 标准图像

图 A 示：b 为 1 000s/mm^2 图像；图 B 示：ADC 图。

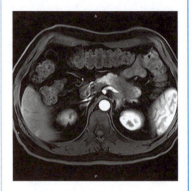

图 5-2-8　胰腺轴位 T$_1$WI+C 脂肪抑制（动脉期增强）标准图像

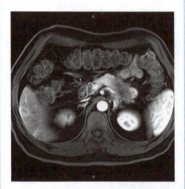

图 5-2-9　胰腺轴位 T$_1$WI+C 脂肪抑制（门静脉期增强）标准图像

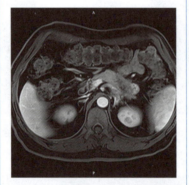

图 5-2-10　胰腺轴位 T$_1$WI+C 脂肪抑制（平衡期增强）标准图像

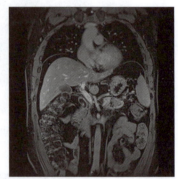

图 5-2-11　胰腺冠状位 T$_1$WI 标准图像 +C 脂肪抑制

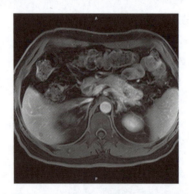

图 5-2-12　胰腺轴位 T$_1$WI+C 脂肪抑制（延迟期增强）标准图像

特殊注意事项

- 由于胰腺在不同人之间走行变化较大，扫描范围应覆盖整个胰腺
- 如有条件，加扫脂肪定量序列，客观评价病变脂肪含量
- 为提高扫描效率，可将 T$_2$WI 安排在增强后扫描
- 胰管扩张时，应加做磁共振胰胆管成像（MRCP）以帮助诊断

第三节　肾脏磁共振平扫、肾脏磁共振增强扫描

检查项目 中文名称	肾脏磁共振平扫、肾脏磁共振增强扫描
患者准备及摆位	
准备	• 患者检查前去除随身携带金属物品、敷贴类药物 • 禁食、禁水 6 小时以上,减轻胃肠道液性信号的干扰 • 胃肠蠕动伪影较严重者,酌情考虑抗蠕动的药物 • 留置静脉通道
摆位及线圈	• 线圈:腹部或心脏相控阵线圈 • 定位点:剑突与脐连线中点 • 仰卧位,足先进,身体左右居中,使被扫描部位置于主磁场及线圈的中心,双手上举过头,不要交叉,对患者进行呼吸及屏气训练
定位像	扫描定位像时注意 • 有无金属伪影 图 5-3-1　肾脏冠状位、矢状位定位像 图 A 示:冠状位显示肾脏的最大层面;图 B 示:矢状位显示两侧肾脏矢状位。

扫描序列		
编号	序列名称	序列说明
1	冠状位 T_2WI 脂肪抑制	清楚显示肾脏形态和结构,清楚显示肾癌瘤栓和腹膜后淋巴结转移
2	轴位 T_2WI 脂肪抑制	显示肾脏形态结构、皮质与髓质界限
3	轴位 DWI	观察肾脏病变是否扩散受限及受限程度与范围
4	轴位 T_1WI Dixon	肾脏病变是否含有脂质
5	轴位 T_1WI 脂肪抑制	预扫描,蒙片
6	冠状位/轴位 T_2WI	若病变位于肾脏上下极,加扫冠状位 T_2WI;若病变位于肾脏中部,且向肾窦内或肾外突出,加扫轴位 T_2WI,可显示病变包膜情况
7	轴位 DCE 脂肪抑制	肾脏为富血供器官,皮质、髓质血供不同,动态增强以更清晰显示肾实质与病灶的对比,观察增强不同时相与延迟后病灶的血供情况及边缘强化情况
8	冠状位 T_1WI+C	观察增强不同时相与延迟后病灶的血供情况及边缘强化情况

9	矢状位 T$_1$WI+C	观察增强不同时相与延迟后病灶的血供情况及边缘强化情况
10	轴位 T$_1$WI+C 延迟强化	观察增强不同时相与延迟后病灶的血供情况及边缘强化情况

扫描定位

1. 冠状位 T$_2$WI 脂肪抑制

定位要求	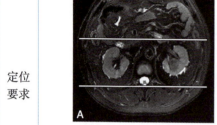 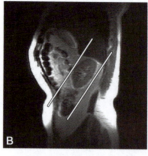 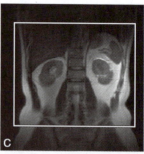

图 5-3-2　肾脏冠状位 T$_2$WI 脂肪抑制定位方法

图 A 示：在轴位定位像上，定位线平行于双肾；图 B 示：矢状位定位像上定位线位平行于肾脏长轴；图 C 示：在冠状位定位像上，完整覆盖肾上极和肾下极，中心置于肾门处，完整覆盖病变及肾脏。

2. 轴位 T$_2$WI 脂肪抑制

定位要求	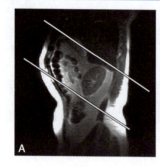 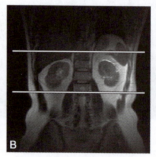 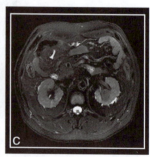

图 5-3-3　肾脏轴位 T$_2$WI 脂肪抑制定位方法

图 A 示：在矢状位定位像上调整定位线位置，尽量靠上，避免患者因呼吸而导致定位偏差，定位线垂直于肾脏长轴；图 B 示：在冠状位定位像上，定位线垂直于人体长轴，中心与人体正中重合；图 C 示：在轴位定位像上调整扫描视野，人体居中，完整覆盖病变及肾脏。

3. 轴位 DWI

定位要求	• 复制轴位 T$_2$WI 脂肪抑制序列定位信息 • b 值 50s/mm^2、1 000s/mm^2，同时重建 ADC 图

4. 轴位 T$_1$WI Dixon

定位要求	• 复制轴位 T$_2$WI 脂肪抑制扫描范围

5. 轴位 T$_1$WI 脂肪抑制

定位要求	• 复制轴位 T$_1$WI Dixon 扫描范围

6. 冠状位/轴位 T₂WI	
定位要求	• 复制冠状位 T₂WI 脂肪抑制/轴位 T₂WI 脂肪抑制扫描范围
7. 轴位 DCE 脂肪抑制	
定位要求	• 复制轴位 T₁WI Dixon 扫描范围 • 扫描 3 个时相,每个时相 17 秒 • 对比剂 0.1mmol/kg,高压注射器注射,速率 1.5ml/s,注射对比剂后 20 秒开始扫描
8. 冠状位 T₁WI+C	
定位要求	• 复制冠状位 T₂WI 扫描范围

9. 矢状位 T₁WI+C

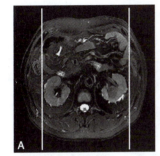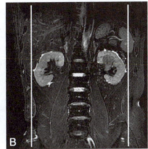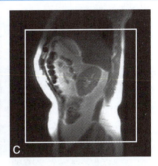

图 5-3-4 **肾脏矢状位 T₁WI+C 定位方法**

图 A 示:轴位 T₂WI 定位像上定位线完整覆盖左右肾脏及病变;图 B 示:冠状位 T₂WI 定位像上调整中线并置于人体正中线上,调整肾脏显示最大层面,完整覆盖肾脏及病变;图 C 示:矢状位上,前后居中。

10. 轴位 T₁WI+C 延迟强化

定位要求	• 复制轴位 T₁WI Dixon 扫描范围

<td colspan="14" align="center">**参数要求**</td>
序号	序列	方位	加权	脂肪抑制	重复时间	回波时间	视野/cm	层厚/层距/mm	层数	矩阵	相位编码	平均次数	呼吸控制
1	FSE	冠状位	T₂WI	有	6 000～8 000ms	110ms	(36×36)～(40×40)	4/0.4	24	288×224	左右	2～3	门控
2	FSE	轴位	T₂WI	有	8 000～12 000ms	110ms	(36×36)～(40×40)	5/1	24～30	320×320	前后	2	门控
3	DWI	轴位	DWI	有	>3 000ms	最短	(36×36)～(40×40)	5/1	24～30	128×160	左右	1	门控
4	3D SPGR	轴位	T₁WI	无	最短	1.1/2.2ms	40×32	4/-2	48	256×256	左右	1	屏气
5	3D SPGR	轴位	T₁WI	有	最短	最短	40×32	4/-2	48	320×224	左右	1	屏气

6	FSE	冠状位	T₂WI	无	6 000~8 000ms	110ms	（36×36）~（40×40）	4/0.4	24	288×224	左右	2~3	门控
7	FSE	轴位	T₂WI	无	2 400ms	110ms	（36×36）~（40×40）	5/1	24~30	320×224	前后	1	屏气
8	3D SPGR	轴位	T₁WI DCE	有	最短	最短	40×40	4/−2	48	320×224	前后	1	屏气
9	3D SPGR	冠状位	T₁WI+C	有	最短	最短	38×38	4/−2	36	320×224	左右	1	屏气
10	3D SPGR	矢状位	T₁WI+C	有	最短	最短	40×36	5/−2.5	56	288×224	前后	1	屏气
11	3D SPGR	轴位	T₁WI+C	有	最短	最短	40×32	4/−2	48	260×224	前后	1	屏气

质量要求

- 扫描范围符合临床诊断需求
- 清晰显示病变的位置、大小、形态、侵犯范围
- 图像无明显呼吸伪影
- 脂肪抑制均匀

标准图像

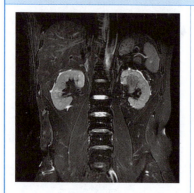

图 5-3-5　肾脏冠状位 T₂WI 脂肪抑制标准图像

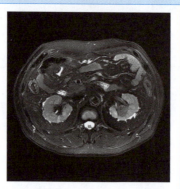

图 5-3-6　肾脏轴位 T₂WI 脂肪抑制标准图像

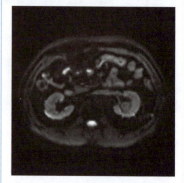

图 5-3-7　肾脏轴位 DWI 标准图像

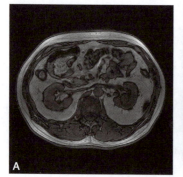

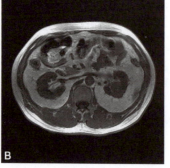

图 5-3-8　肾脏轴位 T₁WI Dixon（A、B）

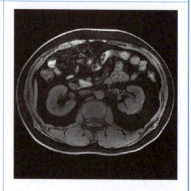

图 5-3-9　肾脏轴位 T₁WI 脂肪抑制水像

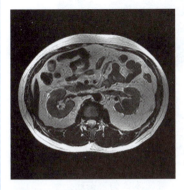

图 5-3-10　肾脏轴位 T$_2$WI 标准图像

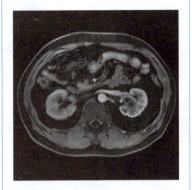

图 5-3-11　肾脏轴位 DCE 脂肪抑制（皮质期）标准图像

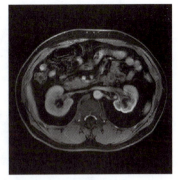

图 5-3-12　肾脏轴位 DCE 脂肪抑制（皮髓质期）标准图像

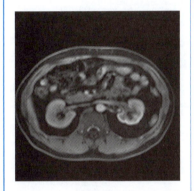

图 5-3-13　肾脏轴位 DCE 脂肪抑制（髓质期）标准图像

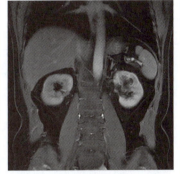

图 5-3-14　肾脏冠状位 T$_1$WI+C 标准图像

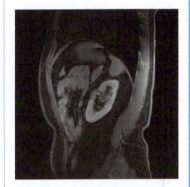

图 5-3-15　肾脏矢状位 T$_1$WI+C 标准图像

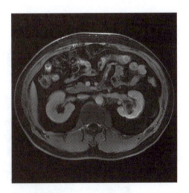

图 5-3-16　肾脏轴位 T$_1$WI+C 延迟强化（排泄期）标准图像

伪影图像	
 图 5-3-17　金属伪影	 图 5-3-18　呼吸不均匀致运动伪影
特殊注意事项	
• 肾脏肿瘤有癌栓形成时加扫稳态自由进动序列,显示癌栓情况,定位线完整覆盖肾脏、病变及癌栓 • 为防止运动伪影,T$_2$WI 可使用螺旋桨技术	

第四节　肾上腺磁共振平扫、肾上腺磁共振增强扫描

检查项目 中文名称	肾上腺磁共振平扫、肾上腺磁共振增强扫描
患者准备及摆位	
准备	• 患者检查前去除随身携带金属物品、敷贴类药物 • 禁食、禁水 6 小时以上,减轻胃肠道液性信号的干扰 • 胃肠蠕动伪影较严重者,酌情考虑抗蠕动的药物 • 留置静脉通道
摆位及线圈	• 线圈:腹部相控阵线圈 • 定位点:剑突与脐连线中点位置 • 其他要求:正确放置呼吸门控,做好被检者呼吸训练 • 仰卧位,足先进,身体与床体保持一致,使扫描部位置于主磁场及线圈的中心,双手上举过头且不交叉,对患者进行呼吸及屏气训练
定位像	扫描定位像时注意 • 有无金属伪影 • 冠状位应显示肾脏及肾上腺 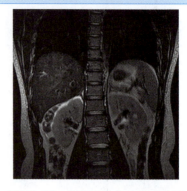 图 5-4-1　肾上腺冠状位定位像

扫描序列		
编号	序列名称	序列说明
1	冠状位 T_2WI	非脂肪抑制的 T_2WI 序列中脂肪高信号可以更好地衬托肾上腺解剖形态与位置，显示肿瘤的局部侵犯，观察肾上腺病变质地
2	轴位 T_2WI 脂肪抑制	检出病变，判断病灶内成分
3	轴位 DWI	检出病变，观察病变扩散受限程度及范围
4	轴位 T_1WI Dixon	有利于勾勒肾上腺的边界，判断病灶内有无脂质成分
5	轴位 DCE 脂肪抑制	判断病变强化程度
6	冠状位 T_1WI+C 脂肪抑制	判断病变强化程度
7	矢状位 T_1WI+C 脂肪抑制	判断病变强化程度
8	轴位 T_1WI+C 脂肪抑制延迟扫描	判断病变强化程度
扫描定位		

1. 冠状位 T_2WI

定位要求	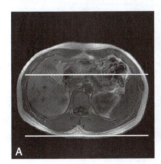 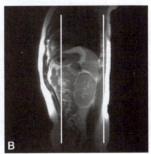 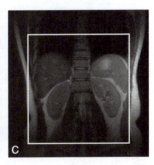

图 5-4-2　肾上腺冠状位 T_2WI 定位方法

图 A 示：在轴位定位像上定位，前后范围包括整个肾上腺和肾脏；图 B 示：在矢状位定位像上调整前后位置肾上腺结构居中；图 C 示：在冠状位定位像上调整上下位置，以肾上腺为中心，完整覆盖病变。

2. 轴位 T_2WI 脂肪抑制

定位要求	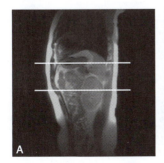 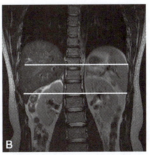 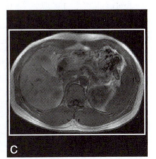

图 5-4-3　肾上腺轴位 T_2WI 脂肪抑制定位方法

图 A 示：在矢状位定位像上调整前后位置，使肾上腺结构居中，包括肾上腺与病变；图 B 示：在冠状位定位像上调整上下位置，上缘包括胃底上缘，下缘至肾门水平；图 C 示：在轴位定位像上使人体结构居中。

3. 轴位 DWI	
定位要求	• 完全复制轴位 T_2WI 定位信息 • b 值 800～1 000s/mm^2

4. 轴位 T_1WI Dixon	
定位要求	• 复制轴位 T_2WI 脂肪抑制扫描范围

5. 轴位 DCE 脂肪抑制	
定位要求	• 复制轴位 T_1WI Dixon 成像序列范围 • 建议扫描动脉晚期、静脉期及延迟期 • 有条件的医疗机构可以行双动脉期扫描 • 延迟期至少在注射对比剂 4 分钟后 • 为节约时间，可以在延迟期前扫描冠状位 T_1WI

6. 冠状位 T_1WI+C 脂肪抑制	
定位要求	• 复制冠状位 T_2WI 中心点

7. 矢状位 T_1WI+C 脂肪抑制（非必要序列，各医疗机构根据自身特点选择）

定位要求	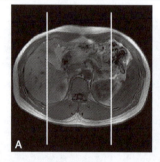 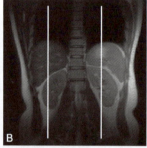 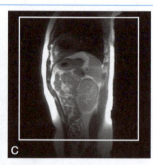 图 5-4-4　肾上腺矢状位 T_1WI+C 脂肪抑制定位方法 图 A 示：在轴位定位像上，定位线完整覆盖左右两侧肾上腺；图 B 示：在冠状位定位像上完整覆盖肾上腺与病变；图 C 示：在矢状位定位像上调整前后位置居中。

8. 轴位 T_1WI+C 脂肪抑制延迟扫描

定位要求	• 完全复制轴位 T_1WI Dixon 定位信息

参数要求												
序号	序列	方位	加权	脂肪抑制	重复时间	回波时间	视野/cm	层厚/层距/mm	层数	矩阵	相位编码	平均次数	呼吸控制
1	FSE	冠状位	T_2WI	无	6 000～8 000ms	100ms	（36×36）～（40×40）	（3～4）/（0.3～0.4）	24	288×224	左右	2	门控
2	FSE	轴位	T_2WI	有	8 000～12 000ms	85ms	（36×36）～（40×40）	（3～4）/（0.3～0.4）	24	320×320	前后	2	门控
3	DWI	轴位	DWI	有	5 000ms	60ms	（36×36）～（40×40）	（3～4）/（0.3～0.4）	24	128×160	前后	8	门控

4	3D SPGR	轴位	T_1WI	水脂分离	最短	最短	40×32	3.6/−1.8	48	256×256	前后	1	屏气
5	3D SPGR	轴位	T_1WI DCE	有	最短	1.3ms	40×32	3.6/−1.8	48	288×224	前后	1	屏气
6	3D SPGR	冠状位	T_1WI+C	有	最短	1.8ms	40×36	4/−2	44	352×224	左右	1	屏气
7	3D SPGR	矢状位	T_1WI+C	有	最短	最短	40×36	4/−2	44	288×224	前后	1	屏气
8	3D SPGR	轴位	T_1WI+C	有	最短	1.3ms	40×32	3.6/−1.8	48	228×224	前后	1	屏气

质量要求

- 扫描范围符合临床诊断需求
- 清晰显示被检者肾上腺是否有占位性病变,可以观察肾上腺肿瘤的大小、边缘情况,以及与周围组织的分界情况
- 图像无明显呼吸与金属等伪影
- 脂肪抑制均匀

标准图像

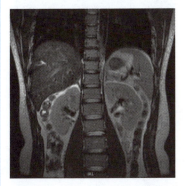

图 5-4-5　肾上腺冠状位 T_2WI 标准图像

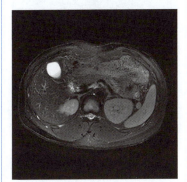

图 5-4-6　肾上腺轴位 T_2WI 脂肪抑制标准图像

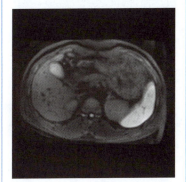

图 5-4-7　肾上腺轴位 DWI 标准图像

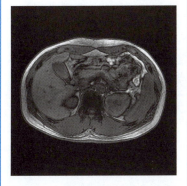

图 5-4-8　肾上腺轴位反相位标准图像

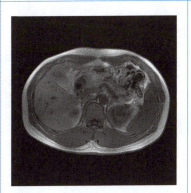

图 5-4-9　肾上腺轴位同相位标准图像

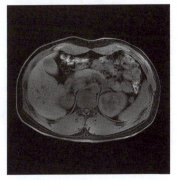

图 5-4-10　肾上腺轴位 T_1WI Dixon 水相标准图像

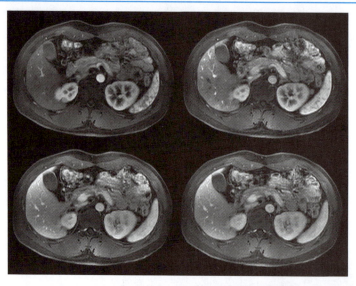

图 5-4-11　肾上腺轴位 DCE 脂肪抑制标准图像

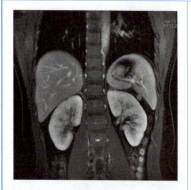

图 5-4-12　肾上腺冠状位 T₁WI+C 脂肪抑制标准图像

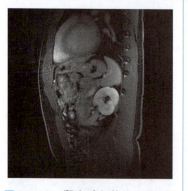

图 5-4-13　肾上腺矢状位 T₁WI+C 脂肪抑制标准图像

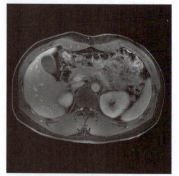

图 5-4-14　肾上腺轴位 T₁WI+C 脂肪抑制延迟扫描标准图像

伪影图像

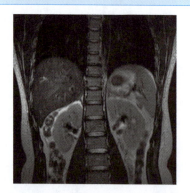

图 5-4-15　呼吸不均匀致运动伪影

图 5-4-16　金属伪影

特殊注意事项

- 由于肾上腺解剖结构比较细小, 在 T₂WI 图像上脂肪衬托下显示更加清晰
- 为防止运动伪影, T₂WI 可添加螺旋桨技术

第五节 磁共振胆胰管成像

检查项目中文名称	磁共振胆胰管成像	
患者准备及摆位		
准备	• 检查前禁食、禁水摄入至少6小时以上 • 扫描前进行呼吸训练，呼气末屏气 • 如需扫描呼吸触发序列，需要将呼吸垫用腹带固定于腹部呼吸运动最显著处	
摆位及线圈	• 线圈：体部相控阵线圈 • 定位点：线圈中心与患者剑突对齐，将线圈的中心置于主磁体中心 • 其他要求：双上臂上举（推荐）或置于两侧。呼吸不均匀，可使用腹带压迫腹部	
定位像	扫描定位像时注意 • 线圈覆盖范围：肝门部为中心，包括整个肝脏、脾脏及病变位置 • 观察有无金属伪影 图 5-5-1　磁共振胆胰管成像（MRCP）冠状位定位像	

扫描序列

编号	序列名称	序列说明
1	冠状位 T_2WI	观察解剖结构及病变情况
2	轴位 T_2WI	观察病变检出、定位、胆道梗阻情况
3	轴位 T_1WI 双回波或 Dixon	识别病变脂质成分，胆道梗阻情况
4	轴位 DWI	观察病变扩散受限情况
5	2D-MRCP	观察结石的部位、大小，胆道及胆囊内病变
6	3D-MRCP	观察结石的部位、大小，胆道及胆囊内病变

扫描定位
1. 冠状位 T$_2$WI
<table-cell-定位要求></table-cell-定位要求>

1. 冠状位 T$_2$WI

定位要求

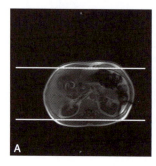 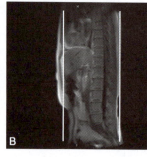 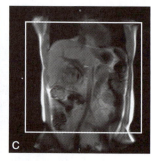

图 5-5-2　MRCP 冠状位 T$_2$WI 定位方法

图 A、B 示：在轴位及矢状位定位像上定位，自后向前完整覆盖肝脏，左右完整覆盖人体结构；图 C 示：在冠状位定位像上调整扫描视野，肝脏置于视野中上部，与人体长轴一致。

2. 轴位 T$_2$WI

定位要求

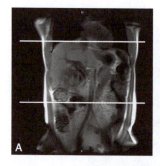 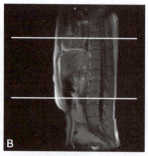 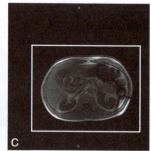

图 5-5-3　MRCP 轴位 T$_2$WI 定位方法

图 A、B 示：在冠状位 T$_2$WI 定位像上定位，上缘包括膈顶，下缘包括胰腺及胆囊，确认包括胆囊、胆总管、肝内胆管和胰管；图 C 示：轴位定位像完整覆盖扫描视野，人体结构居中。

3. 轴位 T$_1$WI 双回波或 Dixon

定位要求

• 复制轴位 T$_2$WI 扫描范围

4. 轴位 DWI

定位要求

• 完全复制轴位 T$_2$WI 定位信息
• b 值 50s/mm^2、800～1 000s/mm^2，同时重建 ADC 图
• 建议结合呼吸触发扫描

5. 2D-MRCP

定位要求

• 呼气末屏气扫描

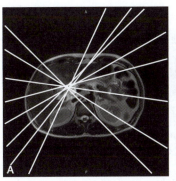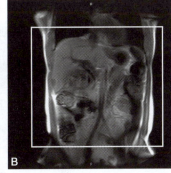

图 5-5-4　2D-MRCP 定位方法

图 A 示：在轴位 T_2WI 定位像上定位，定位中心位于胆总管末端，行 9 层放射状定位，调节放射定位线角度，使定位层面包括胆囊、肝内胆管、胆总管和胰管；图 B 示：头足方向扫描视野中心位于肝门区。

6. 3D-MRCP

定位要求

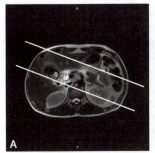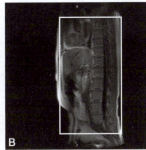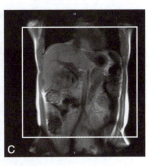

图 5-5-5　3D-MRCP 定位方法

图 A 示：扫描基线：轴位定位像上定位，定位线沿胰管走行，包括胆囊，扫描范围包括胆囊、肝内胆管、胆总管和胰管；图 B 示：头足方向扫描视野中心位于肝门区。

					参数要求							
序号	序列	方位	加权	脂肪抑制	重复时间	回波时间	视野/cm	层厚/层距/mm	层数	矩阵	相位编码	平均次数	呼吸控制
1	SSFSE	冠状位	T_2WI	无	1 000ms	80~100ms	42×42	5/0.5	18~24	320×288	左右	1	屏气
2	FSE	轴位	T_2WI	无	>2 000ms	70~85ms	40×40	6/1	24~30	320×256	前后	2	门控
3	3D SPGR	轴位	T_1WI	有	最短	最短	40×38	4/-2	40~60	288×256	前后	1	屏气
4	SE-EPI	轴位	DWI	有	>3 000ms	最短	40×32	6/1	24~30	128×128	前后	2~4	门控

5	SSFSE	放射状	T$_2$WI	无	>4 000ms	>600ms	40×38	40/0	6~9	288×256	前后	1	屏气
6	3D FSE	冠状位	T$_2$WI	无	>2 000ms	>500ms	40×38	1.8/-0.9	80~100	288×256	前后	1	屏气或门控

质量要求
• 扫描范围符合临床诊断需求 • 清晰显示胆囊、胆总管、肝内胆管、胰管及病变与周围组织的相互关系 • 图像无明显伪影 • 脂肪抑制均匀

标准图像

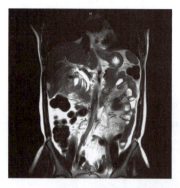

图 5-5-6　MRCP 冠状位 T$_2$WI 标准图像

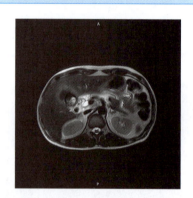

图 5-5-7　MRCP 轴位 T$_2$WI 标准图像

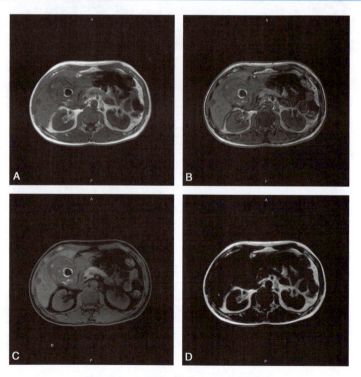

图 5-5-8　MRCP 轴位 T$_1$WI 标准图像

图 A 示：同相位图像；图 B 示：反相位图像；图 C 示：水相图像；图 D 示：脂相图像。

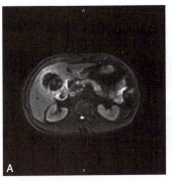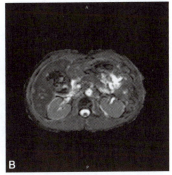

图 5-5-9　MRCP 轴位 DWI 标准图像

图 A 示：b 为 1 000s/mm² 图像；图 B 示：ADC 图。

图 5-5-10　2D-MRCP 标准图像

图 5-5-11　3D-MRCP 标准图像

伪影图像

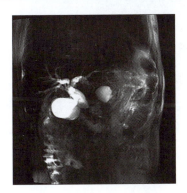

图 5-5-12　呼吸运动伪影

图 5-5-13　胃液遮挡

特殊注意事项

- 不建议使用阴性对比剂抑制胃肠道信号，因为可能使十二指肠内的病变显示不佳，导致漏诊
- 屏气扫描常使用混合序列 GRASE（联影、西门子磁共振扫描仪），或应用压缩感知技术的 3D FSE 序列。如患者屏气不佳，3D-MRCP 可使用呼吸触发扫描，应用的 3D FSE 序列，扫描层厚＜2mm（非重建层厚），扫描矩阵最小 288×288（非重建矩阵）
- 2D-MRCP 采用单次激发重 T₂WI，背景抑制好，成像速度快，细微结构显示差

第六节 磁共振尿路成像

检查项目 中文名称	磁共振尿路成像
患者准备及摆位	
准备	• 扫描前患者需要憋尿，可在检查前 40～60 分钟饮水 500～1 000ml 或饮浓红茶水，待泌尿系统充盈时扫描。红茶水可以抑制胃肠道影像 • 扫描前进行呼吸训练，呼气末屏气 • 如需扫描呼吸触发序列，需要将呼吸垫用腹带固定于腹部呼吸运动最显著处
摆位及线圈	• 线圈：体部相控阵线圈，两线圈拼接使用 • 定位中点：剑突与耻骨联合线中心 • 其他要求：双上臂上举（推荐）或置于两侧。呼吸不均匀，可使用腹带压迫腹部
定位像	扫描定位像时注意 • 线圈覆盖范围：包括肾、输尿管、膀胱 • 观察有无金属伪影 图 5-6-1 磁共振尿路成像（MRU）冠状位定位像

	扫描序列	
编号	序列名称	序列说明
1	冠状位 T_2WI	观察解剖结构及病变情况
2	轴位 T_2WI	观察病变检出、定位、输尿管形态结构
3	轴位 T_1WI 双回波或 Dixon	观察病变检出、定位、输尿管形态结构
4	轴位 DWI	病变扩散受限情况
5	2D-MRU	观察结石的部位、大小，泌尿系统病变
6	3D-MRU	观察结石的部位、大小，泌尿系统病变

扫描定位

1. 冠状位 T_2WI

定位要求	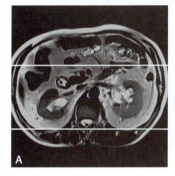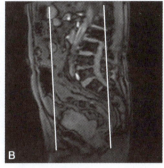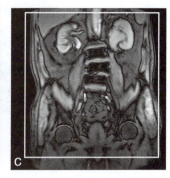 图 5-6-2　MRU 冠状位 T_2WI 定位方法 图 A 示：在轴位定位像上，定位线前缘包括耻骨联合，后缘包括肾脏最后缘；图 B 示：在矢状位定位像上，扫描视野平行人体长轴；图 C 示：在冠状位定位像上调整扫描视野，确认完整覆盖肾脏上缘至膀胱下缘。

2. 轴位 T_2WI

定位要求	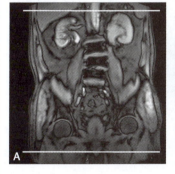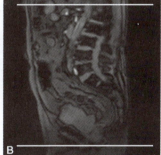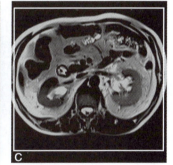 图 5-6-3　MRU 轴位 T_2WI 定位方法 图 A、B 示：定位线上缘包括肾脏上缘，下缘包括膀胱下缘；图 C 示：视野完整覆盖人体结构并居中。

3. 轴位 T_1WI 双回波或 Dixon

定位要求	• 复制轴位 T_2WI 扫描范围

4. 轴位 DWI

定位要求	• 完全复制轴位 T_2WI 定位信息 • b 值 50s/mm²、800~1 000s/mm²，同时重建 ADC 图 • 建议结合呼吸触发扫描

5. 2D-MRU

<table>
<tr><td rowspan="2">定位
要求</td><td colspan="2">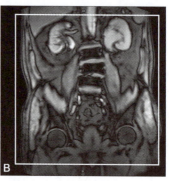</td></tr>
<tr><td colspan="2">图5-6-4　2D-MRU 定位方法
图 A 示：以轴位 T_2WI 肾门水平为定位层面，定位中心位于输尿管，左右单独扫描，行 6～9 层放射状扫描；图 B 示：调整放射定位线夹角，使定位层面包括肾脏、输尿管和膀胱。</td></tr>
</table>

6. 3D-MRU

<table>
<tr><td rowspan="2">定位
要求</td><td colspan="2">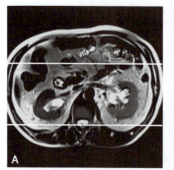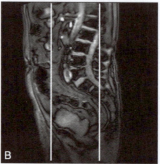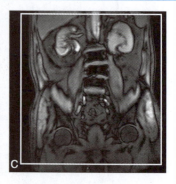</td></tr>
<tr><td colspan="2">图5-6-5　3D-MRU 定位方法
图 A 示：在轴位 T_2WI 定位像上，定位线平行两侧肾脏中心点连线，完整覆盖肾脏、输尿管和膀胱；
图 B、C 示：视野上缘包括肾脏上缘，下缘包括膀胱及输尿管，左右方向人分体结构居中。</td></tr>
</table>

参数要求												
序号	序列	方位	加权	脂肪抑制	重复时间	回波时间	视野/cm	层厚/层距/mm	层数	矩阵	相位编码	平均次数	呼吸控制
1	SSFSE	冠状位	T_2WI	无	1 000ms	80～100ms	42×42	4/0.5	18～24	320×288	左右	1	屏气
2	FSE	轴位	T_2WI	无	>2 000ms	70～85ms	40×40	6/1	48～60	320×256	前后	2	门控
3	3D SPGR	轴位	T_1WI	有	最短	最短	40×38	4/-2	80～120	288×256	前后	1	屏气
4	SE-EPI	轴位	DWI	有	>3 000ms	最短	40×32	6/1	48～60	128×128	前后	2～4	门控
5	SSFSE	放射状	T_2WI	无	>4 000ms	>600ms	46×40	40/0	9	288×256	前后	1	屏气
6	3D FSE	冠状位	T_2WI	无	>2 000ms	>100ms	46×40	1.8/-0.9	80～100	288×256	前后	1	自由

<table>
<tr><td align="center">质量要求</td></tr>
</table>

- 扫描范围符合临床诊断需求
- 清晰显示肾脏、输尿管和膀胱，以及病变与周围组织的相互关系
- 图像无明显伪影
- 脂肪抑制均匀

<table>
<tr><td align="center">标准图像</td></tr>
</table>

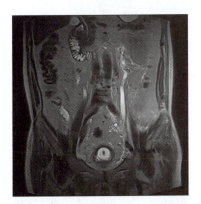

图 5-6-6　MRU 冠状位 T$_2$WI 标准图像

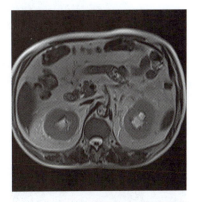

图 5-6-7　MRU 轴位 T$_2$WI 标准图像

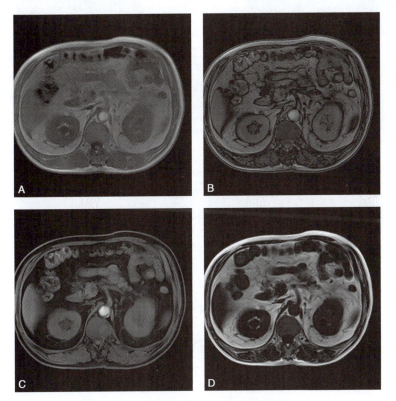

图 5-6-8　MRU 轴位 T$_1$WI 标准图像

图 A 示：同相位图像；图 B 示：反相位图像；图 C 示：水相图像；图 D 示：脂相图像。

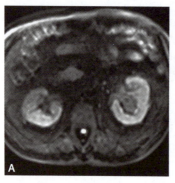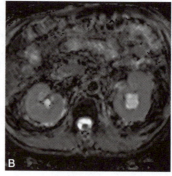

图 5-6-9　MRU 轴位 DWI 标准图像

图 A 示：b 为 1 000s/mm² 图像；图 B 示：ADC 图。

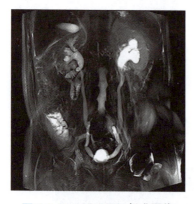

图 5-6-10　2D-MRU 标准图像

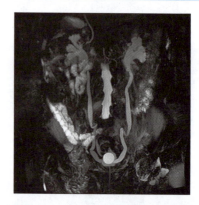

图 5-6-11　3D-MRU MIP 标准图像

特殊注意事项

- 2D-MRU 采用单次激发重 T₂WI 序列，背景抑制好，成像速度快，但细微结构显示差
- 3D-MRU 可采用呼吸触发扫描，应用快速自旋回波序列，可设置为各向同性扫描，图像细节显示好，建议层间加过采样，具体参数根据各厂家参数要求设定
- 肾脏肿物，可扫描 T₂WI 脂肪抑制
- 可根据肿瘤的形态、大小、位置进行相应的斜矢状位扫描，膀胱肿物可加扫矢状位 T₂WI 脂肪抑制
- 由于扫描范围大，T₁WI、T₂WI、DWI 建议分两段扫描

第七节　胃磁共振平扫、胃磁共振增强扫描

检查项目 中文名称	胃磁共振平扫、胃磁共振增强扫描
患者准备及摆位	
准备	<ul><li>检查前禁食 12 小时，检查前一天晚餐为半流质饮食，晚上 10 点后禁食。上检查床前饮纯水 800～1 500ml，使胃肠道充盈</li><li>嘱患者平静有规律的呼吸，训练患者屏气，以取得患者配合</li><li>检查前 20 分钟肌内注射山莨菪碱，抑制胃肠蠕动，有严重心脏病、青光眼、前列腺增生及胃肠道梗阻者禁用此药</li></ul>

摆位及线圈	<ul><li>线圈：体部相控阵线圈</li><li>定位点：以剑突为中心</li><li>其他要求：使用呼吸门控绷带监测腹部呼吸运动</li></ul>
定位像	扫描定位像时注意 <ul><li>线圈覆盖范围</li><li>无金属伪影</li></ul> 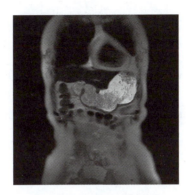 图 5-7-1　胃冠状位定位像

扫描序列		
编号	序列名称	序列说明
1	冠状位 T_2WI	大致了解腹部情况，为后续扫描定位
2	轴位 T_2WI 脂肪抑制	检查胃的分层结构、反映病变内部丰富的组织成分，观察有无腹腔淋巴结转移
3	轴位 T_1WI	观察解剖结构，观察淋巴结及骨情况
4	轴位 DWI	检出病变，观察病变扩散受限程度及范围
5	轴位 DCE	观察病变强化程度、周围浸润、淋巴结等
6	冠状位 T_1WI+C	观察病变强化程度、周围浸润、淋巴结等

扫描定位

1. 冠状位 T_2WI

定位要求	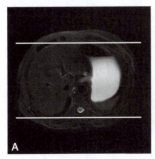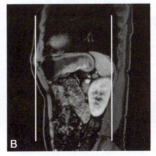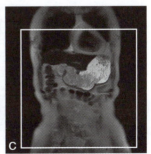 图 5-7-2　胃冠状位 T_2WI 定位方法 图 A、B 示：定位线后缘包括椎管，前缘完整覆盖肝脏；图 C 示：上缘包括双肺下叶，下缘至两侧髂嵴水平。

2. 轴位 T_2WI 脂肪抑制	
定位 要求	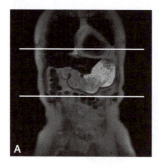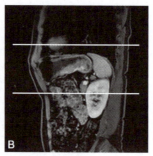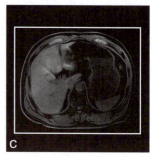 **图 5-7-3　胃轴位 T_2WI 脂肪抑制定位方法** 图 A、B 示：定位线上缘至膈顶，下缘胃下缘；图 C 示：前后、左右完整覆盖人体结构。

3. 轴位 T_1WI	
定位 要求	• 复制轴位 T_2WI 脂肪抑制扫描范围 • 呼气末屏气扫描

4. 轴位 DWI	
定位 要求	• 完全复制轴位 T_2WI 脂肪抑制定位信息 • b 值 $50s/mm^2$、$800s/mm^2$

5. 轴位 DCE	
定位 要求	• 复制轴位 T_2WI 脂肪抑制扫描范围 • 扫描 6 个时相，每个时相 10 秒，屏气扫描，一次屏气扫描 2 个时相 • 在透视触发监控下，肺动脉显影即开始扫描

6. 冠状位 T_1WI+C	
定位 要求	• 复制冠状位 T_2WI 扫描范围 • 扫描 40～60 层，在轴位以胃为扫描中心，屏气扫描

参数要求												
序号	序列	方位	加权	脂肪 抑制	重复 时间	回波 时间	视野 / cm	层厚/ 层距 / mm	层数	矩阵	相位 编码	平均 次数	呼吸 控制
1	SS-FSE	冠状位	T_2WI	无	>3 000ms	60～ 90ms	36×36	5/1	18～24	320×224	左右	2	屏气
2	FSE	轴位	T_2WI	有	>3 000ms	100～ 120ms	36×36	6/1	20～24	288×256	前后	2～4	门控
3	3D SPGR	轴位	T_1WI	有	最短	最短	36×36	3/−1.5	60～80	288×224	前后	1	屏气
4	SE-EPI	轴位	DWI	有	>3 000ms	最短	36×36	4/0.4	30～40	128×128	前后	2～4	门控

| 5 | 3D SPGR | 轴位 | T$_1$WI+C | 有 | 最短 | 最短 | 36×32 | 3/−1.5 | 60～80 | 288×256 | 前后 | 1 | 屏气 |
| 6 | 3D SPGR | 冠状位 | T$_1$WI+C | 有 | 最短 | 最短 | 42×36 | 3/−1.5 | 40～60 | 288×224 | 左右 | 1 | 屏气 |

质量要求

- 显示范围上至膈顶,下至胃下缘,包括附近血管和淋巴结等所有组织
- 清晰显示胃部病变结构及其与周围组织的相互关系
- 图像上无明显呼吸运动伪影以及胃的蠕动伪影
- 提供胃的准确时相的血流动力学信息(包括动脉期、门静脉期和延迟期)
- 脂肪抑制均匀

标准图像

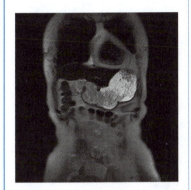

图 5-7-4 胃冠状位 T$_2$WI 标准图像

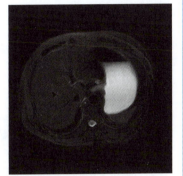

图 5-7-5 胃轴位 T$_2$WI 脂肪抑制标准图像

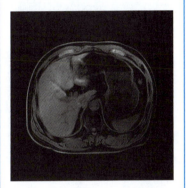

图 5-7-6 胃轴位 T$_1$WI 标准图像

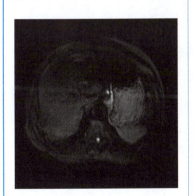

图 5-7-7 胃轴位 DWI 标准图像

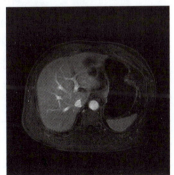

图 5-7-8 胃轴位 DCE 标准图像

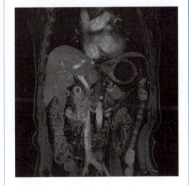

图 5-7-9 胃冠状位 T$_1$WI+C 标准图像

特殊注意事项

- 局部磁敏感伪影明显的受检者使用局部匀场提高图像质量,或采用侧卧体位
- 轴位 T$_2$WI 脂肪抑制在层面上下方使用饱和带
- 3D FSPGR 序列使用并行采集技术,因此视野不宜过小,相位编码方向应为 1

第八节　小肠磁共振平扫、小肠磁共振增强扫描

检查项目 中文名称	小肠磁共振平扫、小肠磁共振增强扫描
患者准备及摆位	
准备	• 禁食 12 小时 • 检查前等渗甘露醇溶液充盈肠道：500ml 甘露醇 +1 500ml 水，检查前 1 小时开始口服，一次 500ml，分 4 次喝完 • 检查前 20 分钟肌内注射山莨菪碱
摆位及线圈	• 线圈：腹部相控阵线圈 • 体位：仰卧位，头先进 • 范围：上到膈顶，下到耻骨联合 • 中心点：脐
定位像	扫描定位像时注意 • 有无金属伪影 • 成像范围包括全腹胃肠道 图 5-8-1　小肠冠状位定位像

	扫描序列	
编号	序列名称	序列说明
1	冠状位 T_2WI SSFSE	显示肠道病变部位、肠壁增厚及水肿情况
2	冠状位 true FISP	显示肠道病变及肠系膜情况
3	冠状位动态 true FISP	观察肠道动态改变
4	冠状位 DWI	检出病变，观察病变扩散受限程度及范围
5	冠状位 T_1WI 动态增强	进一步观察病变、肠腔内外及整个腹腔脏器情况
6	轴位 T_1WI 增强	进一步观察病变、肠腔内外及整个腹腔脏器情况

扫描定位

1. 冠状位 T₂WI SSFSE

| 定位要求 |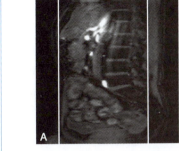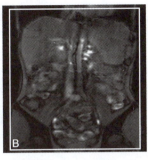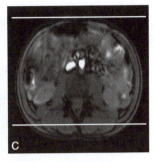

图 5-8-2　**小肠冠状位 T₂WI SSFSE 定位方法**

图 A 示：前后方向包括全腹胃肠道；图 B 示：上缘完整覆盖胃，下缘至耻骨联合；图 C 示：人体结构居中。 |
|---|---|

2. 冠状位 true FISP

定位要求	• 完全复制冠状位 T₂WI SSFSE 定位信息

3. 冠状位动态 true FISP

定位要求	• 完全复制冠状位 T₂WI SSFSE 定位信息

4. 冠状位 DWI

定位要求	• 完全复制冠状位 T₂WI SSFSE 定位信息

5. 冠状位 T₁WI 动态增强

定位要求	• 复制冠状位 T₂WI SSFSE 扫描范围 • 共扫描 3 个时相，呼气末屏气扫描 • 注射对比剂后 15～20 秒动脉期，60～65 秒静脉期，100～105 秒延迟期扫描

6. 轴位 T₁WI 增强

| 定位要求 |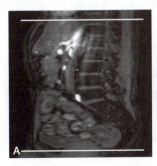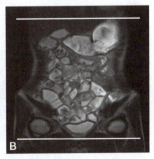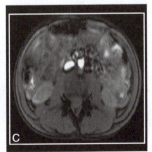

图 5-8-3　**小肠轴位 T₁WI 增强定位方法**

图 A 示：包括全腹胃肠道；图 B 示：上缘完整覆盖胃，下缘至耻骨联合；图 C 示：人体结构居中。 |
|---|---|

参数要求												
序号	序列	方位	加权	脂肪抑制	重复时间/ms	回波时间/ms	视野/cm	层厚/层距/mm	层数	矩阵	相位编码	平均次数	呼吸控制
1	SSFSE	冠状位	T_2WI	无	1 400	91	40×40	5/1.5	24	320×320	左右	1	屏气
2	true FISP	冠状位	T_2WI/T_1WI	无	2 726.29	1.5	40×32	4/1.2	30	320×211	左右	1	自由
3	True FISP_dyn	冠状位	T_2WI/T_1WI	无	2 404.47	1.31	40×32	8/1.6	1	320×211	左右	1	自由
4	SE-EPI	冠状位	DWI	spair	5 700	60	42×34	5/1	35	192×192	头足	1	自由
5	3D FSPGR	冠状位	T_1WI	无	4.21	1.34	45×37	1.2/0.2	144	320×288	左右	1	屏气
6	3D FSPGR	轴位	T_1WI	无	3.97	1.23	44×36	3/0.6	72	320×240	前后	1	屏气

质量要求

- 扫描范围符合临床诊断需求
- 清晰显示器官细微结构及其与周围组织的相互关系
- 图像无明显伪影
- 脂肪抑制均匀

标准图像

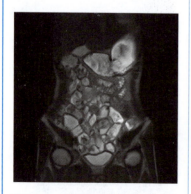

图 5-8-4　小肠冠状位 T_2WI SSFSE 标准图像

图 5-8-5　小肠冠状位 true FISP 标准图像

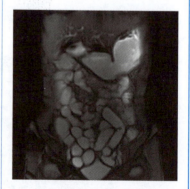

图 5-8-6　小肠冠状位动态 true FISP 标准图像

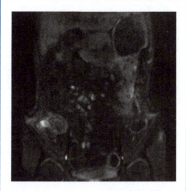

图 5-8-7　小肠冠状位 DWI 标准图像

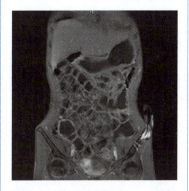

图 5-8-8　小肠冠状位 T_1WI 动态增强标准图像

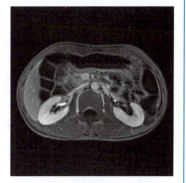

图 5-8-9　小肠轴位 T_1WI 增强标准图像

特殊注意事项

- 呼吸训练
- 每次呼吸程度尽量保持一致

第一节　子宫附件磁共振平扫、子宫附件磁共振增强扫描

检查项目 中文名称	子宫附件磁共振平扫、子宫附件磁共振增强扫描
项目释义	子宫内膜恶性肿瘤执行此扫描序列
患者准备及摆位	
准备	• 患者无需特殊肠道准备 • 扫描前嘱患者排尿,尽量排气、排便 • 扫描前 20 分钟尽可能使用山莨菪碱
摆位及线圈	• 线圈:体部相控阵线圈 • 定位点:双侧髂前上棘连线中点与耻骨联合连线中点
定位像	扫描定位像时注意 • 线圈覆盖范围 • 有无金属伪影 • 膀胱大小 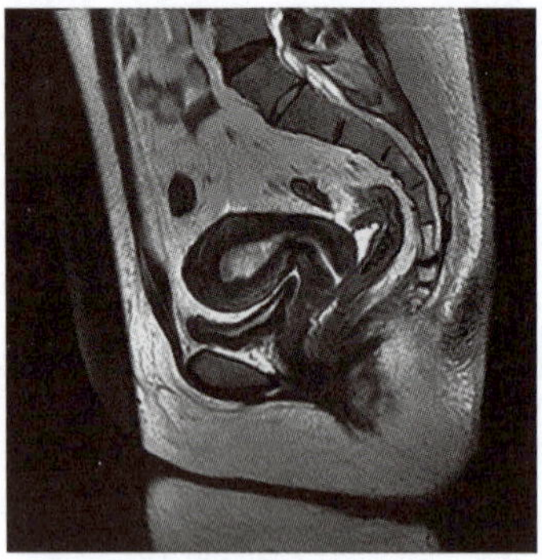 图 6-1-1　盆腔矢状位定位像

扫描序列		
编号	序列名称	序列说明
1	轴位 T_1WI	观察小骨盆内整体情况
2	冠状位 T_2WI 脂肪抑制	完整覆盖盆腔,观察盆腔整体情况
3	轴位 T_2WI 脂肪抑制	观察病变信号特点、生长情况及与邻近组织关系
4	轴位 DWI	鉴别诊断,观察病变良恶性

5	矢状位 T_2WI	检出病变,观察有无病变及范围,观察宫体、宫颈形态,测量子宫内膜厚度
6	斜轴位 T_2WI(小 FOV 高分辨率)	观察子宫内膜病变形态、大小
7	矢状位 DCE	根据病变强化程度判断良恶性、周围浸润、淋巴结等
8	冠状位 LAVA-Flex+C	根据病变强化程度判断良恶性、周围浸润、淋巴结等
9	轴位 LAVA-Flex+C	根据病变强化程度判断良恶性、周围浸润、淋巴结等
10	斜轴位 LAVA-Flex+C	根据病变强化程度判断良恶性、周围浸润、淋巴结等
附加	矢状位 DWI	观察病变前后方向大小

扫描定位	
1. 轴位 T_1WI	
定位要求	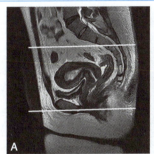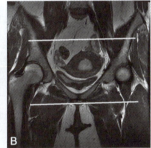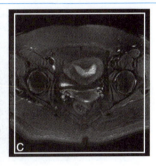 **图 6-1-2　子宫轴位 T_1WI 定位方法** 图 A 示:上缘包括子宫最上端上 10mm,下缘包括阴道最下缘;图 B、C 示:人体结构居中,定位框与人体长轴一致。
2. 冠状位 T_2WI 脂肪抑制	
定位要求	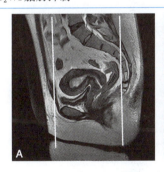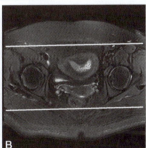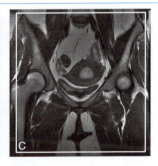 **图 6-1-3　子宫冠状位 T_2WI 脂肪抑制定位方法** 图 A、B 示:在矢状位定位像上找到正中层面,扫描范围后缘位于尾骨前,前缘包括耻骨联合;图 C 示:人体结构居中,定位框与人体长轴一致。
3. 轴位 T_2WI 脂肪抑制	
定位要求	● 完全复制轴位 T_1WI 定位信息
4. 轴位 DWI	
定位要求	完全复制轴位 T_1WI 扫描范围 b 值 0、1 000s/mm^2、2 000s/mm^2,设计自动计算 ADC 值
5. 矢状位 T_2WI	

定位要求	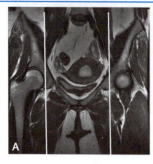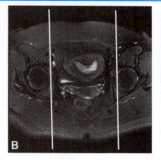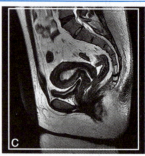

图 6-1-4　子宫矢状位 T₂WI 定位方法

图 A、B 示：找到显示子宫内膜或宫颈全长层面，定位线平行于子宫内膜或宫腔方向，完整覆盖子宫；图 C 示：上缘包括 S_1 椎体上缘（下缘臀部最下缘）。

6. 斜轴位 T₂WI

定位要求	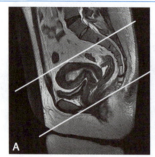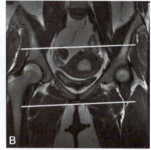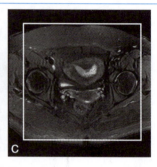

图 6-1-5　子宫斜轴位 T₂WI 定位方法

图 A、B 示：在矢状位 T₂WI 定位像上找到显示子宫内膜全长层面，定位线平行于子宫内膜扫描，如为宫颈病变，定位线垂直宫颈长轴，完整覆盖子宫及阴道；图 C 示：不必完整覆盖身体软组织。

7. 矢状位 DCE

定位要求	• 复制矢状位 T₂WI 扫描范围 • 扫描 6 个时相，每个时相 16 秒 • 注药后 12 秒扫描

8. 冠状位 LAVA-Flex+C

定位要求	• 复制冠状位 T₂WI 扫描范围

9. 轴位 LVA-Flex+C

定位要求	• 复制轴位 T₂WI 扫描范围

10. 斜轴位 LAVA-Flex+C

定位要求	• 复制斜轴位 T₂WI 扫描信息

附加：矢状位 DWI

定位要求	• 复制矢状位 T₂WI 扫描范围。在矢状位定位框前后壁加饱和带，饱和带平行定位框，覆盖前后所有组织结构（饱和带厚度＜50mm，如果人体结构较厚，一个饱和带无法覆盖完全，可以施加两个或多个厚度一致、相互平行的饱和带） • 不要使用并行采集技术 • 相位视野 50%

序号	序列	方位	加权	脂肪抑制	重复时间	回波时间	视野/cm	层厚/层距/mm	层数	矩阵	相位编码	平均次数	呼吸控制
参数要求													
1	FSE	轴位	T₁WI	无	400～600ms	最短全回波	30×30	5/1	18～24	256×256	左右	1	自由
2	FSE	冠状位	T₂WI	有	>3 000ms	80～100ms	30×30	5/1	18～24	320×256	左右	2	自由
3	FSE	轴位	T₂WI	有	>3 000ms	80～100ms	30×30	5/1	18～24	320×320	左右	2	自由
4	DWI-EPI	轴位	DWI	有	2 400ms	最短	30×30	5/1	18～24	128×128	前后	1	自由
5	FSE	矢状位	T₂WI	无	>3 000ms	100～120ms	30×30	5/1	18～24	320×224	头足	2～4	自由
6	FSE	斜轴位	T₂WI	无	>3 000ms	100～120ms	24×24	3.5/0	15～18	320×320	前后	2	自由
7	3D SPGR	矢状位	T₁WI +C	有	最短	最短全回波	30×30	3/−1.5	60～80	288×256	头足	1	自由
8	3D SPGR	冠状位	T₁WI +C	有	最短	最短全回波	30×30	3/−1.5	60～80	296×224	头足	1	自由
9	3D SPGR	轴位	T₁WI +C	有	最短	最短全回波	30×30	3/−1.5	60～80	256×192	左右	1	自由
10	3D SPGR	斜轴位	T₁WI +C	有	最短	最短全回波	30×30	3/−1.5	60～80	256×192	前后	1	自由
附加	DWI-EPI	矢状位	DWI	有	2 000ms	最短	30×15	5/1	18～24	128×64	前后	1	自由

质量要求

- 扫描范围符合临床诊断需求
- 清晰显示子宫及附件与周围组织的相互关系
- 图像无明显伪影
- 脂肪抑制均匀
- 增强动脉期表现为动脉血管及病灶明显强化,静脉血管轻微显影
- 静脉期表现为盆腔脏器及动静脉血管均匀强化

标准图像

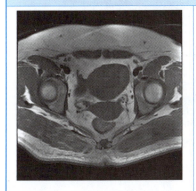 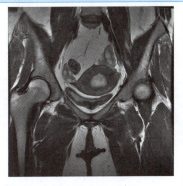 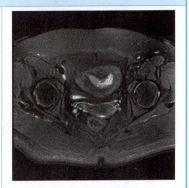

图 6-1-6 女性盆腔轴位 T₁WI 标准图像

图 6-1-7 女性盆腔冠状位 T₂WI 脂肪抑制标准图像

图 6-1-8 女性盆腔轴位 T₂WI 脂肪抑制标准图像

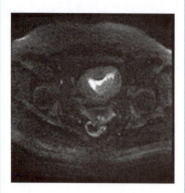

图 6-1-9　女性盆腔轴位 DWI 标准图像

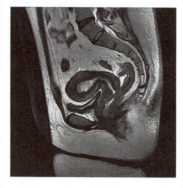

图 6-1-10　女性盆腔矢状位 T_2WI 标准图像

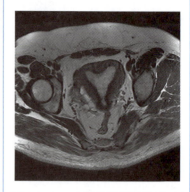

图 6-1-11　女性盆腔斜轴位 T_2WI 标准图像

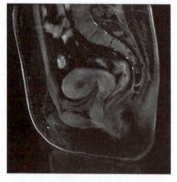

图 6-1-12　女性盆腔矢状位 DCE 标准图像

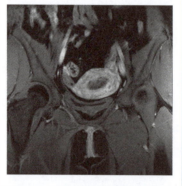

图 6-1-13　女性盆腔冠状位 T_1WI+C 标准图像

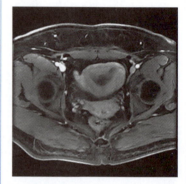

图 6-1-14　女性盆腔轴位 T_1WI+C 标准图像

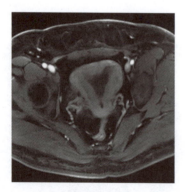

图 6-1-15　女性盆腔斜轴位 T_1WI+C 标准图像

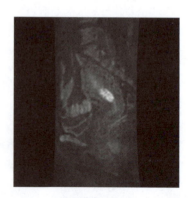

图 6-1-16　女性盆腔矢状位 DWI 标准图像

伪影图像

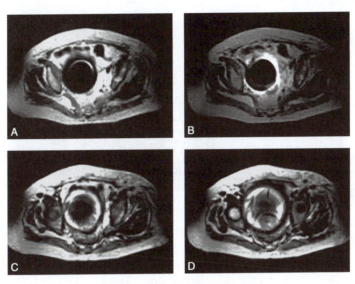

图 6-1-17 金属伪影（图 A~D）

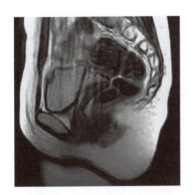

图 6-1-18 呼吸运动伪影

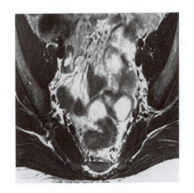

图 6-1-19 肠蠕动伪影

第二节 胎儿磁共振平扫

检查项目 中文名称	胎儿磁共振平扫
患者准备及摆位	
准备	• 患者无需特殊肠道准备 • 扫描前嘱患者进食，以减少胎动
摆位及线圈	• 线圈：体部相控阵线圈 • 定位点：以脐下两横指为中点，下缘至耻骨联合

定位像	扫描定位像时注意 ● 线圈覆盖范围 ● 完整覆盖子宫 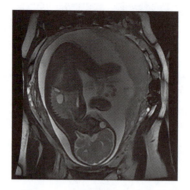 图 6-2-1 子宫冠状位定位像

扫描序列		
编号	序列名称	序列说明
1	母体矢状位 SSFSE	大范围扫描，全面观察胎儿、胎盘形态结构有无异常，信号有无异常，并为胎儿扫描定位
2	母体轴位 SSFSE	大范围扫描，全面观察胎儿、胎盘形态结构有无异常，信号有无异常，并为胎儿扫描定位
3	胎儿矢状位 SSFSE	扫描胎儿检查部位，观察畸形、病变形态
4	胎儿冠状位 SSFSE	扫描胎儿检查部位，观察畸形、病变形态
5	胎儿轴位 SSFSE	扫描胎儿检查部位，观察畸形、病变形态
6	胎儿矢状位 true FISP	扫描胎儿检查部位，观察畸形、病变形态、异常信号
7	胎儿冠状位 true FISP	扫描胎儿检查部位，观察畸形、病变形态、异常信号
8	胎儿轴位 true FISP	扫描胎儿检查部位，观察畸形、病变形态、异常信号
9	胎儿 DWI	扫描胎儿检查部位，观察病变形态、大小
10	胎儿 LAVA-Flex	观察出血信号、异常信号、脂肪信号

扫描定位

1. 母体矢状位 SSFSE

定位要求	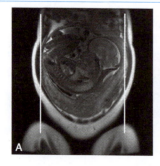 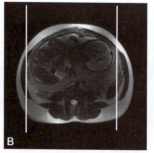 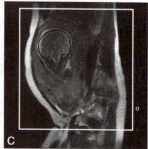 图 6-2-2 母体矢状位 SSFSE 定位方法 图 A、B 示：自右向左完整覆盖胎儿；图 C 示：上缘完整覆盖子宫，下缘完整覆盖宫颈。

2. 母体轴位 SSFSE

定位要求

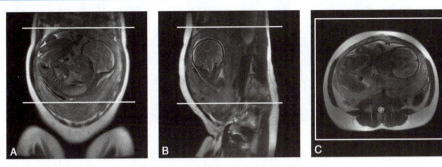

图 6-2-3　母体轴位 SSFSE 定位方法

图 A、B 示：上下缘完整覆盖胎儿；图 C 示：确认定位线完整覆盖人体结构。

3. 胎儿矢状位 SSFSE

定位要求

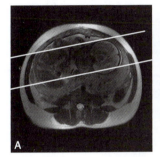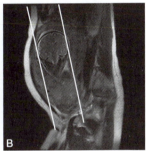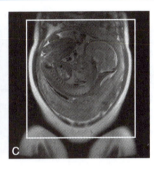

图 6-2-4　胎儿矢状位 SSFSE 定位方法

图 A 示：母体轴位 SSFSE 定位，按照申请单要求扫描部位，找到显示该部位明显层面，定位线平行胎儿中线，完整覆盖胎儿即可；图 B 示：母体矢状位 SSFSE 定位，定位线平行胎儿中线，完整覆盖胎儿即可；图 C 示：确认完整覆盖左右人体，定位框左右长轴与人体长轴平行。

4. 胎儿冠状位 SSFSE

定位要求

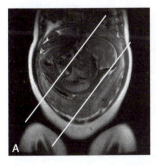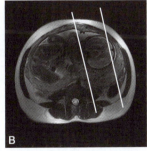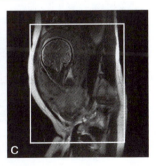

图 6-2-5　胎儿冠状位 SSFSE 定位方法

图 A 示：母体冠状位 SSFSE 定位，按照申请单要求扫描部位，找到显示该部位明显层面，定位线垂直胎儿矢状线，完整覆盖胎儿即可；图 B 示：母体轴位 SSFSE 定位，定位线垂直胎儿中线，完整覆盖胎儿即可；图 C 示：确认完整覆盖前后人体，定位框上下长轴与人体长轴平行。

5. 胎儿轴位 SSFSE

定位要求	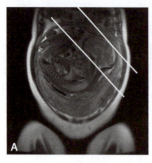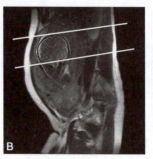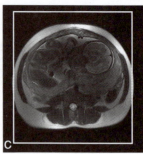
	图 6-2-6　胎儿轴位 SSFSE 定位方法

图 A 示：母体冠状位 SSFSE 定位，按照申请单要求扫描部位，找到显示该部位明显层面，定位线平行胎儿侧脑室后缘，完整覆盖胎儿即可；图 B 示：母体矢状位 SSFSE 定位，定位线平行胎儿水平线，完整覆盖胎儿；图 C 示：确认前后完整覆盖人体左右，定位框上下长轴与人体长轴平行。

6. 胎儿矢状位 true FISP

定位要求	• 完全复制胎儿矢状位 SSFSE 定位信息 • 加匀场

7. 胎儿冠状位 true FISP

定位要求	• 完全复制胎儿冠状位 SSFSE 定位信息 • 加匀场

8. 完全胎儿轴位 true FISP

定位要求	• 复制胎儿冠状位 SSFSE 定位信息 • 加匀场

9. 胎儿 DWI

定位要求	• 头部复制胎儿轴位 SSFSE 扫描范围，脊柱复制胎儿矢状位 SSFSE 扫描范围，腹部复制胎儿冠状位 SSFSE 扫描范围 • 加匀场

10. 胎儿 LAVA-Flex

定位要求	• 头部复制胎儿轴位扫描范围，脊柱复制胎儿矢状位扫描范围，腹部复制胎儿冠状位扫描范围 • 加匀场

参数要求												
序号	序列	方位	加权	脂肪抑制	重复时间/ms	回波时间	视野/cm	层厚/层距/mm	层数	矩阵	相位编码	平均次数	呼吸控制
1	SSFSE	矢状位	T_2WI	无	1 800～2 300	80～100ms	40×36	4/0.5	16～25	384×384	左右	1	自由

序号	序列	方位	加权	脂肪抑制	TR	TE	FOV	层厚/间距	层数	矩阵	相位编码	NEX	呼吸
2	SSFSE	轴位	T2WI	无	1 800~2 300	80~100ms	40×36	4/0.5	16~25	384×384	左右	1	自由
3	SSFSE	矢状位	T2WI	无	1 800~2 300	80~100ms	36×32.4	3.6/0	19~25	384×384	头足	1	自由
4	SSFSE	冠状位	T2WI	无	1 800~2 300	80~100ms	38×34.2	4/0	19~25	384×384	左右	1	自由
5	SSFSE	轴位	T2WI	无	1 800~2 300	80~100ms	38×34.2	3.6/0	20~40	384×384	左右	1	自由
6	true FISP	矢状位	T2WI/T1WI	无	3.7	最短	36×34.2	3.6/0	19~25	192×192	头足	4	自由
7	true FISP	冠状位	T2WI/T1WI	无	3.7	最短	38×34.2	4/0	19~25	192×192	头足	4	自由
8	true FISP	轴位	T2WI/T1WI	无	3.8	最短	38×34.2	3.6/0	20~40	132×192	左右	4	自由
9	DWI-EPI	轴位	DWI	无	2 400	最短	38×38	3.6/0	19~21	128×192	左右	6	自由
10	3D SPGR	轴位	T1WI	有	4.3	最短	40×36	5/−2.5	22~30	260×224	前后	1	屏气

质量要求

- 扫描范围符合临床诊断需求
- 扫描部位完整
- 图像无明显伪影
- 脂肪抑制均匀

标准图像

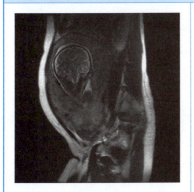

图 6-2-7 母体矢状位 SSFSE 标准图像

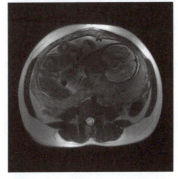

图 6-2-8 母体轴位 SSFSE 标准图像

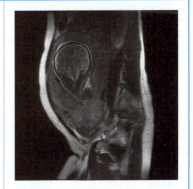

图 6-2-9 胎儿矢状位 SSFSE 标准图像

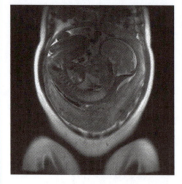

图 6-2-10　胎儿冠状位 SSFSE 标准图像

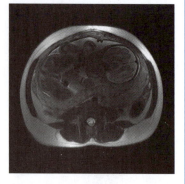

图 6-2-11　胎儿轴位 SSFSE 标准图像

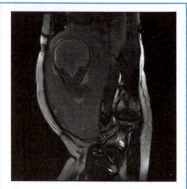

图 6-2-12　胎儿矢状位 true FISP 标准图像

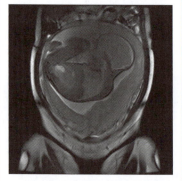

图 6-2-13　胎儿冠状位 true FISP 标准图像

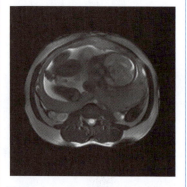

图 6-2-14　胎儿轴位 true FISP 标准图像

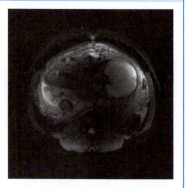

图 6-2-15　胎儿 DWI 标准图像

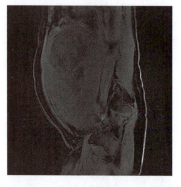

图 6-2-16　胎儿 LAVA-Flex 标准图像

第三节　胎盘磁共振平扫

检查项目 中文名称	胎盘磁共振平扫
患者准备及摆位	
准备	● 患者无需特殊肠道准备 ● 扫描前嘱患者进食，以减少胎动

摆位及线圈	• 线圈：体部相控阵线圈 • 定位点：以脐下两横指为中点，下缘至耻骨联合
定位像	扫描定位像时注意 • 线圈覆盖范围 • 完整覆盖子宫 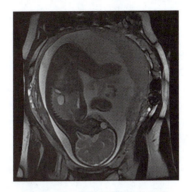 图 6-3-1　子宫冠状位定位像

扫描序列

编号	序列名称	序列说明
1	矢状位 SSFSE	完整覆盖宫腔，观察胎盘整体情况、胎盘植入情况
2	冠状位 SSFSE	完整覆盖宫腔，观察胎盘整体情况、胎盘植入情况
3	轴位 SSFSE	完整覆盖宫腔，观察胎盘整体情况、胎盘植入情况
4	矢状位 DWI	观察胎盘边界、位置
5	轴位 DWI	观察胎盘边界、位置
6	矢状位 LAVA-Flex	观察出血、脂肪等异常信号
7	轴位 Fiesta	观察胎盘植入
8	冠状位 Fiesta	观察胎盘植入
9	矢状位 Fiesta	观察胎盘植入

扫描定位

1. 矢状位 SSFSE

定位要求	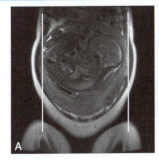 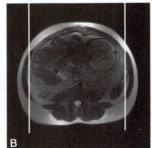 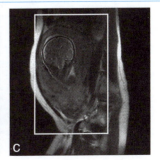

图 6-3-2　矢状位 SSFSE 定位方法

图 A、B 示：定位线从右至左完整覆盖子宫；图 C 示：前后方向人体结构剧居中，上缘完整覆盖子宫，下缘包全宫颈。

2. 冠状位 SSFSE	
定位 要求	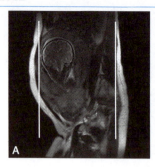 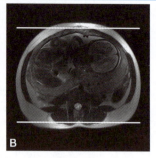 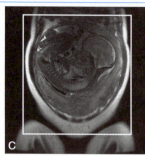 **图 6-3-3　冠状位 SSFSE 定位方法** 图 A、B 示：定位线从前至后完整覆盖子宫；图 C 示：左右完整覆盖人体结构，上缘完整覆盖子宫，下缘包全宫颈。
3. 轴位 SSFSE	
定位 要求	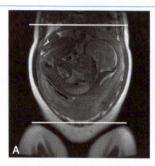 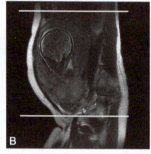 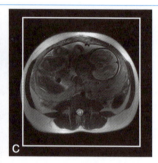 **图 6-3-4　轴位 SSFSE 定位方法** 图 A、B 示：定位线从上至下完整覆盖子宫；图 C 示：调整扫描视野，人体结构居中。
4. 矢状位 DWI	
定位 要求	• 复制矢状位 SSFSE 扫描范围 • 加匀场 • b 值为 22、25、28、30、32、35、38、40、600、800s/mm^2，共 10 个
5. 轴位 DWI	
定位 要求	• 完全复制轴位 SSFSE 定位信息 • 加匀场 • b 值为 22、25、28、600s/mm^2，共 4 个
6. 矢状位 LAVA-Flex	
定位 要求	• 复制矢状位 SSFSE 扫描范围 • 加匀场
7. 轴位 Fiesta	
定位 要求	• 完全复制轴位 SSFSE 定位信息 • 加匀场
8. 冠状位 Fiesta	
定位 要求	• 全复制冠状位 SSFSE 定位信息 • 加匀场
9. 矢状位 Fiesta	
定位 要求	• 复制矢状位 SSFSE 定位信息 • 加匀场

参数要求													
序号	序列	方位	加权	脂肪抑制	重复时间	回波时间	视野/cm	层厚/层距/mm	层数	矩阵	相位编码	平均次数	呼吸控制
1	SSFSE	矢状位	T$_2$WI	无	1 800～2 000ms	80～100ms	38×34.2	5.5/1.5	25～40	384×384	前后	1	自由
2	SSFSE	冠状位	T$_2$WI	无	1 800～2 000ms	80～100ms	38×34.2	5.5/1.5	25～40	352×352	左右	1	自由
3	SSFSE	轴位	T$_2$WI	无	1 800～2 000ms	80～100ms	30×30	5.5/1.5	30～50	352×352	前后	1	自由
4	DWI-EPI	矢状位	DWI	有	2 400ms	最短	38×38	6/1	18～24	128×128	前后	2	自由
5	DWI-EPI	轴位	DWI	有	2 400ms	最短	40×40	5.5/1.5	30～50	128×128	前后	2	自由
6	3D SPGR	矢状位	T$_1$WI	有	最短	最短全回波	40×36	8/-4	60～80	260×224	前后	1	自由
7	FIESTA	轴位	T$_2$/T$_1$	无	最短	最短	40×36	5.5/1.5	30～50	192×192	前后	4	自由
8	FIESTA	冠状位	T$_2$/T$_1$	无	最短	最短	38×34.2	5.5/1.5	25～40	192×192	左右	4	自由
9	FIESTA	矢状位	T$_2$/T$_1$	无	最短	最短	38×34.2	5.5/1.5	25～40	192×192	前后	4	自由

质量要求

- 扫描范围符合临床诊断需求
- 清晰显示完整子宫
- 图像无明显伪影
- 脂肪抑制均匀
- 宫颈完整显示

标准图像

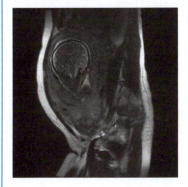

图 6-3-5　矢状位 SSFSE 标准图像

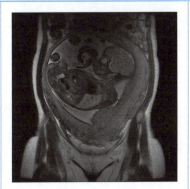

图 6-3-6　冠状位 SSFSE 标准图像

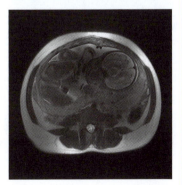

图 6-3-7　轴位 SSFSE 标准图像

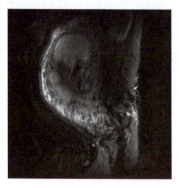

图 6-3-8　矢状位 DWI 标准图像

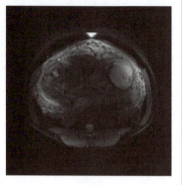

图 6-3-9　轴位 DWI 标准图像

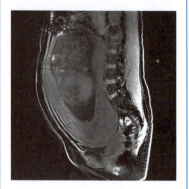

图 6-3-10　矢状位 LAVA-Flex 标准图像

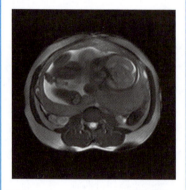

图 6-3-11　轴位 Fiesta 标准图像

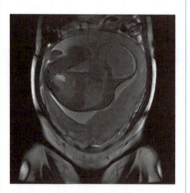

图 6-3-12　冠状位 Fiesta 标准图像

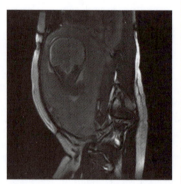

图 6-3-13　矢状位 Fiesta 标准图像

第四节　女性盆腔磁共振平扫、女性盆腔磁共振增强扫描

检查项目 中文名称	女性盆腔磁共振平扫、女性盆腔磁共振增强扫描	
患者准备及摆位		
准备	• 患者无需特殊肠道准备 • 扫描前嘱患者排尿，尽量排气、排便 • 扫描前 20 分钟尽可能使用山莨菪碱	
摆位及线圈	• 线圈：体部相控阵线圈 • 定位点：双侧髂前上棘连线中点与耻骨联合连线中点	
定位像	扫描定位像时注意 • 线圈覆盖范围 • 有无金属伪影 • 膀胱大小	

定位像	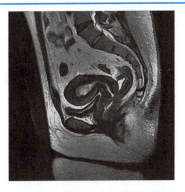 图 6-4-1　女性盆腔矢状位定位像

扫描序列

编号	序列名称	序列说明
1	轴位 T_1WI	观察小骨盆内整体情况
2	冠状位 T_2WI 脂肪抑制	完整覆盖盆腔,观察盆腔整体情况
3	轴位 T_2WI 脂肪抑制	观察病变信号特点,生长情况及与邻近组织关系
4	轴位 DWI	鉴别诊断,观察病变良恶性
5	矢状位 T_2WI	检出病变,观察有无病变及范围,观察宫体、宫颈形态,测量子宫内膜厚度
6	轴位 DCE	根据病变强化程度判断良恶性、周围浸润、淋巴结等
7	冠状位 LAVA-Flex+C	根据病变强化程度判断良恶性、周围浸润、淋巴结等
8	矢状位 LAVA-Flex+C	根据病变强化程度判断良恶性、周围浸润、淋巴结等
附加	矢状位 DWI	观察病变前后方向大小

扫描定位

1. 轴位 T_1WI

定位 要求	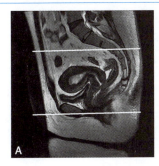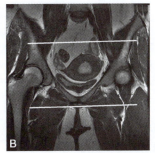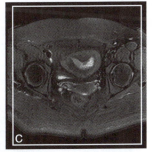 图 6-4-2　女性盆腔轴位 T_1WI 定位方法 图 A 示:上缘包括子宫最上端上 10mm,下缘包括阴道最下缘;图 B、C 示:人体结构居中,定位框与人体长轴一致。

2. 冠状位 T_2WI 脂肪抑制

定位要求	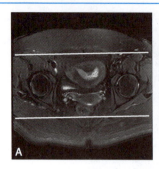 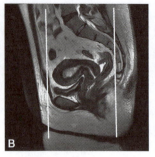 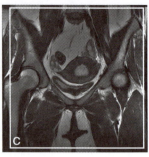

图 6-4-3　**女性盆腔冠状位 T₂WI 脂肪抑制定位方法**

图 A、B 示：在矢状定位像上找到正中层面，扫描范围后缘尾骨前，前缘包括耻骨联合；图 C 示：人体结构居中，定位框与人体长轴一致。

3. 轴位 T$_2$WI 脂肪抑制

定位要求	● 完全复制轴位 T$_1$WI 定位信息

4. 轴位 DWI

定位要求	● 完全复制轴位 T$_1$WI 扫描范围 ● b 值 0、1 000、2 000s/mm²，设计自动计算 ADC 值

5. 矢状位 T$_2$WI

定位要求	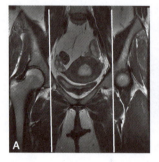 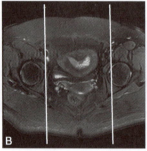 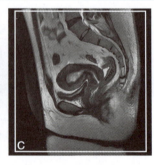

图 6-4-4　**女性盆腔矢状位 T$_2$WI 定位方法**

图 A、B 示：左右完整覆盖双侧髂骨内侧软组织；图 C 示：上缘包括 S$_1$ 椎体上缘，下缘至臀部最下缘。

6. 轴位 DCE

定位要求	● 复制轴位 T$_2$WI 扫描范围 ● 扫描 6 个时相，每个时相 16 秒 ● 注射对比剂后 12 秒扫描

7. 冠状位 LAVA-Flex+C

定位要求	● 复制冠状位 T$_2$WI 脂肪抑制扫描范围

8. 矢状位 LAVA-Flex+C

定位要求	● 复制矢状位 T$_2$WI 扫描范围

	附加：矢状位 DWI
定位要求	• 复制矢状位 T₂WI 扫描范围。在矢状位定位框前后壁加饱和带，饱和带平行定位框，覆盖前后所有组织结构（饱和带厚度＜50mm，如果人体结构较厚，一个饱和带无法覆盖完全，可以施加两个或多个厚度一致、相互平行的饱和带） • 不要使用并行采集技术 • 相位视野 50%

参数要求

序号	序列	方位	加权	脂肪抑制	重复时间	回波时间	视野/cm	层厚/层距/mm	层数	矩阵	相位编码	平均次数	呼吸控制
1	FSE	轴位	T_1WI	无	400~600ms	最短全回波	30×30	5/1	18~24	256×256	左右	1	自由
2	FSE	冠状位	T_2WI	有	＞3 000ms	80~100ms	30×30	5/1	18~24	320×256	左右	2	自由
3	FSE	轴位	T_2WI	有	＞3 000ms	80~100ms	30×30	5/1	18~24	320×320	左右	2	自由
4	DWI-EPI	轴位	DWI	有	2 400ms	最短	30×30	5/1	18~24	128×128	前后	1	自由
5	FSE	矢状位	T_2WI	无	＞3 000ms	100~120ms	30×30	5/1	18~24	320×224	头足	2~4	自由
6	3D SPGR	轴位	T_1WI+C	有	最短	最短全回波	30×30	3/-1.5	60~80	256×192	左右	1	自由
7	3D SPGR	冠状位	T_1WI+C	有	最短	最短全回波	30×30	3/-1.5	60~80	296×224	头足	1	自由
8	3D SPGR	矢状位	T_1WI+C	有	最短	最短全回波	30×30	3/-1.5	60~80	288×256	头足	1	自由
附加	DWI-EPI	矢状位	DWI	有	2 000ms	最短	30×15	5/1	18~24	128×64	前后	1	自由

质量要求

• 扫描范围符合临床诊断需求
• 清晰显示子宫及附件与周围组织的相互关系
• 图像无明显伪影
• 脂肪抑制均匀
• 增强动脉期表现为动脉血管及病灶明显强化，静脉血管轻微显影
• 静脉期表现为盆腔脏器及动静脉血管均匀强化

标准图像

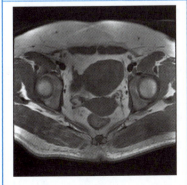

图 6-4-5　女性盆腔轴位 T_1WI 标准图像

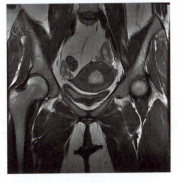

图 6-4-6　女性盆腔冠状位 T_2WI 脂肪抑制标准图像

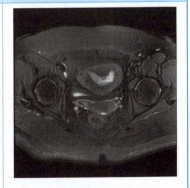

图 6-4-7　女性盆腔轴位 T_2WI 脂肪抑制标准图像

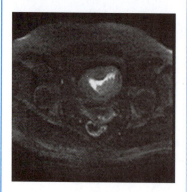

图 6-4-8　女性盆腔轴位 DWI 标准图像

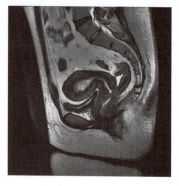

图 6-4-9　女性盆腔矢状位 T₂WI 标准图像

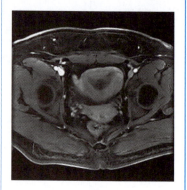

图 6-4-10　女性盆腔轴位 DCE 标准图像

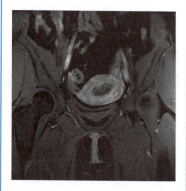

图 6-4-11　女性盆腔冠状位 T₁WI+C 标准图像

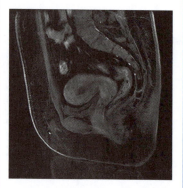

图 6-4-12　女性盆腔矢状位 T₁WI+C 标准图像

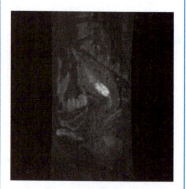

图 6-4-13　女性盆腔矢状位 DWI 标准图像

第五节　前列腺磁共振平扫、前列腺磁共振增强扫描

检查项目 中文名称	前列腺磁共振平扫、前列腺磁共振增强扫描
患者准备及摆位	
准备	• 扫描前嘱患者保持膀胱中等充盈,尽量排气、排便 • 扫描前 20 分钟尽可能使用山莨菪碱,若确定有前列腺增生者则禁用
摆位及线圈	• 线圈:体部相控阵圈 • 定位点:双侧髂前上棘连线中点与耻骨联合连线中点,耻骨联合上 5cm • 其他要求:使用腹带束缚腹部,线圈摆放好后,在线圈上使用沙袋压迫
定位像	扫描定位像时注意 • 线圈覆盖范围 • 有无金属伪影

定位像	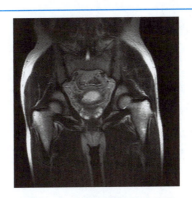 图 6-5-1　前列腺冠状位定位像

扫描序列		
编号	序列名称	序列说明
1	矢状位高分辨率 T_2WI	检查前列腺底部和尖部病变、盆腔淋巴结转移、有无精囊侵犯
2	轴位 T_2WI 脂肪抑制	完整覆盖盆腔，观察盆腔整体情况，检查有无腰骶椎骨转移、盆腔淋巴结转移
3	轴位高分辨率 T_2WI	检查前列腺内病变，有无包膜外侵犯、有无精囊侵犯，局部有无淋巴结转移
4	冠状位高分辨率 T_2WI	检查前列腺内病变，有无包膜外侵犯、盆腔淋巴结转移、有无精囊侵犯
5	轴位 T_1WI	观察解剖结构，观察淋巴结及骨情况
6	轴位 DWI	检出病变，观察病变扩散受限程度及范围
7	轴位 DCE	观察病变强化程度、周围浸润、淋巴结等
8	冠状位 T_1WI+C	观察病变强化程度、周围浸润、淋巴结等
9	矢状位 T_1WI+C	观察病变强化程度、周围浸润、淋巴结等

扫描定位

1. 矢状位高分辨率 T_2WI

定位要求	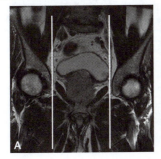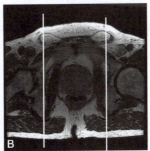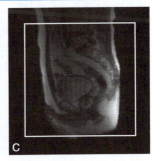 图 6-5-2　前列腺矢状位高分辨率 T_2WI 定位方法 图 A、B 示：左右完整覆盖前列腺双侧外周区；图 C 示：上缘包括 L_5 椎体上缘，下缘至臀部最下缘，扫描视野内前后方向人体结构居中。

2. 轴位 T_2WI 脂肪抑制

定位要求	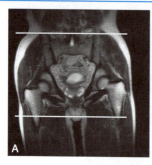 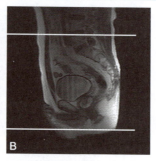 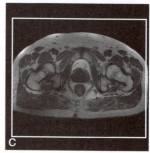

图 6-5-3　前列腺轴位 T$_2$WI 脂肪抑制定位方法

图 A、B 示：上缘至 L$_{4\sim5}$ 椎间隙，下缘包括盆底；图 C 示：人体结构居中。

3. 轴位高分辨率 T$_2$WI

定位要求	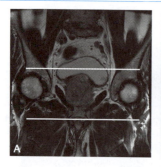 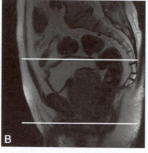 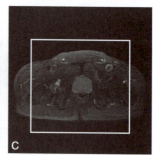

图 6-5-4　前列腺轴位高分辨率 T$_2$WI 定位方法

图 A、B 示：在矢状位定位像上找到前列腺，定位线垂直于前列腺长轴，上缘包含前列腺及精囊腺，下缘完整覆盖前列腺尖部；图 C 示：在轴位定位像上，人体结构居中。

4. 冠状位高分辨率 T$_2$WI

定位要求	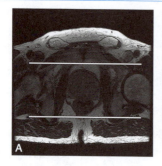 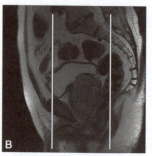 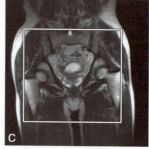

图 6-5-5　前列腺冠状位高分辨率 T$_2$WI 定位方法

图 A、B 示：在矢状位定位像上找到正中层面，定位线平行于前列腺长轴，后缘直肠前壁，前缘完整覆盖前列腺，或固定扫描24层；图 C 示：在冠状位定位像上，视野左右居中，头足方向前列腺居中。

5. 轴位 T$_1$WI

定位要求	• 复制轴位 T$_2$WI 脂肪抑制扫描范围

6. 轴位 DWI

定位要求	• b 值 50、1 400s/mm^2 • 复制轴位高分辨率 T$_2$WI 扫描范围

7. 轴位 DCE

定位要求	• 复制轴位 T_2WI 脂肪抑制扫描范围 • 扫描 10 个时相，每个时相 26 秒 • 注药后 15 秒扫描

8. 冠状位 T_1WI+C

定位要求	• 扫描 40～60 层，复制冠状位 T_2WI 扫描中心点 • 屏气扫描

9. 矢状位 T_1WI+C

定位要求	• 扫描 40～60 层，复制矢状位 T_2WI 扫描中心点 • 屏气扫描

参数要求

序号	序列	方位	加权	脂肪抑制	重复时间	回波时间	视野/cm	层厚/层距/mm	层数	矩阵	相位编码	平均次数	呼吸控制
1	FSE	矢状位	T_2WI	无	>3 000ms	100～120ms	24×24	3/0.3	18～24	320×288	头足	2	自由
2	FSE	轴位	T_2WI	有	>3 000ms	100～120ms	36×36	6/1	20～24	288×256	左右	2～4	自由
3	FSE	轴位	T_2WI	无	>3 000ms	100～120ms	24×24	3/0.3	18～24	320×288	左右	2	自由
4	FSE	冠状位	T_2WI	无	>3 000ms	80～100ms	24×24	3/0.3	18～24	320×288	左右	2	自由
5	3D SPGR	轴位	T_1WI	有	最短	最短	36×32	3/-1.5	60～80	288×224	前后	1	自由
6	SE-EPI	轴位	DWI	有	>3 000ms	最短	36×36	4/0.4	30～40	128×128	前后	2～4	自由
7	3D SPGR	轴位	T_1WI+C	有	最短	最短	36×32	3/-1.5	60～80	288×256	前后	1	自由
8	3D SPGR	冠状位	T_1WI+C	有	最短	最短	42×36	3/-1.5	40～60	288×224	左右	1	屏气
9	3D SPGR	矢状位	T_1WI+C	有	最短	最短	34×30	3/-1.5	40～60	288×224	前后	1	屏气

质量要求

• 清晰显示前列腺细微结构及其与周围组织的相互关系
• 检查前列腺底部和尖部病变、有无包膜外侵犯、有无精囊侵犯
• 完整覆盖盆腔，观察盆腔整体情况，检查有无腰骶椎转移、盆腔淋巴结转移
• 扫描范围符合临床诊断需求
• 图像无明显伪影
• 脂肪抑制均匀

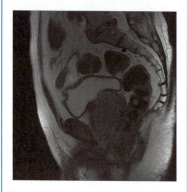

图 6-5-6　前列腺矢状位 T₂WI 标准图像

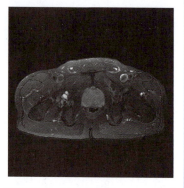

图 6-5-7　前列腺轴位 T₂WI 脂肪抑制标准图像

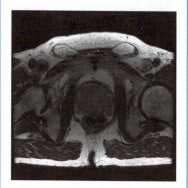

图 6-5-8　前列腺轴位高分辨率 T₂WI 标准图像

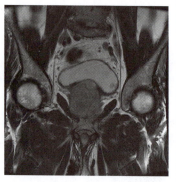

图 6-5-9　前列腺冠状位高分辨率 T₂WI 标准图像

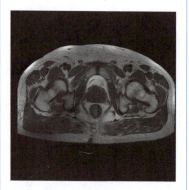

图 6-5-10　前列腺轴位 T₁WI 标准图像

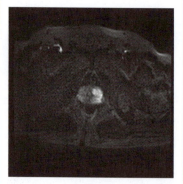

图 6-5-11　前列腺轴位 DWI 标准图像

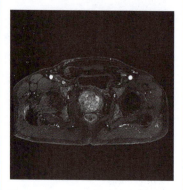

图 6-5-12　前列腺轴位 DCE 标准图像

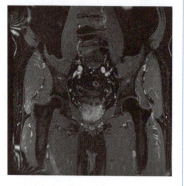

图 6-5-13　前列腺冠状位 T₁WI+C 标准图像

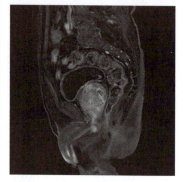

图 6-5-14　前列腺矢状位 T₁WI+C 标准图像

特殊注意事项

- 检查前受检者排空大便以减少图像干扰。保持膀胱中等充盈以衬托膀胱轮廓，有利于观察前列腺病变与膀胱壁的关系

第六节　阴茎、睾丸及会阴磁共振平扫，阴茎、睾丸及会阴磁共振增强扫描

检查项目中文名称	阴茎、睾丸及会阴磁共振平扫，阴茎、睾丸及会阴磁共振增强扫描
患者准备及摆位	
准备	• 扫描前患者无需特殊准备，尽量排气、排便 • 扫描前20分钟尽可能使用山莨菪碱，若确定有前列腺增生、青光眼、肠梗阻者则禁用
摆位及线圈	• 线圈：体部相控阵线圈 • 定位点：以耻骨联合为中心 • 其他要求：使用腹带压迫腹部，减轻呼吸运动伪影
定位像	扫描定位像时注意 • 线圈覆盖范围 • 有无金属伪影 图 6-6-1　阴茎、睾丸及会阴冠状位定位像
扫描序列	

编号	序列名称	序列说明
1	矢状位高分辨率 T_2WI	检查会阴部病变、显示附睾和睾丸的关系、显示盆腔淋巴结转移
2	轴位 T_2WI 脂肪抑制	完整覆盖盆腔，观察盆腔整体情况，检查有无腰骶椎骨转移、盆腔淋巴结转移
3	轴位高分辨率 T_2WI	检查会阴、阴道、阴茎以及睾丸病变，显示局部病变
4	轴位 T_1WI	观察解剖结构，观察淋巴结及骨情况
5	轴位 DWI	检出病变，观察病变扩散受限程度及范围
6	轴位 DCE	观察病变强化程度、周围浸润、淋巴结等
7	冠状位 T_1WI+C	观察病变强化程度、周围浸润、淋巴结等
8	矢状位 T_1WI+C	观察病变强化程度、周围浸润、淋巴结等
扫描定位	

1. 矢状位高分辨率 T_2WI

定位要求	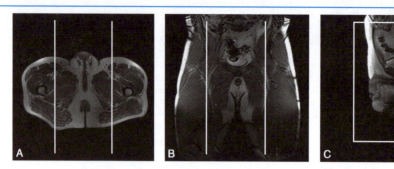

图 6-6-2　阴茎、睾丸及会阴矢状位高分辨率 T₂WI 定位方法

图 A、B 示：左右完整覆盖双侧髂血管；图 C 示：上缘包括 S₁ 椎体上缘，下缘至睾丸/外阴肿物下缘，人体结构居于视野中心。

2. 轴位 T₂WI 脂肪抑制

定位要求	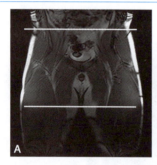 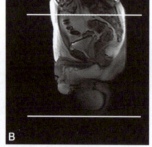 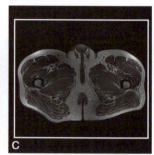

图 6-6-3　阴茎、睾丸及会阴轴位 T₂WI 脂肪抑制定位方法

图 A、B 示：上缘至 L₅~S₁ 椎间隙，下缘包括睾丸/外阴肿物下缘；图 C 示：人体结构居于视野中心。

3. 轴位高分辨率 T₂WI

定位要求	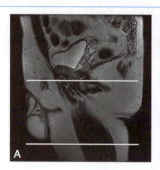 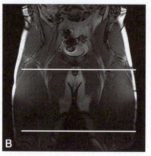 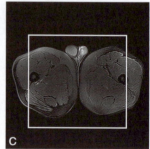

图 6-6-4　阴茎、睾丸及会阴轴位高分辨 T₂WI 定位方法

图 A、B 示：在矢状位定位像上找到阴茎/睾丸/会阴部肿物，定位线平行于盆底，完整覆盖肿物；图 C 示：人体结构居于视野中心。

4. 轴位 T₁WI

定位要求	● 复制轴位 T₂WI 脂肪抑制扫描范围

5. 轴位 DWI

定位要求	● 完全复制轴位 T₂WI 脂肪抑制定位信息 ● b 值 50、800s/mm²

6. 轴位 DCE	
定位要求	• 复制轴位 T_2WI 脂肪抑制扫描范围 • 扫描 6 个时相，每个时相 30 秒 • 打药后 15 秒扫描

7. 冠状位 T_1WI+C	
定位要求	• 在正中矢状面以肿物为中心扫描 • 扫描 40～60 层

8. 矢状位 T_1WI+C	
定位要求	• 复制矢状位 T_2WI 扫描中心点

参数要求												
序号	序列	方位	加权	脂肪抑制	重复时间	回波时间	视野/cm	层厚/层距/mm	层数	矩阵	相位编码	平均次数	呼吸控制
1	FSE	矢状位	T_2WI	无	>3 000ms	100～120ms	26×26	3/0.3	18～24	320×288	头足	2	自由
2	FSE	轴位	T_2WI	有	>3 000ms	100～120ms	36×36	6/1	20～24	288×256	左右	2～4	自由
3	FSE	轴位	T_2WI	无	>3 000ms	100～120ms	24×24	3/0.3	30～40	320×288	左右	2	自由
4	3D SPGR	轴位	T_1WI	有	最短	最短	36×32	3/-1.5	60～80	288×224	前后	1	自由
5	SE-EPI	轴位	DWI	有	>3 000ms	最短	36×36	3/0.3	30～40	128×128	前后	2～4	自由
6	3D SPGR	轴位	T_1WI+C	有	最短	最短	36×32	3/-1.5	60～80	288×256	前后	1	自由
7	3D SPGR	冠状位	T_1WI+C	有	最短	最短	42×36	3/-1.5	40～60	288×224	左右	1	屏气
8	3D SPGR	矢状位	T_1WI+C	有	最短	最短	34×30	3/-1.5	40～60	288×224	前后	1	屏气

质量要求

• 完整覆盖盆腔，观察盆腔整体情况，检查有无腰骶椎骨转移、盆腔淋巴结转移
• 清晰显示会阴部病变结构及其与周围组织的相互关系
• 检查病变局部、边界是否清晰、有无向外侵犯
• 扫描范围符合临床诊断需求
• 图像无明显伪影
• 脂肪抑制均匀

标准图像

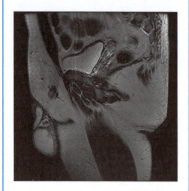

图 6-6-5　矢状位 T_2WI 标准图像

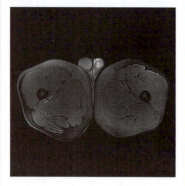

图 6-6-6　轴位 T_2WI 脂肪抑制标准图像

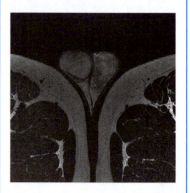

图 6-6-7　轴位高分辨率 T_2WI 标准图像

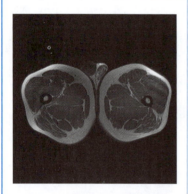

图 6-6-8　轴位 T_1WI 标准图像

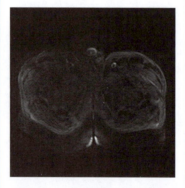

图 6-6-9　轴位 DWI 标准图像

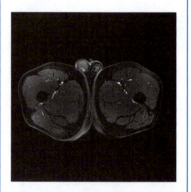

图 6-6-10　轴位 DCE 标准图像

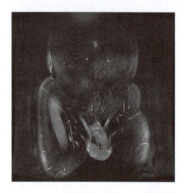

图 6-6-11　冠状位 T_1WI+C 标准图像

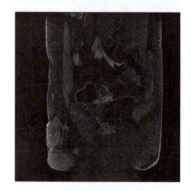

图 6-6-12　矢状位 T_1WI+C 标准图像

特殊注意事项

- 检查前受检者排空大便以减少图像干扰
- 首先取矢状位扫描，以观察病灶的范围，再取轴位扫描和局部靶扫描。靶扫描层厚根据病灶范围可适当进行增减，以完整覆盖病灶为宜

第七节　膀胱磁共振平扫、膀胱磁共振增强扫描

检查项目中文名称	膀胱磁共振平扫、膀胱磁共振增强扫描
患者准备及摆位	
准备	• 扫描前嘱患者必须憋尿,尽量排气、排便 • 扫描前 20 分钟尽可能使用山莨菪碱
摆位及线圈	• 线圈:体部相控阵线圈 • 定位点:双侧髂前上棘连线中点与耻骨联合连线中点 • 其他要求:使用腹带压迫腹部,减轻呼吸运动伪影 • 线圈摆放好后,在线圈上使用沙袋压迫
定位像	扫描定位像时注意 • 线圈覆盖范围 • 有无金属伪影 • 膀胱大小 图 6-7-1　膀胱冠状位定位像

		扫描序列
编号	序列名称	序列说明
1	矢状位高分辨率 T_2WI	显示局部病变,测量病变的范围,显示病变分期
2	轴位 T_2WI 脂肪抑制	完整覆盖盆腔,观察盆腔整体情况
3	轴位高分辨率 T_2WI	显示局部病变,测量病变的范围,显示病变分期
4	冠状位高分辨率 T_2WI	显示局部病变,测量病变的范围,显示病变分期
5	轴位 T_1WI	观察解剖结构,观察淋巴结及骨情况
6	轴位 DWI	检出病变,观察病变扩散受限程度及范围
7	轴位 DCE	观察病变强化程度、周围浸润、淋巴结等
8	冠状位 T_1WI+C	观察病变强化程度、周围浸润、淋巴结等
9	矢状位 T_1WI+C	观察病变强化程度、周围浸润、淋巴结等

扫描定位

1. 矢状位高分辨率 T$_2$WI

定位要求	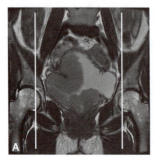 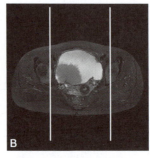 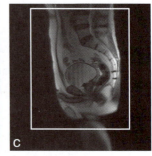

图 6-7-2　膀胱矢状位高分辨率 T$_2$WI 定位方法

图 A、B 示：左右完整覆盖双侧髂骨内侧软组织；图 C 示：上缘包括 L$_4$ 椎体上缘，下缘至臀部最下缘；前后完整覆盖人体结构。

2. 轴位 T$_2$WI 脂肪抑制

定位要求	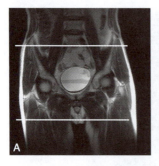 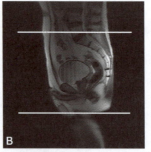 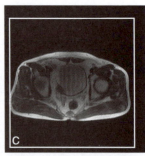

图 6-7-3　膀胱轴位 T$_2$WI 脂肪抑制定位方法

图 A、B 示：上缘位于 L$_5$~S$_1$ 椎间隙，下缘包括耻骨联合；图 C 示：前后、左右完整覆盖人体结构。

3. 轴位高分辨率 T$_2$WI

定位要求	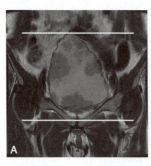 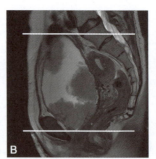 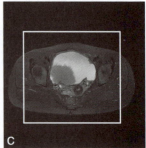

图 6-7-4　膀胱轴位高分辨率 T$_2$WI 定位方法

图 A、B 示：在冠状位、矢状位定位像上找到膀胱，定位线上下缘完整覆盖膀胱；图 C 示：扫描视野前后、左右居中。

4. 冠状位高分辨率 T$_2$WI

定位要求	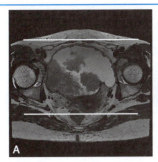 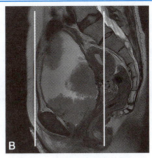 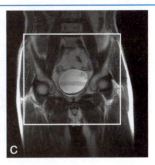

图 6-7-5　膀胱冠状位高分辨率 T_2WI 定位方法

图 A、B 示：定位线后缘包括直肠/子宫前壁，前缘完整覆盖膀胱或固定扫描 24 层；图 C 示：定位线上缘包括髂棘，下缘完整覆盖肛管；扫描视野左右居中。

5. 轴位 T_1WI

定位要求	• 复制轴位 T_2WI 脂肪抑制扫描范围

6. 轴位 DWI

定位要求	• 完全复制轴位 T_2WI 脂肪抑制定位信息 • b 值 50、800s/mm²

7. 轴位 DCE

定位要求	• 复制轴位 T_2WI 脂肪抑制扫描范围 • 扫描 6 个时相，每个时相 30 秒 • 注射对比剂后 15 秒扫描

8. 冠状位 T_1WI+C

定位要求	• 扫描 40～60 层，复制冠状位 T_2WI 扫描中心点 • 屏气扫描

9. 矢状位 T_1WI+C

定位要求	• 扫描 40～60 层，复制矢状位 T_2WI 扫描中心点 • 屏气扫描

参数要求												
序号	序列	方位	加权	脂肪抑制	重复时间	回波时间	视野/cm	层厚/层距/mm	层数	矩阵	相位编码	平均次数	呼吸控制
1	FSE	矢状位	T_2WI	无	>3 000ms	100～120ms	26×26	4/0.4	18～24	320×288	头足	2	自由
2	FSE	轴位	T_2WI	有	>3 000ms	100～120ms	36×36	6/1	20～24	288×256	左右	2～4	自由
3	FSE	轴位	T_2WI	无	>3 000ms	100～120ms	24×24	3/0.3	30～40	320×288	左右	2	自由
4	FSE	冠状位	T_2WI	无	>3 000ms	80～100ms	26×26	3/0.3	18～24	320×288	左右	2	自由
5	3D SPGR	轴位	T_1WI	有	最短	最短	36×32	3/-1.5	60～80	288×224	前后	1	自由

6	SE-EPI	轴位	DWI	有	>3 000ms	最短	36×36	3/0.3	30～40	128×128	前后	2～4	自由
7	3D SPGR	轴位	T_1WI DCE	有	最短	最短	36×32	3/–1.5	60～80	288×256	前后	1	自由
8	3D SPGR	冠状位	T_1WI+C	有	最短	最短	42×36	3/–1.5	40～60	288×224	左右	1	屏气
9	3D SPGR	矢状位	T_1WI+C	有	最短	最短	34×30	3/–1.5	40～60	288×224	前后	1	屏气

质量要求

- 清晰显示膀胱器官细微结构及其与周围组织的相互关系
- 增强动脉期表现为动脉血管及病灶明显强化，静脉血管轻微显影
- 静脉期表现为盆腔脏器及动静脉血管均匀强化
- 扫描范围符合临床诊断需求
- 图像无明显伪影
- 脂肪抑制均匀

标准图像

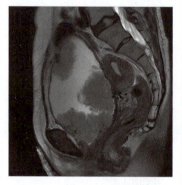

图 6-7-6　膀胱矢状位高分辨率 T_2WI 标准图像

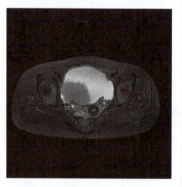

图 6-7-7　膀胱轴位 T_2WI 脂肪抑制标准图像

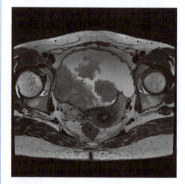

图 6-7-8　膀胱轴位高分辨率 T_2WI 标准图像

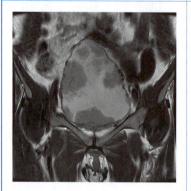

图 6-7-9　膀胱冠状位高分辨率 T_2WI 标准图像

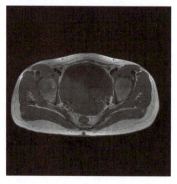

图 6-7-10　膀胱轴位 T_1WI 标准图像

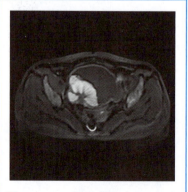

图 6-7-11　膀胱轴位 DWI 标准图像

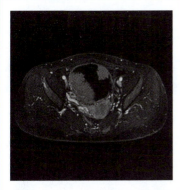

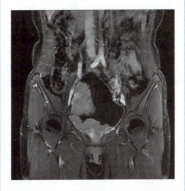

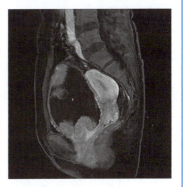

图 6-7-12　膀胱轴位 DCE 标准图像

图 6-7-13　膀胱冠状位 T₁WI+C 标准图像

图 6-7-14　膀胱矢状位 T₁WI+C 标准图像

特殊注意事项
• 检查前受检者饮水或适当憋尿，保持膀胱中度充盈，以更好地显示膀胱壁及壁内病变

第八节　盆腔磁共振平扫、盆腔磁共振增强扫描

检查项目中文名称	盆腔磁共振平扫、盆腔磁共振增强扫描
项目释义	无明确器官指向性的情况下，执行此扫描序列；如果申请单明确注明目标器官是前列腺、子宫、卵巢以及直肠肛管，则执行相应的扫描序列
患者准备及摆位	
准备	• 如条件许可，扫描前 20 分钟静脉注射山莨菪碱 • 检查前 30 分钟排尿，尽可能排便、排气
摆位及线圈	• 线圈：体部相控阵线圈 • 定位点：髂前上棘下 3cm • 其他要求：使用腹带压迫，或线圈上使用沙袋压迫
定位像	• 冠状位线圈覆盖范围上缘包括 L₂ 椎体，下缘包括大腿上部 • 局部无金属伪影 图 6-8-1　盆腔冠状位定位像

扫描序列		
编号	序列名称	序列说明
1	冠状位 T_2WI	定位病变位置,观察病变影像特点与邻近组织关系
2	轴位 T_2WI	定位病变位置,观察病变影像特点与邻近组织关系
3	轴位 T_2WI 脂肪抑制	观察病变影像特点
4	轴位 T_1WI Dixon	观察病变影像特点
5	轴位 DWI	检出病变,观察病变扩散受限程度及范围
6	矢状位 T_2WI	观察病变影像特点
7	冠状位 T_1WI+C Dixon	观察病变强化程度、强化方式、周围浸润
8	矢状位 T_1WI+C Dixon	观察病变强化程度、强化方式、周围浸润
9	轴位 T_1WI+C Dixon	观察病变强化程度、强化方式、周围浸润
扫描定位		

1. 冠状位 T_2WI

定位要求

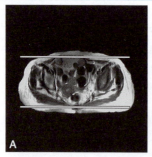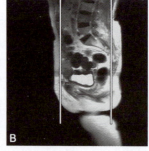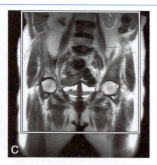

图 6-8-2　盆腔冠状位 T_2WI 定位方法

图 A、B 示:在轴位及矢状位定位像上自后向前完整覆盖盆腔组织;上缘包括 L_3 椎体,下缘包括大腿根部;图 C 示:在冠状位定位像上调整扫描视野,盆腔置于视野中心,与人体长轴一致。

2. 轴位 T_2WI

定位要求

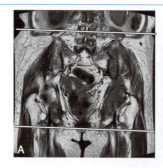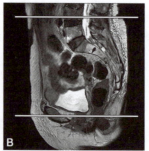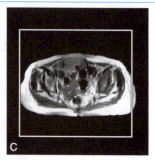

图 6-8-3　盆腔轴位 T_2WI 定位方法

图 A、B 示:在冠状位 T_2WI 定位像上,上缘包括髂棘最上缘,下缘包括坐骨最下缘;图 C 示:在轴位定位像上观察扫描视野,完整覆盖盆腔及部分皮下组织,如皮下组织有异常,则完整覆盖盆腔区域人体结构。

3. 轴位 T_2WI 脂肪抑制(如有 Dixon 技术,可以与上一序列合并,同时获取同相位及水相图像)

定位要求	• 完全复制轴位 T_2WI 定位信息

4. 轴位 T_1WI Dixon（快速自旋回波序列或三维梯度回波序列）

定位要求	• 完全复制轴位 T_2WI 定位范围

5. 轴位 DWI

定位要求	• 完全复制轴位 T_2WI 定位信息 • 根据病变显示需求，可加扫矢状位 DWI • b 值 50、1 000s/mm^2，同时重建 ADC 图 • 3.0T 扫描仪可增加 1～2 个高 b 值，如 1 500s/mm^2 或 2 000s/mm^2

增强扫描：注射对比剂

6. 矢状位 T_2WI

定位要求	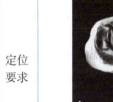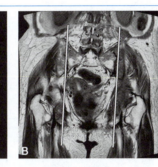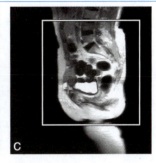 图 6-8-4　盆腔矢状位 T_2WI 定位方法 图 A、B 示：在轴位及冠状位 T_2WI 定位像上定位，左右完整覆盖小骨盆；图 C 示：在矢状位定位像上调整扫描视野，上缘包括 L_4 椎体，下缘包括臀部最下缘。

7. 冠状位 T_1WI+C Dixon

定位要求	• 复制冠状位 T_2WI 扫描范围 • 屏气扫描

8. 矢状位 T_1WI+C Dixon

定位要求	• 复制矢状位 T_2WI 扫描范围 • 屏气扫描

9. 轴位 T_1WI+C Dixon

定位要求	• 复制轴位 T_2WI 扫描范围 • 屏气扫描

参数要求												
序号	序列	方位	加权	脂肪抑制	重复时间	回波时间	视野/cm	层厚/层距/mm	层数	矩阵	相位编码	平均次数	呼吸控制
1	FSE	冠状位	T_2WI	无	>3 000ms	90～100ms	35～40	5/1	30～34	320×288	左右	2	自由
2	FSE	轴位	T_2WI	无	>3 000ms	90～100ms	35～40	5/1	32～40	288×256	左右	2	自由
3	FSE	轴位	T_2WI	有	>3 000ms	80～90ms	35～40	5/1	32～40	288×256	左右	2	自由

4	FSE	轴位	T₁WI	无	450ms	最短	35~40	5/1	32~40	260×224	左右	1	自由
5	SE-EPI	轴位	DWI	有	>3 000ms	最短	35~40	5/1	32~40	128×128	前后	2~4	自由
6	FSE	矢状位	T₂WI	无	>3 000ms	90~100ms	35	4/0.4	30	288×256	头足	2	自由
7	3D SPGR	冠状位	T₁WI	有	最短	最短	35~40	4/-2	40~70	260×224	左右	1	屏气
8	3D SPGR	矢状位	T₁WI	有	最短	最短	35	4/-2	40~60	288×224	前后	1	屏气
9	3D SPGR	轴位	T₁WI	有	最短	最短	40×40	4/-2	50~70	288×224	左右	1	屏气
附加	FSE	轴位	T₂WI Dixon	有	>3 000ms	80~90ms	35~40	5/1	32~40	288×256	左右	2	自由

质量要求

- 扫描范围符合临床诊断需求
- 清晰显示盆腔器官结构
- 图像无影响诊断的呼吸运动及肠道蠕动伪影，脂肪抑制均匀
- DWI无鬼影、变形

标准图像

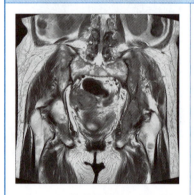

图 6-8-5　盆腔冠状位 T₂WI 标准图像

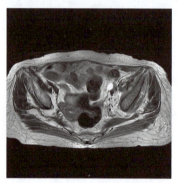

图 6-8-6　盆腔轴位 T₂WI 标准图像

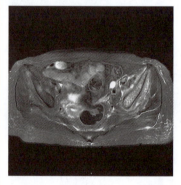

图 6-8-7　盆腔轴位 T₂WI 脂肪抑制标准图像

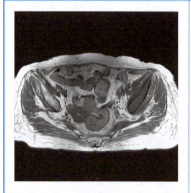

图 6-8-8　盆腔轴位 T₁WI 标准图像

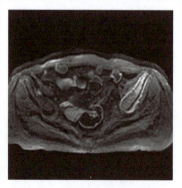

图 6-8-9　盆腔轴位 DWI 标准图像

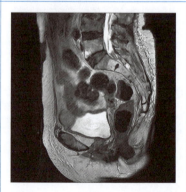

图 6-8-10　盆腔矢状位 T₂WI 标准图像

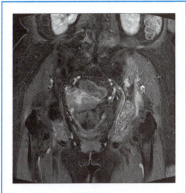

图 6-8-11　盆腔冠状位 T₁WI+C 标准图像

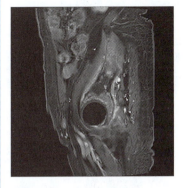

图 6-8-12　盆腔矢状位 T₁WI+C 标准图像

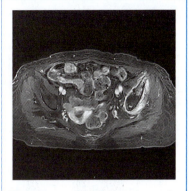

图 6-8-13　盆腔轴位 T₁WI+C 标准图像

特殊注意事项
• 可以选择小视野成像技术扫描矢状位 DWI • 为优化扫描流程，矢状位 T₂WI 在注射对比剂后扫描

第九节　直肠磁共振平扫、直肠磁共振增强扫描

检查项目 中文名称	直肠磁共振平扫、直肠磁共振增强扫描
患者准备及摆位	
准备	• 患者无需特殊肠道准备 • 扫描前嘱患者排尿，尽量排气、排便 • 扫描前 20 分钟尽可能使用山莨菪碱
摆位及线圈	• 线圈：体部相控阵线圈 • 定位点：双侧髂前上棘连线中点与耻骨联合连线中点 • 其他要求：通过使用腹带对腹部进行压迫，减轻呼吸运动伪影 • 线圈摆放好后，在线圈上放置沙袋压迫
定位像	• 确认 L₄ 椎体上缘至臀部最下缘在线圈覆盖范围内 • 无金属伪影 • 膀胱不要过度充盈 图 6-9-1　直肠矢状位定位像

扫描序列		
编号	序列名称	序列说明
1	矢状位 T_2WI	测量病变下缘与肛缘的距离,测量病变的范围,观察病变与腹膜反折关系
2	轴位 T_2WI	主要用于直肠癌 N 分期诊断,同时观察病变与周围组织关系
3	斜轴位高分辨率 T_2WI	用于直肠癌 T 分期诊断,观察病变侵犯肌层及直肠系膜、筋膜情况
4	冠状位 T_2WI	观察低位直肠癌侵犯肛管情况
5	轴位 T_1WI	观察解剖结构,观察淋巴结及骨情况
6	轴位 DWI	检出病变,观察病变扩散受限程度及范围
7	轴位 DCE	观察病变强化程度、周围浸润和淋巴结等
8	冠状位 T_1WI+C	观察病变强化程度、周围浸润和淋巴结等
9	矢状位 T_1WI+C	观察病变强化程度、周围浸润和淋巴结等
10	轴位 T_1WI+C	观察病变强化程度、周围浸润和淋巴结等
扫描定位		

1. 矢状位 T_2WI

定位要求	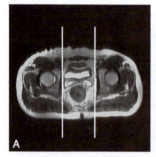 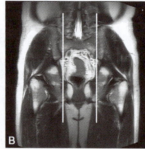 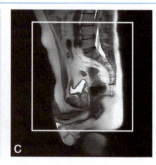

图 6-9-2 直肠矢状位 T_2WI 定位方法

图 A、B 示:以直肠为中心扫描 20 层,如直肠病变范围大,增加层数完整覆盖病变,扫描线平行人体轴线;图 C 示:上缘包括 L_4 椎体上缘,下缘包括臀部最下缘。

2. 轴位 T_2WI

定位要求	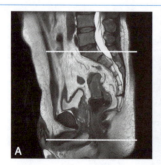 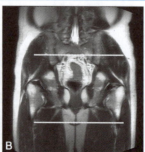 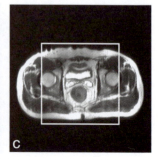

图 6-9-3 直肠轴位 T_2WI 定位方法

图 A、B 示:上缘 L_5、S_1 椎间隙,下缘包括肛直肠环,如病变位于直肠中下段,下缘完整覆盖肛管;C 图示:人体结构居中。

3. 斜轴位高分辨率 T_2WI

定位要求	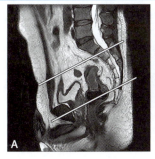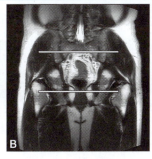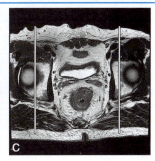

图 6-9-4　直肠斜轴位高分辨率 T₂WI 定位方法

图 A、B 示：在矢状位 T$_2$WI 定位像上找到病变，定位线垂直肿瘤生长长轴；图 C 示：人体结构居中完整覆盖病变。

4. 冠状位 T$_2$WI

定位要求	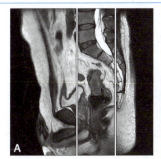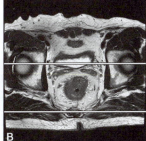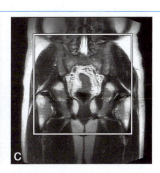

图 6-9-5　直肠冠状位 T$_2$WI 定位方法

图 A、B 示：在矢状位 T$_2$WI 定位像上找到正中层面，扫描范围后缘为尾骨前，向前完整覆盖病变或直肠，上下范围同矢状位 T$_2$WI；图 C 示：调节定位框，左右对称，上下平行人体长轴。

5. 轴位 T$_1$WI

定位要求	• 复制轴位 T$_2$WI 扫描范围 • Dixon 3D FSPGR 扫描，同反相位重建，屏气扫描

6. 轴位 DWI

定位要求	• 复制轴位 T$_2$WI 扫描范围 • b 值 50、1 000s/mm²

7. 轴位 DCE

定位要求	• 复制斜轴位 T$_2$WI 扫描范围 • 扫描 6 个时相，每个时相 30 秒 • 注射对比剂后 15 秒扫描 • 首选 Dixon 脂肪抑制

8. 冠状位 T$_1$WI+C

定位要求	• 扫描 40～60 层，复制冠状位 T$_2$WI 扫描范围 • 首选 Dixon 脂肪抑制

9. 矢状位 T$_1$WI+C

定位要求	• 扫描 40～60 层，复制矢状位 T$_2$WI 扫描范围 • 首选 Dixon 脂肪抑制

10. 轴位 T$_1$WI+C

定位要求	• 扫描 60～80 层，复轴位 T$_2$WI 扫描范围 • 首选 Dixon 脂肪抑制

										参数要求			
序号	序列	方位	加权	脂肪抑制	重复时间	回波时间	视野/cm	层厚/层距/mm	层数	矩阵	相位编码	平均次数	呼吸控制
1	FSE	矢状位	T_2WI	无	>3 000ms	110~120ms	26×26	4/0.5	20	320×288	头足	2	自由
2	FSE	轴位	T_2WI	无	>3 000ms	110~120ms	20×20	3/0.3	48~58	320×320	左右	2	自由
3	FSE	斜轴位	T_2WI	无	>3 000ms	110~120ms	16×16	3/0.3	20~24	256×256	左右	4	自由
4	FSE	冠状位	T_2WI	无	>3 000ms	110~120ms	26×26	4/0.5	20~24	320×288	左右	2	自由
5	3D FSPGR	轴位	T_1WI	有	最短	最短	34×32	3/-1.5	60~80	288×224	前后	1	屏气
6	SE-EPI	轴位	DWI	有	>3 000ms	最短	36×36	4/0.5	30~40	128×128	前后	2~4	自由
7	3D FSPGR	轴位	T_1WI+C	有	最短	最短	34×32	3/-1.5	40	288×256	前后	1	自由
8	3D FSPGR	冠状位	T_1WI+C	有	最短	最短	34×30	3/-1.5	40~60	288×224	左右	1	屏气
9	3D FSPGR	矢状位	T_1WI+C	有	最短	最短	34×30	3/-1.5	40~60	288×224	前后	1	屏气
10	3D FSPGR	轴位	T_1WI+C	有	最短	最短	34×30	3/-1.5	60~80	288×224	前后	1	屏气

质量要求

- 扫描范围符合临床诊断需求
- 清晰显示直肠细微结构及其与周围组织的相互关系
- 图像无明显伪影
- 脂肪抑制均匀
- 增强动脉期表现为动脉血管及病灶明显强化,静脉血管轻微显影
- 静脉期表现为盆腔脏器及动静脉血管均匀强化

标准图像

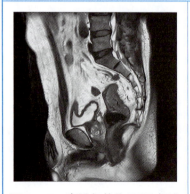

图 6-9-6　直肠矢状位 T_2WI 标准图像

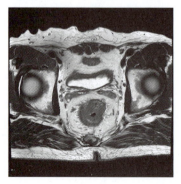

图 6-9-7　直肠轴位 T_2WI 标准图像

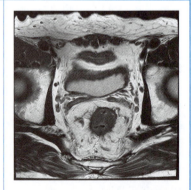

图 6-9-8　直肠斜轴位高分辨率 T_2WI 标准图像

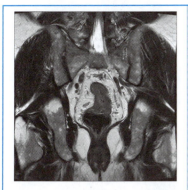

图 6-9-9 直肠冠状位 T$_2$WI 标准图像

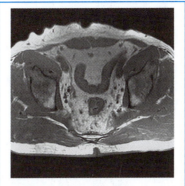

图 6-9-10 直肠轴位 T$_1$WI 标准图像

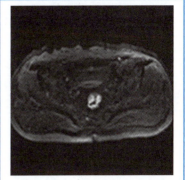

图 6-9-11 直肠轴位 DWI 标准图像

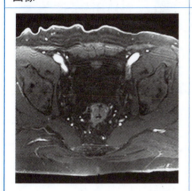

图 6-9-12 直肠轴位 DCE 标准图像

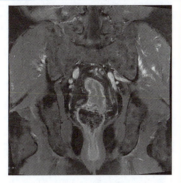

图 6-9-13 直肠冠状位 T$_1$WI+C 标准图像

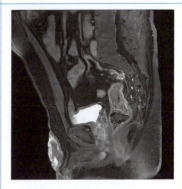

图 6-9-14 直肠矢状位 T$_1$WI+C 标准图像

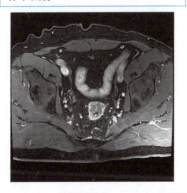

图 6-9-15 直肠轴位 T$_1$WI+C 标准图像

第十节 肛瘘磁共振平扫、肛瘘磁共振增强扫描

检查项目中文名称	肛瘘磁共振平扫、肛瘘磁共振增强扫描
患者准备及摆位	
准备	<ul><li>患者无需特殊肠道准备</li><li>扫描前嘱患者排尿,尽量排气、排便</li><li>扫描前 20 分钟尽可能使用山莨菪碱</li></ul>

摆位及线圈	• 线圈：体部相控阵线圈 • 定位点：双侧股骨大转子连线中点 • 其他要求：使用腹带压迫腹部，减轻呼吸运动伪影 • 线圈摆放好后，在线圈上使用沙袋压迫
定位像	扫描定位像时注意 • 定位像显示大腿近端信号高 • 膀胱过度充盈建议排尿，以免产生蠕动伪影 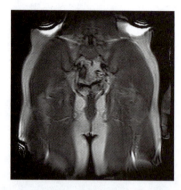 图 6-10-1　肛瘘冠状位定位像

扫描序列

编号	序列名称	序列说明
1	矢状位 T$_2$WI 脂肪抑制	观察病变走行，与阴道、尿道等结构的关系
2	斜轴位 T$_2$WI 脂肪抑制	观察盆腔整体情况，明确瘘口位置及瘘管走行
3	斜轴位 T$_1$WI	观察盆腔整体情况，瘘口位置及瘘管走行
4	斜冠状位 T$_2$WI 脂肪抑制	明确瘘口位置，瘘管走行及其与括约肌的关系
5	斜轴位 DWI	检出病变，观察病变扩散受限程度及范围
6	斜轴位 T$_1$WI（mask）	观察病变强化程度、周围浸润、淋巴结等
7	斜轴位 T$_1$WI（30 秒）	观察病变强化程度、周围浸润、淋巴结等
8	斜轴位 T$_1$WI（70 秒）	观察病变强化程度、周围浸润、淋巴结等
9	斜轴位 T$_1$WI（150 秒）	观察病变强化程度、周围浸润、淋巴结等
10	矢状位 T$_1$WI+C	观察病变强化程度、周围浸润、淋巴结等
11	冠状位 T$_1$WI+C	观察病变强化程度、周围浸润、淋巴结等

扫描定位

1. 矢状位 T$_2$WI 脂肪抑制

定位要求	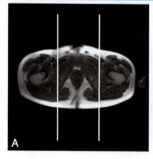 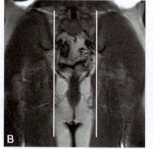 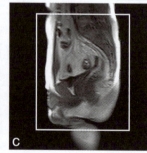 图 6-10-2　肛瘘矢状位 T$_2$WI 脂肪抑制定位方法 图 A、B 示：完整覆盖直肠、肛门及两侧臀下脂肪（完整覆盖累及病变）；图 C 示：上缘包括 L$_5$ 椎体上缘，下缘包括臀部最下缘。

	2. 斜轴位 T_2WI 脂肪抑制
定位 要求	• 矢状位上定位，上缘包括直肠乙状结肠交界，下缘包括肛门及臀下脂肪（病变范围为主） 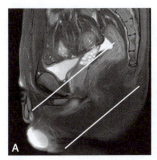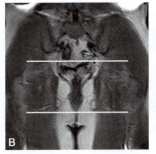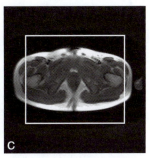 图 6-10-3 肛瘘斜轴位 T_2WI 脂肪抑制定位方法（图 A~C）
	3. 斜轴位 T_1WI
定位 要求	• 完全复制斜轴位 T_2WI 定位信息
	4. 斜冠状位 T_2WI 脂肪抑制
定位 要求	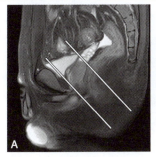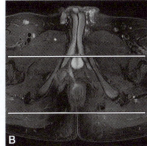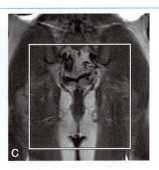 图 6-10-4 肛瘘斜冠状位 T_2WI 脂肪抑制定位方法 图 A、B 示：在矢状位定位像上找到正中层面，定位线平行于肛管，后缘尾骨前，向前包括直肠乙状结肠交界、肛门括约肌及臀下脂肪（病变范围为主）。
	5. 斜轴位 DWI
定位 要求	• 完全复制斜轴位 T_2WI 定位信息 • b 值 50、1 000s/mm², 同时重建 ADC 图
	6. 斜轴位 T_1WI（mask）
定位 要求	• 复制斜轴位 T_2WI 扫描方位，可适当扩大扫描范围
	7. 斜轴位 T_1WI（30 秒）
定位 要求	• 完全复制斜轴位 T_1WI（mask）定位信息
	8. 斜轴位 T_1WI（70 秒）
定位 要求	• 完全复制斜轴位 T_1WI（mask）定位信息
	9. 斜轴位 T_1WI（150 秒）
定位 要求	• 完全复制斜轴位 T_1WI（mask）定位信息

10. 矢状位 T$_1$WI+C	
定位要求	• 复制矢状位 T$_2$WI 扫描方位,可适当扩大扫描范围

11. 冠状位 T$_1$WI+C	
定位要求	• 复制冠状位 T$_2$WI 扫描范围,完整覆盖病变

参数要求													
序号	序列	方位	加权	脂肪抑制	重复时间	回波时间	视野/cm	层厚/层距/mm	层数	矩阵	相位编码	平均次数	呼吸控制
1	FSE	矢状位	T$_2$WI	有	>3 000ms	100~120ms	26×26	3/0.3	18~24	320×288	头足	2	自由
2	FSE	斜轴位	T$_2$WI	有	>3 000ms	100~120ms	20×20	3/0.3	24~30	288×256	左右	2	自由
3	FSE	斜轴位	T$_1$WI	无	500ms	10ms	20×20	3/0.3	24~30	256×256	左右	2	自由
4	FSE	斜冠状位	T$_2$WI	有	>3 000ms	80~100ms	26×26	3/0.3	24~30	320×288	左右	2	自由
5	SE-EPI	斜轴位	DWI	有	>3 000ms	最短	32×30	3/0.3	24~30	128×128	前后	2~4	自由
6	3D SPGR	斜轴位	T$_1$WI	有	最短	最短	34×32	2.2/-1.1	60~80	288×224	前后	1	屏气
7	3D SPGR	斜轴位	T$_1$WI+C	有	最短	最短	34×32	2.2/-1.1	60~80	288×224	前后	1	屏气
8	3D SPGR	斜轴位	T$_1$WI+C	有	最短	最短	34×32	2.2/-1.1	60~80	288×224	前后	1	屏气
9	3D SPGR	斜轴位	T$_1$WI+C	有	最短	最短	34×32	2.2/-1.1	60~80	288×224	前后	1	屏气
10	3D SPGR	斜矢状位	T$_1$WI+C	有	最短	最短	36×36	2.2/-1.1	80~100	288×224	前后	1	屏气
11	3D SPGR	斜冠状位	T$_1$WI+C	有	最短	最短	40×40	2/-1	80~100	288×224	前后	1	屏气

质量要求

- 扫描范围符合临床诊断需求
- 清晰显示肛门部细微结构及其与周围组织的相互关系
- 图像无明显伪影
- 脂肪抑制均匀
- 清晰显示肛瘘瘘管及内口数目、有无脓肿形成
- 增强动脉期表现为动脉血管及病灶明显强化,静脉血管轻微显影
- 静脉期表现为盆腔脏器及动静脉血管均匀强化

标准图像

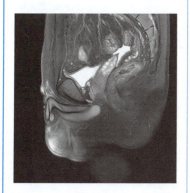

图 6-10-5　肛瘘矢状位 T$_2$WI 脂肪抑制标准图像

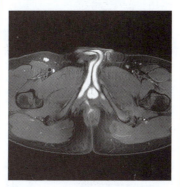

图 6-10-6　肛瘘斜轴位 T$_2$WI 脂肪抑制标准图像

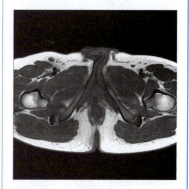

图 6-10-7　肛瘘斜轴位 T$_1$WI 标准图像

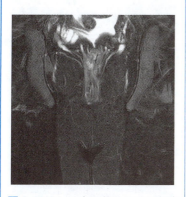

图 6-10-8　肛瘘冠状位 T$_2$WI 脂肪抑制标准图像

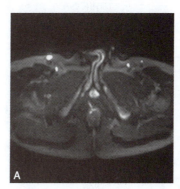

图 6-10-9　肛瘘斜轴位 DWI 标准图像（图 A、B ）

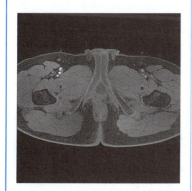

图 6-10-10　肛瘘斜轴位 T$_1$WI（ mask ）标准图像

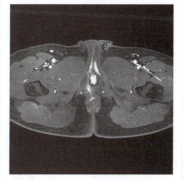

图 6-10-11　斜肛瘘轴位 T$_1$WI（ 30 秒)标准图像

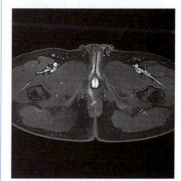

图 6-10-12　肛瘘斜轴位 T$_1$WI（ 70 秒)标准图像

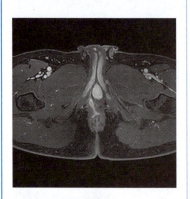

图 6-10-13　肛瘘斜轴位 T_1WI(150 秒)标准图像

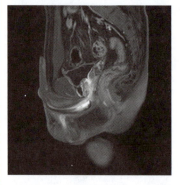

图 6-10-14　肛瘘矢状位 T_1WI+C 标准图像

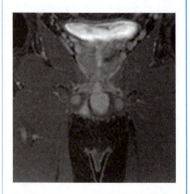

图 6-10-15　肛瘘冠状位 T_1WI+C 标准图像

伪影图像

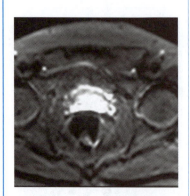

图 6-10-16　金属伪影

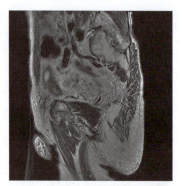

图 6-10-17　呼吸运动伪影

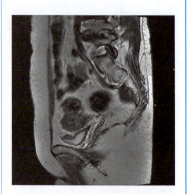

图 6-10-18　肠蠕动伪影

特殊注意事项

- 检查前做好肠道清理,避免粪便影响病变的观察和诊断
- 呼吸不规律患者,可使用绑带减小呼吸伪影
- 增强序列建议屏气扫描,减少呼吸运动伪影

第十一节　骨盆底磁共振平扫

检查项目 中文名称	骨盆底磁共振平扫
患者准备及摆位	
准备	• 膀胱处于半充盈状态,排空直肠 • 阴道内注入 10ml 超声螯合剂(已婚妇女) • 直肠置入高顺应性球囊并注入超声耦合剂 80~100ml
摆位及线圈	• 线圈:相控阵体部线圈 • 仰卧位,头先进,双膝屈曲 • 定位点:耻骨联合中点

定位像	• 扫描确认无金属伪影及卷褶伪影 • 脱垂的器官：扫描范围向上包括子宫底，向下包括肛门内外括约肌，前方应包括耻骨联合前缘，后方应包括骶尾骨 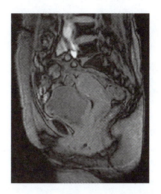 图 6-11-1　盆底矢状位定位像	

扫描序列

编号	序列名称	序列说明
1	矢状位 T_2WI	观察前、中、后盆腔器官
2	斜轴位 T_2WI	观察肛门内外括约肌、肛提肌及尿道周围支持结构、子宫支持韧带
3	斜冠状位 T_2WI	观察肛门内外括约肌、肛提肌
4	未注入球囊正中矢状位 true-FISP 动态提肛相	观察盆底肌功能状态，除外肛提肌痉挛
5	未注入球囊正中矢状位 true-FISP 动态力排相	观察子宫脱垂、压力性尿失禁、直肠前突、盆底疝、直肠黏膜脱垂等盆底功能障碍性疾病
6	注入球囊后正中矢状位 true-FISP 动态力排相	观察子宫脱垂、压力性尿失禁、直肠前突、盆底疝、直肠黏膜脱垂等盆底功能障碍性疾病

扫描定位

1. 矢状位 T_2WI

定位 要求	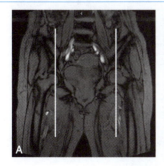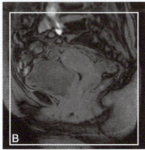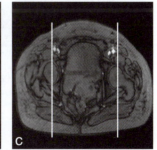 图 6-11-2　骨盆底矢状位 T_2WI 定位方法 图 A 示：左右完整覆盖膀胱、子宫及双侧附件；图 B 示：上缘包括子宫底部，下缘完整覆盖肛门内外括约肌，人体结构居中；图 C 示：左右完整覆盖膀胱、子宫。

2. 斜轴位 T_2WI

定位要求	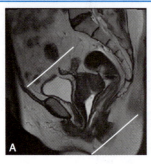 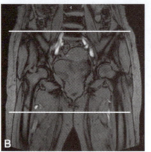 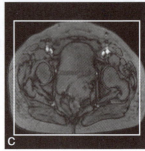

图 6-11-3　骨盆底斜轴位 T₂WI 定位方法

图 A 示：在矢状位 T₂WI 定位像上，定位线垂直于肛管；图 B 示：定位线上缘包括子宫底部，下缘完整覆盖盆底；图 C 示：人体结构居中。

3. 斜冠状位 T₂WI

定位要求	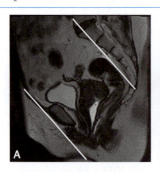 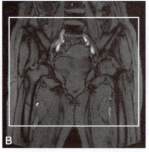 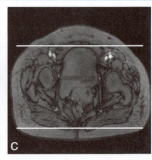

图 6-11-4　骨盆底斜冠状位 T₂WI 定位方法

图 A 示：在矢状位 T₂WI 定位像上，定位线平行于肛管，完整覆盖病变；图 B 示：人体结构居中；图 C 示：定位线前方包括膀胱，后方包括骶尾骨。

4. 未注入球囊正中矢状位 true-FISP 动态提肛相

定位要求	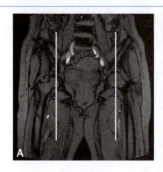 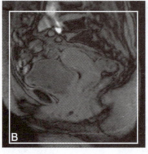 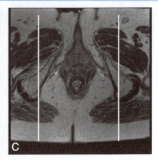

图 6-11-5　骨盆底正中矢状位 true-FISP 动态提肛相定位方法

图 A～C 示：利用斜轴位 T₂WI 寻找正中矢状位，完整覆盖膀胱、子宫，后方包括骶尾骨，人体结构居中。

5. 未注入球囊正中矢状位 true-FISP 动态力排相

定位要求	• 完全复制未注入球囊正中矢状位 true-FISP 动态提肛相定位信息

6. 注入球囊后正中矢状位 true-FISP 动态力排相

定位要求	• 完全复制未注入球囊正中矢状位 true-FISP 动态提肛相定位信息

参数要求												
序号	序列	方位	加权	脂肪抑制	重复时间/ms	回波时间/ms	视野/cm	层厚/层距/mm	层数	矩阵	相位编码	平均次数	呼吸控制
1	FSE	矢状位	T$_2$WI	无	6 060	101	20×20	3.5/0	20	320×288	头足	2	自由
2	FSE	斜轴位	T$_2$WI	无	3 890	104	20×20	3.5/0	24	384×307	左右	2	自由
3	FSE	冠状位	T$_2$WI	无	4 500	78	20×20	3/0	30	320×288	左右	1	自由
4	true FISP_dyn	矢状位	T$_2$WI/T$_1$WI	无	797.55	1.7	20×16	8/1.6	1	320×211	前后	1	自由
5	true FISP_dyn	冠状位	T$_2$WI/T$_1$WI	无	797.55	1.7	20×16	8/1.6	1	320×211	前后	1	自由
6	true FISP_dyn	轴位	T$_2$WI/T$_1$WI	无	797.55	1.7	20×16	8/2.4	15	320×211	前后	1	自由

质量要求

- 扫描范围符合临床诊断需求
- 清晰显示病变结构及其与周围组织的相互关系
- 图像无明显伪影

标准图像

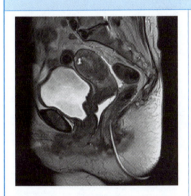

图 6-11-6　盆底矢状位 T$_2$WI 标准图像

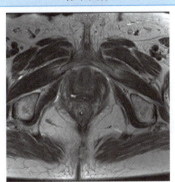

图 6-11-7　盆底斜轴位 T$_2$WI 标准图像

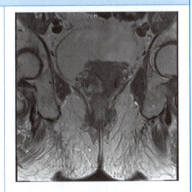

图 6-11-8　盆底斜冠状位 T$_2$WI 标准图像

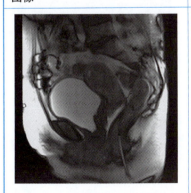

图 6-11-9　盆底未注入球囊矢状位 true-FISP 动态提肛相

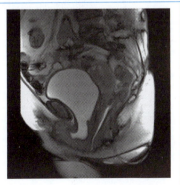

图 6-11-10　盆底未注入球囊矢状位 true-FISP 动态力排相

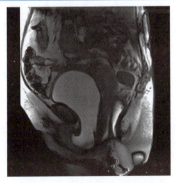

图 6-11-11　盆底注入球囊矢状位 true-FISP 动态力排相

特殊注意事项
• 对盆底肌肉使用小视野、薄层扫描，防相位卷褶技术 • 患者侧躺练习提肛和力排动作 • 检查前 1 小时排空膀胱

第七章 脊柱磁共振扫描

第一节 寰枢椎磁共振平扫

检查项目 中文名称	寰枢椎磁共振平扫	
患者准备及摆位		
准备	• 放置海绵垫固定头部；告知受检者减少吞咽动作	
摆位及线圈	• 线圈：头颈联合线圈、颈胸腰联合线圈、Tim 线圈 • 定位点：下颌下缘	
定位像	扫描定位像时注意 • 线圈覆盖范围 • 有无金属伪影 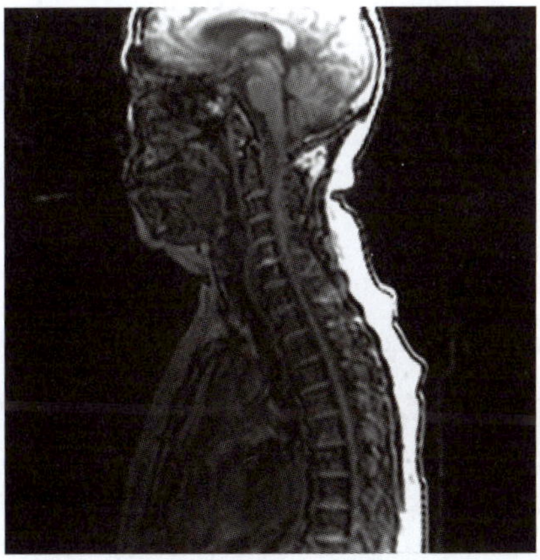 图 7-1-1 寰枢椎矢状位定位像	
扫描序列		
编号	序列名称	序列说明
1	矢状位 T_2WI	观察韧带、关节和脊髓，可观察是否存在横韧带损伤和潜在的寰枢椎不稳
2	矢状位 T_1WI	观察整体解剖结构，为疾病诊断进行补充
3	矢状位 T_2WI 脂肪抑制	观察韧带、关节和脊髓，可观察是否存在横韧带损伤和潜在的寰枢椎不稳

4	斜轴位 T_2^*WI	观察潜在的寰枢椎不稳和寰齿关节的解剖结构异常,寰齿前间隙是否增大
5	冠状位 T_2WI	观察脊髓受压的严重程度,脊髓形态及信号的改变

扫描定位

1. 矢状位 T_2WI

定位 要求	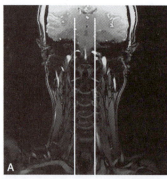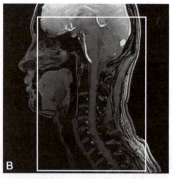 图 7-1-2　寰枢椎矢状位 T_2WI 定位方法 图 A 示:以脊髓为中心扫描 13～15 层,左右完整覆盖两侧椎体,扫描线平行人体轴线;图 B 示:上缘包括小脑上缘,下缘至枢椎下缘。

2. 矢状位 T_1WI

定位 要求	● 完全复制矢状位 T_2WI 定位信息

3. 矢状位 T_2WI 脂肪抑制

定位 要求	● 完全复制矢状位 T_2WI 定位信息

4. 斜轴位 T_2^*WI

定位 要求	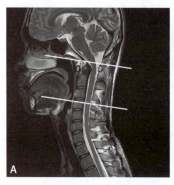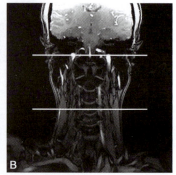 图 7-1-3　寰枢椎斜轴位 T_2^*WI 定位方法 图 A 示:在矢状位定位像上定位,上缘至枕骨大孔上方,下缘包括 C_3 椎体,如病变较大,上下完整覆盖病变;图 B 示:定位线垂直于寰枢椎长轴。

5. 冠状位 T$_2$WI

<table>
<tr><td rowspan="2">定位
要求</td><td colspan="3">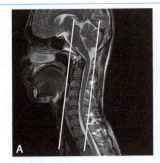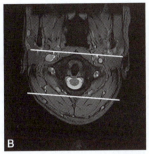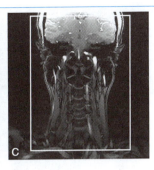</td></tr>
</table>

图 7-1-4　寰枢椎冠状位 T$_2$WI 定位方法

图 A、B 示：在矢状位定位像上定位到正中矢状面，前后完整覆盖寰枢椎，或完整覆盖病变，上下范围同矢状位 T$_2$WI，扫描线沿病变所在椎体或椎管方向；图 C 示：调节定位框，左右对称，上下垂直人体长轴。

参数要求

序号	序列	方位	加权	脂肪抑制	重复时间/ms	回波时间	视野/cm	层厚/层距/mm	层数	矩阵	相位编码	平均次数	呼吸控制
1	FSE	矢状位	T$_2$WI	无	>2 500	100～120ms	26×26	3.0/0.5	13～15	352×256	头足	2	自由
2	FSE	矢状位	T$_1$WI	无	350～800	最短	26×26	3.0/0.5	13～15	320×192	头足	2	自由
3	FSE	矢状位	T$_2$WI	有	>2 500	85ms	26×26	3.0/0.5	13～15	352×256	头足	2	自由
4	GRE	轴位	T$_2$WI	无	350～700	最短	19×14	4.0/0.4	19～24	260×224	前后	2	自由
5	FSE	冠状位	T$_2$WI	无	>2 500	120ms	26×26	3.0/0.5	13～15	352×256	头足	2	自由

质量要求

- 扫描范围符合临床诊断需求
- 清晰显示全部颈椎椎体、椎间盘及两侧附件、椎旁软组织等结构
- 图像无明显吞咽运动伪影、血管搏动及脑脊液流动伪影
- 脂肪抑制均匀
- 可以使用水脂分离技术扫描矢状位 T$_2$WI，第 1、3 序列合并
- 轴位 T$_2^*$WI 扫描须在椎体前缘使用饱和带覆盖全部人体结构

标准图像

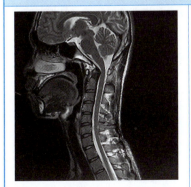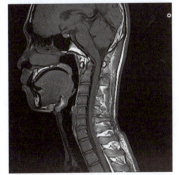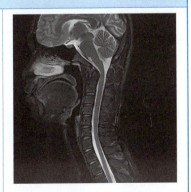

图 7-1-5　寰枢椎矢状位 T$_2$WI 标准图像

图 7-1-6　寰枢椎矢状位 T$_1$WI 标准图像

图 7-1-7　寰枢椎矢状位 T$_2$WI 脂肪抑制标准图像

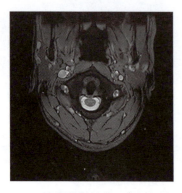

图 7-1-8　寰枢椎斜轴位 T_2^*WI 标准图像

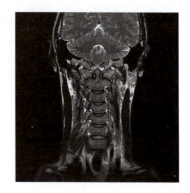

图 7-1-9　寰枢椎冠状位 T_2WI 标准图像

伪影图像

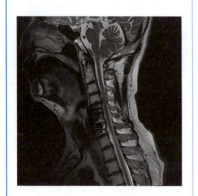

图 7-1-10　金属伪影

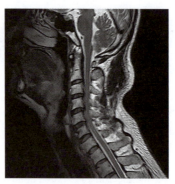

图 7-1-11　运动伪影

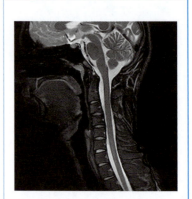

图 7-1-12　脑脊液流动伪影

第二节　颈椎间盘磁共振平扫

检查项目中文名称	颈椎间盘磁共振平扫
项目释义	无明确器官指向性的情况下，执行此扫描序列；如果申请单明确注明目标器官是颈部的情况下，则执行相应的扫描序列
患者准备及摆位	
准备	• 患者无需特殊准备
摆位及线圈	• 线圈：头颈联合线圈、颈胸腰联合线圈、Tim 线圈 • 定位中心：下颌下缘
定位像	扫描定位像时注意 • 线圈覆盖范围 • 有无金属伪影 • 冠状位定位像显示颈椎椎体或椎管

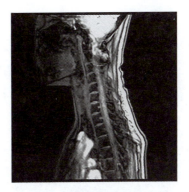

图 7-2-1　颈椎间盘矢状位定位像

扫描序列		
编号	序列名称	序列说明
1	矢状位 T_2WI	观察椎间盘突出、退变,椎体椎管占位性病变,外伤等异常信号
2	矢状位 T_1WI	观察整体解剖结构,为疾病诊断进行补充
3	矢状位 T_2WI 脂肪抑制	观察椎间盘突出、退变,椎体椎管占位性病变,外伤等异常信号
4	轴位 T_2^*WI	观察椎间盘突出及神经根受压程度,髓内占位病变等

扫描定位

1. 矢状位 T_2WI

定位要求	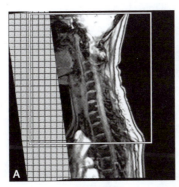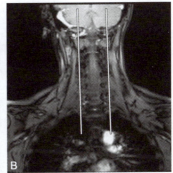

图 7-2-2　颈椎间盘矢状位 T_2WI 定位方法

图 A 示:在矢状位定位像上,上缘包括小脑上缘,下缘至 T_2 下缘,施加平行于 C_4～T_1 椎体长轴的饱和带;图 B 示:在冠状位定位像上,定位线平行椎体排列长轴或椎管,左右完整覆盖椎体两侧。

2. 矢状位 T_1WI

定位要求	● 完全复制矢状位 T_2WI 定位信息

3. 矢状位 T_2WI 脂肪抑制

定位要求	● 完全复制矢状位 T_2WI 定位信息

4. 轴位 T$_2^*$WI

定位要求	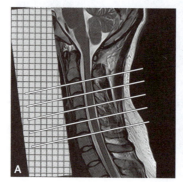 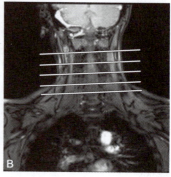

图 7-2-3　颈椎间盘斜轴位 T$_2^*$WI 定位方法

图 A 示：在正中矢状位 T$_2$WI 定位像上分组定位，定位线平行于相应椎间盘，分别定位 C$_{2\sim7}$ 所有椎间盘；图 B 示：明确定位线平行相应间盘，左右方向上定位线中心与间盘中心一致。

参数要求												
序号	序列	方位	加权	脂肪抑制	重复时间/ms	回波时间	视野/cm	层厚/层距/mm	层数	矩阵	相位编码	平均次数	呼吸控制
1	FSE	矢状位	T$_2$WI	无	>3 000	80～100ms	24×24	3.0/0.5	13～15	288×224	头足	2	自由
2	FSE	矢状位	T$_1$WI	无	400～600	最短	24×24	3.0/0.5	13～15	288×224	头足	2	自由
3	FSE	矢状位	T$_2$WI	有	>3 000	80～100ms	24×24	3.0/0.5	13～15	288×224	头足	2	自由
4	GRE	轴位	T$_2^*$WI	无	350～700	最短	20×20	4.0/0.4	16～24	256×224	左右	2	自由

质量要求

- 扫描范围符合临床诊断需求
- 清晰显示全部颈椎椎体、椎间盘及两侧附件、椎旁软组织等结构
- 图像无明显吞咽运动伪影、血管搏动及脑脊液流动伪影
- 脂肪抑制均匀

标准图像

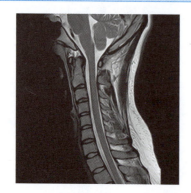

图 7-2-4　颈椎间盘矢状位 T$_2$WI 标准图像

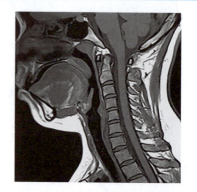

图 7-2-5　颈椎间盘矢状位 T$_1$WI 标准图像

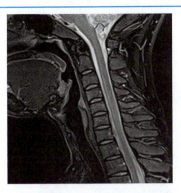

图 7-2-6　颈椎间盘矢状位 T_2WI 脂肪抑制标准图像

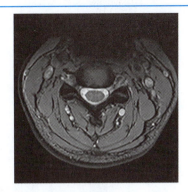

图 7-2-7　颈椎间盘轴位 T_2^*WI 标准图像

特殊注意事项
• 青少年上肢远端肌萎缩（又称"平山病"）患者可参考颈椎平山病扫描方案
• 梯度回波轴位序列，如 MEDIC 或 MERGE 或 GETI 等，能较好地显示颈椎间盘和脊髓灰质、白质

第三节　颈椎过屈位磁共振平扫

检查项目 中文名称	颈椎过屈位磁共振平扫		
患者准备及摆位			
准备	• 患者仰卧位，颈椎处于屈曲状态（＞35°）；海绵垫固定头部，嘱受检者减少吞咽		
摆位及线圈	• 线圈：头颈联合线圈、颈胸腰联合线圈、Tim 线圈、脊柱线圈 • 定位中心：下颌下缘		
定位像	扫描定位像时注意 • 线圈覆盖范围 • 有无金属伪影 图 7-3-1　颈椎过屈位矢状位定位像		
扫描序列			
编号	序列名称	序列说明	
1	矢状位 T_2WI	观察颈髓是否存在典型的"膜-壁分离"现象、萎缩、异常信号	
2	矢状位 T_1WI	观察整体解剖结构，为疾病诊断进行补充	
3	矢状位 T_2WI 脂肪抑制	观察颈髓内异常信号性质	

4	轴位 T_2^*WI	观察颈椎椎体和椎间盘突出、退变,颈髓萎缩,以及颈髓内异常信号

扫描定位

1. 矢状位 T_2WI

定位 要求	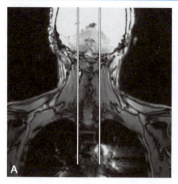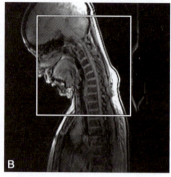 图 7-3-2　颈椎过屈位矢状位 T_2WI 定位方法 图 A 示:以脊髓为中心扫描 13～15 层,左右完整覆盖两侧椎体,定位线平行于颈椎轴线;图 B 示:上缘包括小脑上缘,下缘至 T_4 下缘。

2. 矢状位 T_1WI

定位 要求	● 完全复制矢状位 T_2WI 定位信息

3. 矢状位 T_2WI 脂肪抑制

定位 要求	● 完全复制矢状位 T_2WI 定位信息

4. 轴位 T_2^*WI

定位 要求	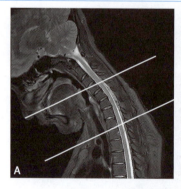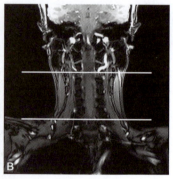 图 7-3-3　颈椎过屈位斜轴位 T_2^*WI 定位方法 图 A 示:在矢状位定位像上确定有问题节段,定位线垂直于问题节段的椎体或椎管;图 B 示:定位线中心点位于颈髓中心,定位线垂直颈髓。

参数要求

序号	序列	方位	加权	脂肪 抑制	重复 时间/ ms	回波 时间	视野/ cm	层厚/ 层距/ mm	层数	矩阵	相位 编码	平均 次数	呼吸 控制
1	FSE	矢状位	T_2WI	无	>3 000	80～ 100ms	24×24	3.0/0.3	13～15	288×224	头足	2	自由
2	FSE	矢状位	T_1WI	无	400～600	最短	24×24	3.0/0.3	13～15	288×224	头足	2	自由

3	FSE	矢状位	T$_2$WI	有	＞3 000	最短	24×24	3.0/0.3	13～15	288×224	头足	2	自由
4	GRE	轴位	T$_2^*$WI	无	350～700	最短	20×20	4.0/0.4	16～24	256×224	左右	2	自由

质量要求

- 扫描范围符合临床诊断需求
- 清晰显示全部颈椎椎体、椎间盘、两侧附件及椎旁软组织等结构
- 图像无明显吞咽运动伪影、血管搏动及脑脊液流动伪影
- 脂肪抑制均匀

标准图像

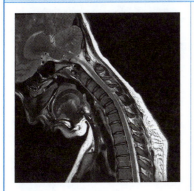

图 7-3-4　颈椎过屈位矢状位 T$_2$WI 标准图像

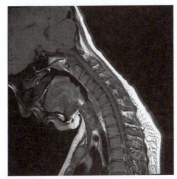

图 7-3-5　颈椎过屈位矢状位 T$_1$WI 标准图像

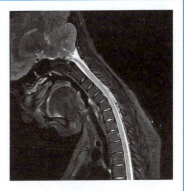

图 7-3-6　颈椎过屈位矢状位 T$_2$WI 脂肪抑制标准图像

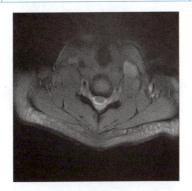

图 7-3-7　颈椎过屈位轴位 T$_2^*$WI 标准图像

伪影图像

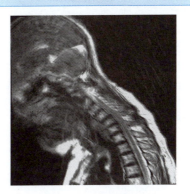

图 7-3-8　运动伪影

第四节　颈椎磁共振平扫、颈椎磁共振增强扫描

检查项目中文名称	颈椎磁共振平扫、颈椎磁共振增强扫描
患者准备及摆位	
准备	● 患者无需特殊准备 ● 仰卧位,头先进
摆位及线圈	● 线圈:头颈部相控阵线圈 ● 仰卧位 ● 定位中心:下颌下缘,两肩尽量下垂,下颌微仰,颈部两侧采用棉垫固定
定位像	扫描定位像时注意 ● 线圈覆盖范围 ● 无金属伪影 ● 冠状位定位像可见椎体或椎管 图 7-4-1　颈椎冠状位定位像
扫描序列	

编号	序列名称	序列说明
1	矢状位 T_2WI	整体观察颅底、颈椎椎体及椎间盘病变,观察小脑及颈髓病变
2	矢状位 T_1WI	整体观察颅底、颈椎椎体及椎间盘病变,观察小脑及颈髓病变
3	矢状位 T_2WI 脂肪抑制	观察骨质异常
4	轴位 T_2WI	评估椎间盘病变,观察椎管及神经根情况
5	矢状位 DWI	评价椎体感染性或肿瘤性病变
6	矢状位 T_1WI+C	评价椎体感染性或肿瘤性病变
7	冠状位 T_1WI+C	评价椎体感染性或肿瘤性病变
8	轴位 T_1WI+C	评价椎体感染性或肿瘤性病变

扫描定位

1. 矢状位 T_2WI

定位要求	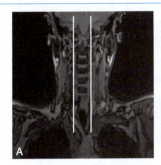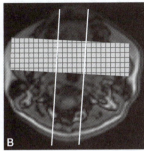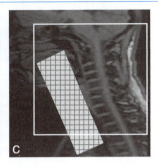 图 7-4-2　颈椎矢状位 T_2WI 定位方法 图 A 示：在冠状位定位像上，定位线平行于颈椎椎管长轴，左右完整覆盖颈椎椎体及横突；图 B 示：在轴位定位像上，定位线平行颈髓正中矢状面；图 C 示：成像范围为 $C_{1\sim7}$ 椎体及附件，上至大脑脚，下至 T_2 水平，施加饱和带，平行于 $C_4\sim T_2$ 椎体长轴。

2. 矢状位 T_1WI

定位要求	• 完全复制矢状位 T_2WI 定位信息

3. 矢状位 T_2WI 脂肪抑制

定位要求	• 完全复制矢状位 T_2WI 定位信息

4. 轴位 T_2WI

定位要求	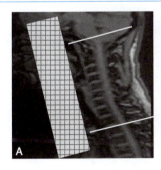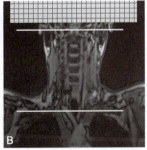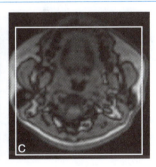 图 7-4-3　颈椎轴位 T_2WI 定位方法 图 A、B 示：在矢状位、冠状位定位像上，定位线垂直于椎体排列长轴，范围覆盖 $C_1\sim T_1$，包含病变区域；图 C 示：左右方向定位线中心与椎体中心一致。

5. 矢状位 DWI

定位要求	• 完全复制矢状位 T_2WI 定位信息 • b 值 $50s/mm^2$、$500s/mm^2$ • 建议使用小视野 DWI 或多次激发 DWI，如没有、扫描参数相位 FOV 调整为 0.5

6. 矢状位 T_1WI+C

定位要求	• 完全复制矢状位 T_2WI 定位信息

7. 冠状位 T_1WI+C

定位要求	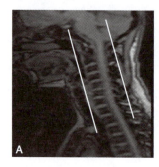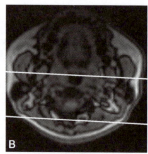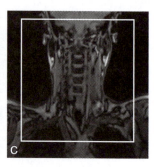 图 7-4-4　颈椎冠状位 T_1WI+C 定位方法 图 A 示：找到正中矢状位定位像，定位线平行于病变区域颈髓或椎体，前后方向完整覆盖病变、$C_{1\sim7}$ 椎体及附件，上缘为第四脑室下方，下缘包括 T_2 椎体；图 B 示：在轴位定位像上，定位线垂直于棘突，定位线中心与颈髓中心一致；图 C 示：定位框左右方向平行颈髓或椎体长轴。

8. 轴位 T_1WI+C

定位要求	完全复制轴位 T_2WI 定位信息

参数要求													
序号	序列	方位	加权	脂肪抑制	重复时间/ms	回波时间	视野/cm	层厚/层距/mm	层数	矩阵	相位编码	平均次数	呼吸控制
1	FSE	矢状位	T_2WI	无	>3 000	100~120ms	24×24	3/0.3	13	320×256	头足	2	自由
2	FSE	矢状位	T_1WI	无	500~700	最短	24×24	3/0.3	13	320×256	头足	2	自由
3	FSE	矢状位	T_2WI	有	>3 000	80ms	24×24	3/0.3	13	320×256	头足	2	自由
4	FSE	轴位	T_2WI	无	4 000	100~120ms	20×20	4/0.4	40	320×256	前后	2	自由
5	EPI序列	矢状位	DWI	有	3 000	50ms	24×12	3.5/0	12	114×92	前后	—	自由
6	FSE	矢状位	T_1WI+C	有	500~700	最短	24×24	3/0.3	13	320×256	头足	1~3	自由
7	FSE	冠状位	T_1WI+C	有	500~700	最短	24×24	3/0.3	13	320×256	左右	1~3	自由
8	FSE	轴位	T_1WI+C	有	500~700	最短	20×20	3/0.3	40	256×220	前后	1~3	自由

质量要求
• 扫描范围符合临床诊断需求 • 清晰显示脊柱及其与周围组织的相互关系 • 图像无明显伪影 • 脂肪抑制均匀

标准图像

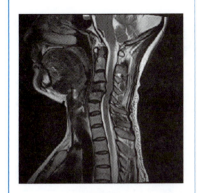

图 7-4-5　颈椎矢状位 T₂WI 标准图像

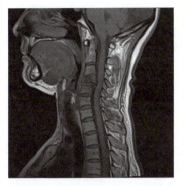

图 7-4-6　颈椎矢状位 T₁WI 标准图像

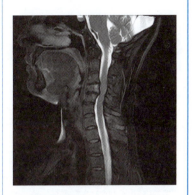

图 7-4-7　颈椎矢状位 T₂WI 脂肪抑制标准图像

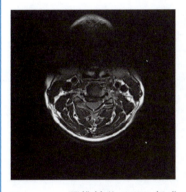

图 7-4-8　颈椎轴位 T₂WI 标准图像

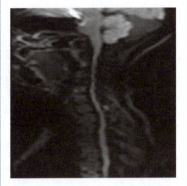

图 7-4-9　颈椎矢状位 DWI 标准图像

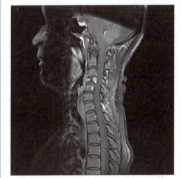

图 7-4-10　颈椎矢状位 T₁WI+C 标准图像

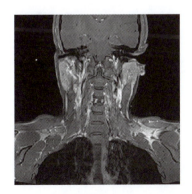

图 7-4-11　颈椎冠状位 T₁WI+C 标准图像

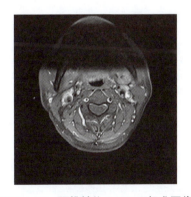

图 7-4-12　颈椎轴位 T₁WI+C 标准图像

特殊注意事项

- T₁WI 增强脂肪抑制，建议采用 Dixon 脂肪抑制方法

第五节　颈胸段磁共振平扫、颈胸段磁共振增强扫描

检查项目 中文名称	颈胸段磁共振平扫、颈胸段磁共振增强扫描
患者准备及摆位	
准备	• 放置海绵垫固定头部；嘱受检者减少吞咽动作
摆位及线圈	• 线圈：头颈联合线圈、颈胸腰联合线圈、Tim 线圈，脊柱线圈 • 定位中心：下颌下缘
定位像	扫描定位像时注意 • 线圈覆盖范围 • 有无金属伪影 **图 7-5-1　颈胸段矢状位定位像**

扫描序列		
编号	序列名称	序列说明
1	矢状位 T_2WI	观察颈胸段的椎间盘突出、退变，椎体、椎管占位病变、外伤等
2	矢状位 T_1WI	观察颈胸段整体解剖结构，为疾病诊断进行补充
3	矢状位 T_2WI 脂肪抑制	观察占位性病变性质
4	斜轴位 T_2^*WI	显示颈胸段的椎体和椎间盘解剖结构，可观察椎间盘突出、退变，椎体、椎管占位病变、外伤等异常信号
5	斜轴位 DWI	检出病变，观察病变扩散受限程度及范围
6	矢状位 T_1WI+C	判断病变强化程度、周围浸润情况以及脊髓信号的异常变化
7	冠状位 T_1WI+C	判断病变强化程度、周围浸润情况以及脊髓信号的异常变化
8	轴位 T_1WI+C	判断病变强化程度、周围浸润情况以及脊髓信号的异常变化

扫描定位

1. 矢状位 T_2WI

定位 要求	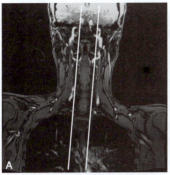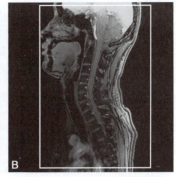 图 7-5-2　颈胸段矢状位 T_2WI 定位方法 图 A 示：以脊髓为中心扫描 13～15 层，左右完整覆盖两侧椎体，定位线平行于颈椎轴线，如扫描转移性病变，扫描 16 层，完整覆盖横突，扫描层厚 4mm；图 B 示：上缘包括小脑上缘，下缘至 T_6 下缘。

2. 矢状位 T_1WI

定位 要求	● 完全复制矢状位 T_2WI 定位信息

3. 矢状位 T_2WI 脂肪抑制

定位 要求	● 完全复制矢状位 T_2WI 定位信息

4. 斜轴位 T_2^*WI

定位 要求	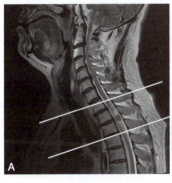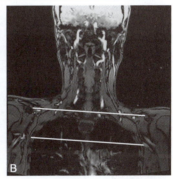 图 7-5-3　颈胸段斜轴位 T_2^*WI 定位方法 图 A 示：确定病变位置，上下完整覆盖病变，如怀疑转移性病变，完整覆盖颈胸段椎体；图 B 示：定位线垂直于病变所在平面的椎体或椎管，定位线中心与脊髓中心一致。

5. 斜轴位 DWI

定位 要求	● 复制斜轴位 T_2^*WI 的扫描范围 ● b 值 50、800s/mm² ● 建议用小视野 DWI 或多次激发 DWI 扫描，如没有，扫描参数相位 FOV 用 0.5

6. 矢状位 T_1WI+C

定位 要求	● 完全复制矢状位 T_2WI 定位信息

7. 冠状位 T_1WI+C

<table>
<tr><td rowspan="2">定位
要求</td><td>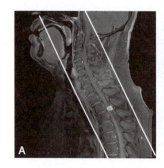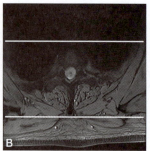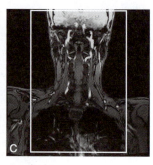</td></tr>
<tr><td>

图 7-5-4　颈胸段斜冠状位 T_1WI+C 定位方法

图 A、B 示：在正中矢状位 T_1WI 定位像上定位，前后完整覆盖病变及椎体，上下范围同矢状位 T_1WI，定位线平行于病变所在椎体或椎管方向；图 C 示：调节定位框，左右对称，上下平行于脊柱长轴。

</td></tr>
</table>

8. 斜轴位 T_1WI+C

定位 要求	• 完全复制斜轴位 T_2^*WI 定位信息

参数要求

序号	序列	方位	加权	脂肪 抑制	重复 时间/ ms	回波 时间/	视野/ cm	层厚/ 层距/ mm	层数	矩阵	相位 编码	平均 次数	呼吸 控制
1	FSE	矢状位	T_2WI	无	>3 000	100～ 120ms	28×28	3.0/0.5	13～15	352×256	头足	2	自由
2	FSE	矢状位	T_1WI	无	350～800	最短	28×28	3.0/0.5	13～15	320×192	头足	2	自由
3	FSE	矢状位	T_2WI	有	>3 000	80～ 100ms	28×28	3.0/0.5	13～15	352×256	头足	2	自由
4	GRE	轴位	T_2^*WI	无	350～700	最短	19×14	4.0/0.4	19～24	260×224	前后	2	自由
5	SE- EPI	轴位	DWI	有	3 000	65～ 85ms	24×20	4.0/0.4	19～24	128×64	前后	4	自由
6	FSE	矢状位	T_1WI+C	有	350～800	最短	28×28	3.0/0.5	13～15	320×224	头足	1	自由
7	FSE	冠状位	T_1WI+C	有	350～800	最短	28×28	3.0/0.5	13～15	320×224	头足	1	自由
8	FSE	轴位	T_1WI+C	有	350～800	最短	19×14	4.0/0.4	19～24	288×224	前后	1.5	自由

质量要求

• 扫描范围符合临床诊断需求
• 清晰显示全部颈胸段椎体、椎间盘、两侧附件及椎旁软组织等结构
• 图像无明显吞咽运动伪影、血管搏动及脑脊液流动伪影
• 脂肪抑制均匀
• 增强动脉期表现为动脉血管及病灶明显强化，静脉血管轻微显影
• 静脉期表现为颈胸段椎体的椎旁动静脉血管均匀强化

标准图像

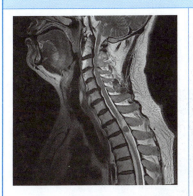

图 7-5-5　颈胸段矢状位 T_2WI 标准图像

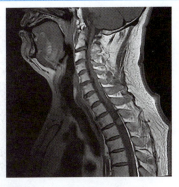

图 7-5-6　颈胸段矢状位 T_1WI 标准图像

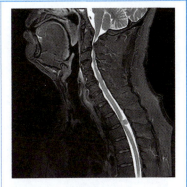

图 7-5-7　颈胸段矢状位 T_2WI 脂肪抑制标准图像

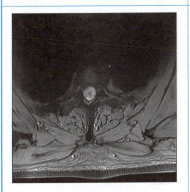

图 7-5-8　颈胸段斜轴位 T_2^*WI 标准图像

图 7-5-9　颈胸段斜轴位 DWI 标准图像

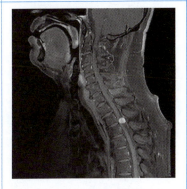

图 7-5-10　颈胸段矢状位 T_1WI+C 标准图像

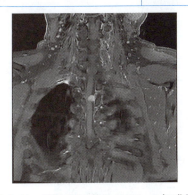

图 7-5-11　颈胸段冠状位 T_1WI+C 标准图像

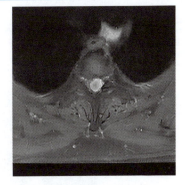

图 7-5-12　颈胸段斜轴位 T_1WI+C 标准图像

第六节　胸椎磁共振平扫、胸椎磁共振增强扫描

检查项目中文名称	胸椎磁共振平扫、胸椎磁共振增强扫描
患者准备及摆位	
准备	● 患者无需特殊准备 ● 仰卧位，头先进

摆位及线圈	• 线圈：脊柱相控阵线圈 • 定位中心：胸骨切迹，人体居于扫描床中心
定位像	扫描定位像时注意 • 为定位椎体，需扫描颈胸两段定位像，两段上下中心点重叠10cm，系统自动拼接 • 无金属伪影 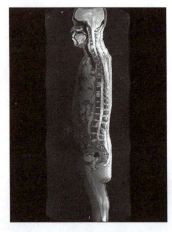 图 7-6-1　胸椎矢状位定位像

扫描序列		
编号	序列名称	序列说明
1	矢状位 T_2WI Dixon	整体观察胸椎椎体及椎间盘、胸髓病变
2	矢状位 T_1WI	整体观察胸椎椎体及椎间盘、胸髓病变
3	矢状位 DWI	检出病变，观察病变扩散受限程度及范围
4	轴位 T_2WI	观察脊髓和神经根压迫，评估脊柱结构异常
5	矢状位 T_1WI+C	评价椎体感染性或肿瘤性病变
6	轴位 T_1WI+C	评价椎体感染性或肿瘤性病变

扫描定位

1. 矢状位 T_2WI Dixon

定位要求	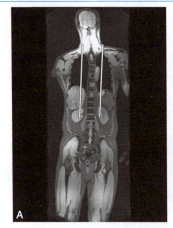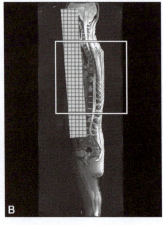 图 7-6-2　胸椎矢状位 T_2WI Dixon 定位方法 图 A 示：在冠状位定位像上找到显示椎体层面，定位线平行于胸椎排列长轴；图 B 示：定位框头足方向包括 C_7~L_1 椎体，左右完整覆盖横突，C_7 与 L_1 椎体前缘连线前方施加饱和带，覆盖前方人体组织。

2. 矢状位 T₁WI	
定位要求	• 完全复制矢状位 T₂WI Dixon 定位信息
3. 矢状位 DWI	
定位要求	• 完全复制矢状位 T₂WI Dixon 定位信息 • b 值 50、800s/mm²，建议使用小视野或者多次激发 DWI，如无此序列，使用常规 DW-EPI，使用 50% 相位 FOV，扫描视野前后方施加饱和带抑制 FOV 外人体结构 • 自动重建 ADC
4. 轴位 T₂WI	

2. 矢状位 T₁WI

定位要求	• 完全复制矢状位 T₂WI Dixon 定位信息

3. 矢状位 DWI

定位要求	• 完全复制矢状位 T₂WI Dixon 定位信息 • b 值 50、800s/mm²，建议使用小视野或者多次激发 DWI，如无此序列，使用常规 DW-EPI，使用 50% 相位 FOV，扫描视野前后方施加饱和带抑制 FOV 外人体结构 • 自动重建 ADC

4. 轴位 T₂WI

定位要求	如患者为椎体骨转移，需扫描全胸椎。由于胸椎生理曲度大，扫描需分上下两段扫描 • 如非转移性病变，只扫描局部，头足完整覆盖病变及周围水肿，椎体前方施加饱和带，距离半个椎体，冠状位调整定位框，左右方向垂直椎体排列长轴 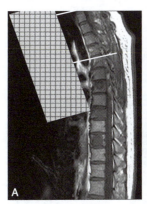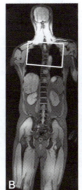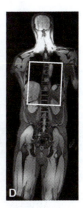 **图 7-6-3　胸椎轴位 T₂WI 定位方法** 图 A 示：上段，在矢状位 T₂WI 图像正中层面定位，上缘包括 T₁ 椎体，下缘至胸椎排列转角处，定位线垂直于椎体长轴，前方与胸椎平行放置饱和带，饱和带与胸椎相差半个椎体距离；图 B 示：在冠状位定位像上调整扫描视野，左右方向垂直于椎体长轴；图 C 示：下段，在矢状位 T₂WI 图像正中层面定位，从转角处胸椎上缘开始扫描，至 T₁₂ 椎体下缘，前方平行胸椎排列放置饱和带，饱和带与胸椎相差半个椎体距离；图 D 示：在冠状位定位像上调整扫描视野，左右方向垂直椎体排列长轴。

5. 矢状位 T₁WI+C

定位要求	• 完全复制矢状位 T₂WI Dixon 定位信息

6. 轴位 T₁WI+C

定位要求	• 依据轴位 T₂WI 扫描方式，分成两段或局部扫描，复制轴位 T₂WI 扫描范围

参数要求

序号	序列	方位	加权	脂肪抑制	重复时间	回波时间	视野/cm	层厚/层距/mm	层数	矩阵	相位编码	平均次数	呼吸控制
1	FSE	矢状位	T₂WI	有	>3 000ms	100～110ms	30～34	4.5/0.5	16	320×256	头足	2	自由

2	FSE	矢状位	T₁WI	无	450~600ms	最短	30~34	4.5/0.5	16	256×320	头足	1	自由
3	DW-EPI	矢状位	DWI	有	>3 000ms	最短	30×15	4.5/0.5	16	144×92	前后	2	自由
4	FSE	轴位	T₂WI	无	>3 000ms	100~110ms	20×20	5/1	20~30	288×256	前后	2	自由
5	FSE	矢状位	T₁WI+C	有	500~700ms	最短	30~34	4.5/0.5	16	205×256	头足	1~3	自由
6	3D SPGR	轴位	T₁WI+C	有	最小	最短	24×24	4/−2	40~60	256×256	前后	2	自由

质量要求
• 扫描范围符合临床诊断需求 • 清晰显示脊柱及其与周围组织的相互关系 • 图像无明显伪影 • 脂肪抑制均匀

标准图像

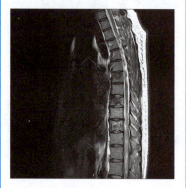

图 7-6-4　胸椎矢状位 T₂WI 标准图像

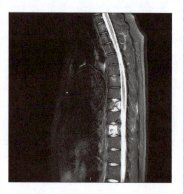

图 7-6-5　胸椎矢状位 T₂WI 脂肪抑制标准图像

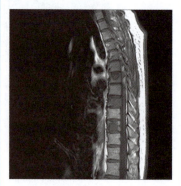

图 7-6-6　胸椎矢状位 T₁WI 标准图像

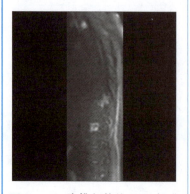

图 7-6-7　胸椎矢状位 DWI 标准图像

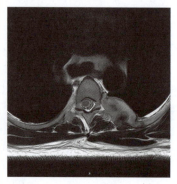

图 7-6-8　胸椎上段轴位 T₂WI 标准图像

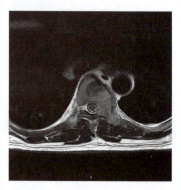

图 7-6-9　胸椎下段轴位 T₂WI 标准图像

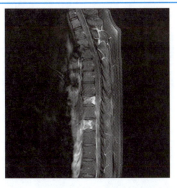

图 7-6-10 胸椎矢状位 T_1WI+C 标准图像

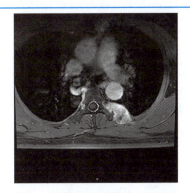

图 7-6-11 胸椎轴位 T_1WI+C 标准图像

特殊注意事项
● 建议扫描一个包括全部颈椎的大视野定位像，在此基础上进行胸椎的定位，并且建议胸椎图像最上面的一个完整椎体为 C_7，便于临床医生确定胸椎的定位 ● 增强扫描轴位 T_1WI 脂肪抑制序列，较易出现运动伪影，可以更换为 2D 或者 3D 的轴位梯度回波序列，以减少运动伪影

第七节　胸腰段磁共振平扫、胸腰段磁共振增强扫描

检查项目 中文名称	胸腰段磁共振平扫、胸腰段磁共振增强扫描	
患者准备及摆位		
准备	● 患者无需特殊准备	
摆位及线圈	● 线圈：Tim 线圈、颈胸腰联合线圈、脊柱线圈 ● 定位中心：脐上 3cm ● 其他要求：膝盖下垫三角垫，受检者仰卧至扫描床中心，保持不动	
定位像	扫描定位像时注意 ● 线圈覆盖范围 ● 无金属伪影 图 7-7-1　胸腰段矢状位定位像	
扫描序列		
编号	序列名称	序列说明
1	矢状位 T_2WI	观察椎体病变、椎间盘是否突出、椎管内病变、脊髓病变等

2	矢状位 T_1WI	观察整体解剖结构,为疾病诊断提供补充信息
3	矢状位 T_2WI 脂肪抑制	观察占位性病变的性质
4	轴位 T_2WI	明确脊髓、神经是否受压,占位性病变与周围组织关系
5	轴位 DWI	检出病变,观察病变扩散受限程度及范围
6	轴位 T_1WI+C	判断病变强化程度、浸润范围等
7	矢状位 T_1WI+C	判断病变强化程度、浸润范围等
8	冠状位 T_1WI+C	判断病变强化程度、浸润范围等
扫描定位		

1. 矢状位 T_2WI

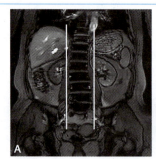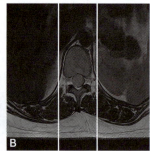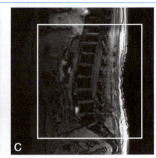

图 7-7-2　胸腰段矢状位 T_2WI 定位方法

图 A、B 示:以脊髓为中心扫描 13~15 层,左右完整覆盖两侧椎体,扫描线平行于脊柱轴线;图 C 示:上缘包括 T_9 椎体上缘,下缘包括 S_1 下缘。

2. 矢状位 T_1WI

定位要求
- 完全复制矢状位 T_2WI 定位信息

3. 矢状位 T_2WI 脂肪抑制

定位要求
- 完全复制矢状位 T_2WI 定位信息

4. 轴位 T_2WI

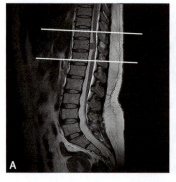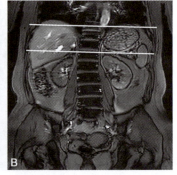

图 7-7-3　胸腰段轴位 T_2WI 定位方法

图 A 示:在矢状位定位像上确定病变位置,完整覆盖病变,椎间盘突出时,定位线平行于椎间盘,仅扫描椎间盘,占位性病变时,定位线垂直于病变所在位置的椎体或椎管,完整覆盖病变与邻近水肿,转移性病变时,定位线垂直于病变所在位置的椎体或椎管,完整覆盖 T_{11}~L_3 椎体;图 B 示:定位线垂直椎体轴线,中心与脊髓中心一致。

5. 轴位 DWI

定位要求	• 复制轴位 T_2WI 的扫描范围 • b 值 50、800s/mm² • 建议使用小视野 DWI 或多次激发 DWI 扫描

6. 轴位 T_1WI+C

定位要求	• 完全复制轴位 T_2WI 定位信息

7. 矢状位 T_1WI+C

定位要求	• 完全复制矢状位 T_2WI 定位信息

8. 冠状位 T_1WI+C

定位要求	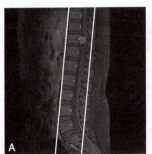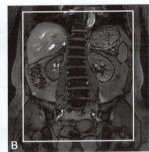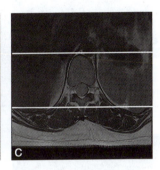

图 7-7-4 胸腰段冠状位 T_1WI+C 定位方法

图 A、B 示：确定病变位置及范围，前后完整覆盖病变，上下范围同矢状位 T_2WI，定位线平行病变所在椎体或椎管方向；图 C 示：定位线中心与椎管中心一致，垂直棘突。

										参数要求			

序号	序列	方位	加权	脂肪抑制	重复时间/ms	回波时间/	视野/cm	层厚/层距/mm	层数	矩阵	相位编码	平均次数	呼吸控制
1	FSE	矢状位	T_2WI	无	>3 000	80～100ms	32×32	4/0.5	13～15	448×256	头足	2	自由
2	FSE	矢状位	T_1WI	无	400～600	最短	32×32	4/0.5	13～15	320×256	头足	2	自由
3	FSE	矢状位	T_2WI	有	>3 000	80～100ms	32×32	4/0.5	13～15	320×256	头足	2	自由
4	FSE	轴位	T_2WI	无	>3 000	80～100ms	20×20	4/0.5	16～24	256×224	前后	2	自由
5	SE-EPI	轴位	DWI	有	3 000	65～85ms	24×20	4/0.5	16～24	128×64	前后	2	自由
6	FSE	轴位	T_1WI+C	有	400～700	最短	24×20	4/0.5	16～24	256×224	前后	1	自由
7	FSE	矢状位	T_1WI+C	有	400～700	最短	32×32	4/0.5	13～15	320×256	头足	1	自由
8	FSE	冠状位	T_1WI+C	有	400～700	最短	32×32	4/0.5	13～15	320×256	头足	1	自由

质量要求
• 扫描范围符合临床诊断需求 • 清晰显示椎体、脊髓、椎间盘及神经根的相互位置关系 • 图像无明显伪影 • 脂肪抑制均匀
标准图像

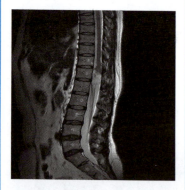

图 7-7-5　胸腰段矢状位 T$_2$WI 标准图像

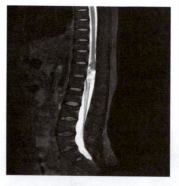

图 7-7-6　胸腰段矢状位 T$_2$WI 脂肪抑制标准图像

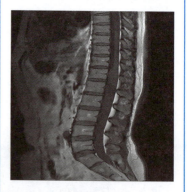

图 7-7-7　胸腰段矢状位 T$_1$WI 标准图像

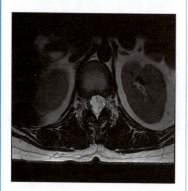

图 7-7-8　胸腰段斜轴位 T$_2$WI 标准图像

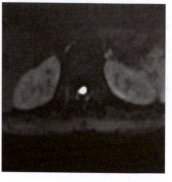

图 7-7-9　胸腰段轴位 DWI 标准图像

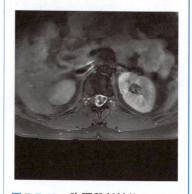

图 7-7-10　胸腰段斜轴位 T$_1$WI+C 标准图像

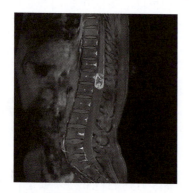

图 7-7-11　胸腰段矢状位 T$_1$WI+C 标准图像

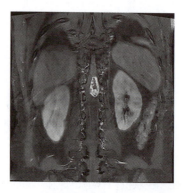

图 7-7-12　胸腰段冠状位 T$_1$WI+C 标准图像

	伪影图像		

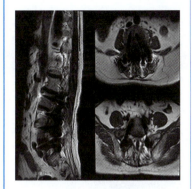

图 7-7-13　金属伪影

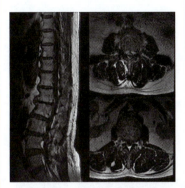

图 7-7-14　运动伪影

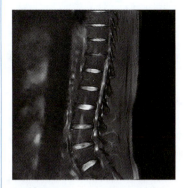

图 7-7-15　血管搏动伪影

特殊注意事项
● 胸腰段部分，一般局部磁场较均匀，可以使用频率饱和法脂肪抑制，如果效果欠佳，T$_2$WI 可以选择 Dixon 或 STIR 脂肪抑制方法，T$_1$WI 可以选择 Dixon 脂肪抑制方法

第八节　腰椎间盘磁共振平扫

检查项目 中文名称	腰椎间盘磁共振平扫
项目释义	无明确器官指向性的情况下，执行此扫描序列
患者准备及摆位	
准备	● 患者无需特殊准备
摆位及线圈	● 线圈：脊柱专用相控阵线圈腰椎段 ● 定位点：脐上 3cm 处
定位像	扫描定位像时注意 ● 线圈覆盖范围 ● 有无金属伪影 ● 冠状位定位像显示腰椎椎体或椎管 图 7-8-1　腰椎间盘冠状位定位像

扫描序列		
编号	序列名称	序列说明
1	矢状位 T_2WI	观察椎间盘突出、退变，椎体、椎管占位病变，外伤等异常信号
2	矢状位 T_1WI	观察整体解剖结构，为疾病诊断进行补充
3	矢状位 T_2WI 脂肪抑制	观察椎间盘突出、退变，椎体、椎管占位病变，外伤等异常信号
4	斜轴位 T_2WI	观察椎间盘突出及神经根受压程度，髓内占位病变等
扫描定位		

1. 矢状位 T_2WI

| 定位要求 |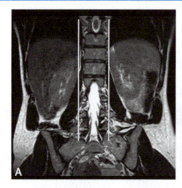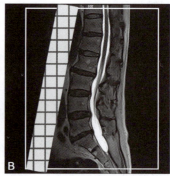

图 7-8-2　腰椎间盘矢状位 T_2WI 定位方法

图 A 示：在冠状位定位像上，定位线平行于椎体长轴或椎管，左右完整覆盖椎体两侧；图 B 示：在矢状位定位像上，视野上缘包括 T_{12} 上缘，下缘至 S_2 下缘，可施加平行于腰椎长轴饱和带。 |

2. 矢状位 T_1WI

| 定位要求 | • 完全复制矢状位 T_2WI 定位信息 |

3. 矢状位 T_2WI 脂肪抑制

| 定位要求 | • 完全复制矢状位 T_2WI 定位信息 |

4. 斜轴位 T_2WI

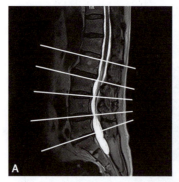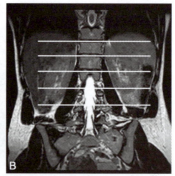

图 7-8-3　腰椎间盘斜轴位 T_2WI 定位方法

图 A 示：在矢状位 T_2WI 图像上确定突出间盘位置，扫描线平行于腰椎间盘，分组扫描 $L_1 \sim S_1$ 各椎间盘；图 B 示：在冠状位定位像上，定位线垂直于椎体排列长轴。

参数要求													
序号	序列	方位	加权	脂肪抑制	重复时间/ms	回波时间	视野/cm	层厚/层距/mm	层数	矩阵	相位编码	平均次数	呼吸控制
1	FSE	矢状位	T₂WI	无	>3 000	80~100ms	32×32	4.0/0.4	11~15	448×256	头足	2	自由
2	FSE	矢状位	T₁WI	无	400~600	最短	32×32	4.0/0.4	11~15	320×256	头足	2	自由
3	FSE	矢状位	T₂WI	有	>3 000	80~100ms	32×32	4.0/0.4	11~15	320×256	头足	2	自由
4	FSE	轴位	T₂WI	无	>3 000	80~100ms	20×20	4.0/1	16~24	256×224	前后	2	自由

质量要求

- 扫描范围符合临床诊断需求
- 清晰显示全部腰椎椎体、椎间盘、两侧附件及椎旁软组织等结构
- 图像无明显腹部呼吸运动伪影、血管搏动及脑脊液流动伪影
- 脂肪抑制均匀

标准图像

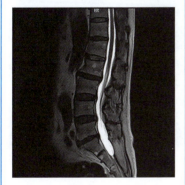
图 7-8-4　腰椎间盘矢状位 T₂WI 标准图像

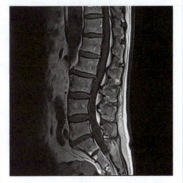
图 7-8-5　腰椎间盘矢状位 T₁WI 标准图像

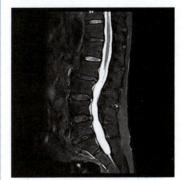
图 7-8-6　腰椎间盘矢状位 T₂WI 脂肪抑制标准图像

图 7-8-7　腰椎间盘斜轴位 T₂WI 标准图像

特殊注意事项

- 腰痛患者可用海绵垫垫高双膝关节,减少腰椎神经根刺激引起的疼痛

第九节　腰椎磁共振平扫、腰椎磁共振增强扫描

检查项目 中文名称	腰椎磁共振平扫、腰椎磁共振增强扫描
患者准备及摆位	
准备	• 患者无需特殊准备 • 仰卧位、头先进
摆位及线圈	• 线圈：脊柱相控阵线圈 • 标准人体解剖位，人体冠状面及矢状面置于扫描床及扫描机架的定位线中心 • 定位点：脐上 3cm 处
定位像	扫描定位像时注意 • 线圈覆盖范围 • 有无金属伪影 图 7-9-1　腰椎矢状位定位像

扫描序列		
编号	序列名称	序列说明
1	矢状位 T_2WI	整体观察腰椎椎体、椎间盘、腰髓及马尾神经病变
2	矢状位 T_1WI	整体观察腰椎椎体、椎间盘、腰髓及马尾神经病变
3	矢状位 T_2WI 脂肪抑制	观察骨质情况
4	轴位 T_2WI	观察病变情况
5	矢状位 DWI	评价椎体感染性或肿瘤性病变
6	轴位 T_1WI+C	评价椎体感染性或肿瘤性病变
7	矢状位 T_1WI+C	评价椎体感染性或肿瘤性病变
8	冠状位 T_1WI+C	评价椎体感染性或肿瘤性病变

扫描定位

1. 矢状位 T₂WI

定位要求	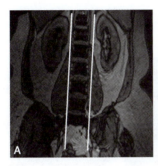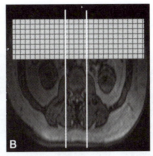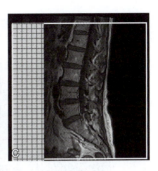 **图 7-9-2 腰椎矢状位 T₂WI 定位方法** 图 A 示：在冠状位定位像上，定位线平行于腰椎正中矢状面；图 B 示：在轴位定位像上，定位线与腰椎正中矢状面平行；图 C 示：在矢状位定位像上，视野范围覆盖 T₁₁～S₃ 椎体及附件。

2. 矢状位 T₁WI

定位要求	• 完全复制矢状位 T₂WI 定位信息

3. 矢状位 T₂WI 脂肪抑制

定位要求	• 完全复制矢状位 T₂WI 定位信息

4. 轴位 T₂WI

定位要求	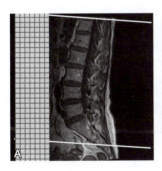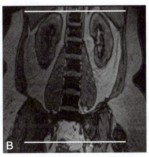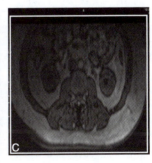 **图 7-9-3 腰椎轴位 T₂WI 定位方法** 图 A、B 示：在矢状位、冠状位定位像上，定位线垂直于椎体排列长轴，范围覆盖 T₁₁～S₃ 的病变椎体及椎间盘；图 C 示：在轴位定位像上，腰部位于扫描视野中心，完整覆盖病变。

5. 矢状位 DWI

定位要求	• 完全复制矢状位 T₂WI 定位信息 • b 值 50、800s/mm²

6. 轴位 T₁WI+C

定位要求	• 完全复制轴位 T₂WI 定位信息

7. 矢状位 T₁WI+C

定位要求	• 完全复制矢状位 T₂WI 定位信息

8. 冠状位 T₁WI+C

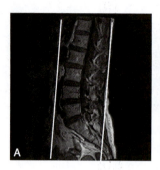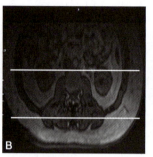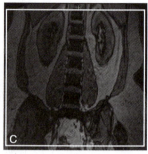

A　　　B　　　C

图 7-9-4　腰椎冠状位 T₂WI+C 定位方法

图 A 示：在矢状位定位像上，定位线平行于病变区域胸髓或椎体；图 B 示：在轴位定位像上，定位线垂直于病变区域胸髓正中矢状面；图 C 示：在冠状位定位像上，视野范围覆盖 T₁₁～S₃ 椎体及附件。

参数要求												
序号	序列	方位	加权	脂肪抑制	重复时间/ms	回波时间	视野/cm	层厚/层距/mm	层数	矩阵	相位编码	平均次数	呼吸控制
1	FSE	矢状位	T₂WI	无	>3 000	100～120ms	28×28	4.5/0.5	15	320×256	头足	2	自由
2	FSE	矢状位	T₁WI	无	500～700	最短	28×28	4.5/0.5	15	320×256	头足	2	自由
3	FSE	矢状位	T₂WI	有	>3 000	80～100ms	28×28	4.5/0.5	15	320×256	头足	2	自由
4	FSE	轴位	T₂WI	无	4 000	105ms	20×20	4/0.6	40	320×224	前后	1～2	自由
5	DW-EPI	矢状位	DWI	有	3 000	50ms	28×28	4.5/0.5	15	114×92	前后	—	自由
6	FSE	轴位	T₁WI+C	有	500～700	最短	20×20	4/0.6	40	256×224	前后	1～3	自由
7	FSE	矢状位	T₁WI+C	有	500～700	最短	20×20	4/0.5	15	320×256	头足	1～3	自由
8	FSE	冠状位	T₁WI+C	有	500～700	最短	28×28	4.5/0.5	15	320×256	左右	1～3	自由
质量要求												

- 扫描范围符合临床诊断需求
- 清晰显示脊柱及其与周围组织的相互关系
- 图像无明显伪影
- 脂肪抑制均匀

标准图像

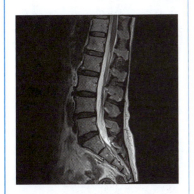

图 7-9-5 腰椎矢状位 T$_2$WI 标准图像

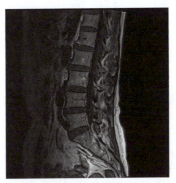

图 7-9-6 腰椎矢状位 T$_1$WI 标准图像

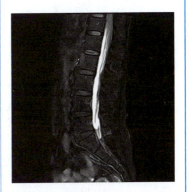

图 7-9-7 腰椎矢状位 T$_2$WI 脂肪抑制标准图像

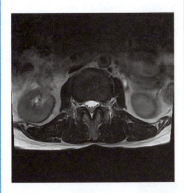

图 7-9-8 腰椎轴位 T$_2$WI 标准图像

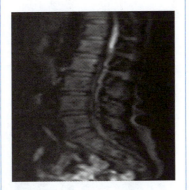

图 7-9-9 腰椎矢状位 DWI 标准图像

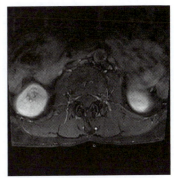

图 7-9-10 腰椎轴位 T$_1$WI+C 标准图像

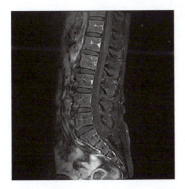

图 7-9-11 腰椎矢状位 T$_1$WI+C 标准图像

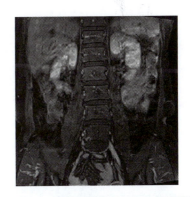

图 7-9-12 腰椎冠状位 T$_1$WI+C 标准图像

特殊注意事项

- 腰椎扫描时，局部磁场一般较为均匀，可以选择频率饱和法脂肪抑制技术，如果效果欠佳，可以选择 Dixon 技术

第十节 骶髂关节磁共振平扫

检查项目中文名称	骶髂关节磁共振平扫
项目释义	无明确器官指向性的情况下，执行此扫描序列；如果申请单明确注明目标器官是腰骶椎，则执行相应的扫描序列

患者准备及摆位	
准备	• 患者无需特殊准备
摆位及线圈	• 线圈：体部相控阵线圈 • 定位点：对准线圈中心及两侧髂前上棘连线中点 • 其他要求：可适当使用海绵垫垫高膝部，减轻运动伪影
定位像	扫描定位像时注意 • 线圈覆盖范围 • 有无金属伪影 图 7-10-1 骶髂关节冠状位定位像

扫描序列		
编号	序列名称	序列说明
1	斜冠状位 T_2WI 脂肪抑制	观察骶髂关节骨质破坏、骨髓水肿、关节软骨破坏、滑膜增生等异常
2	斜冠状位 T_1WI	观察整体解剖结构，为疾病诊断提供补充信息
3	斜轴位 T_2WI 脂肪抑制	观察骶髂关节骨质破坏、骨髓水肿、关节软骨破坏、滑膜增生等异常

扫描定位

1. 斜冠状位 T₂WI 脂肪抑制

定位要求	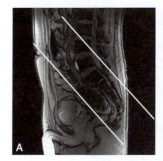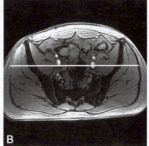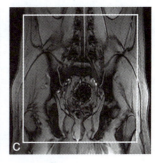

图 7-10-2　骶髂关节斜冠状位 T₂WI 脂肪抑制定位方法

图 A、B 示：在矢状位定位像上，定位线平行于骶骨长轴，范围覆盖骶骨前后缘；图 C 示：在冠状位定位像上调整扫描视野，将骶髂关节置于视野中心。

2. 斜冠状位 T₁WI

定位要求
- 完全复制斜冠状位 T₂WI 脂肪抑制定位信息

3. 斜轴位 T₂WI 脂肪抑制

定位要求	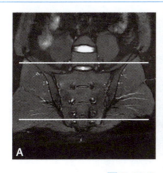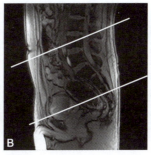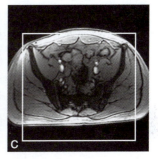

图 7-10-3　骶髂关节斜轴位 T₂WI 脂肪抑制定位方法

图 A、B 示：在斜冠状位、矢状位定位像上，定位线垂直于骶骨长轴，范围覆盖骶髂关节上下界；图 C 示：在轴位定位像上视野完整覆盖骶髂关节。

参数要求

序号	序列	方位	加权	脂肪抑制	重复时间/ms	回波时间/ms	视野/cm	层厚/层距/mm	层数	矩阵	相位编码	平均次数	呼吸控制
1	FSE	斜冠状位	T₂WI	有	>2 000	70~90	30×24	3.0/0.3	16~20	256×256	左右	1~2	自由
2	FSE	斜冠状位	T₁WI	无	400~700	10~20	30×24	3.0/0.3	16~20	256×224	左右	1~2	自由
3	FSE	斜轴位	T₂WI	有	>2 000	70~90	30×24	3.0/0.3	20~24	256×256	前后	1~2	自由

质量要求

- 清晰显示骶髂关节髂骨面和骶骨面滑膜等
- 伪影不影响诊断

标准图像		
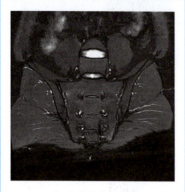图 7-10-4　骶髂关节斜冠状位 T₂WI 脂肪抑制标准图像	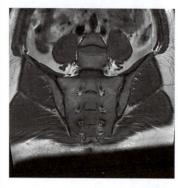图 7-10-5　骶髂关节斜冠状位 T₁WI 标准图像	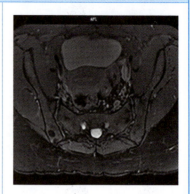图 7-10-6　骶髂关节斜轴位 T₂WI 脂肪抑制标准图像

第十一节　骶尾椎磁共振平扫、骶尾椎磁共振增强扫描

检查项目 中文名称	骶尾椎磁共振平扫、骶尾椎磁共振增强扫描
患者准备及摆位	
准备	• 患者无需特殊准备
摆位及线圈	• 线圈：Tim 线圈、颈胸腰联合线圈、脊柱线圈 • 定位点：髂棘连线中点 • 其他要求：膝盖下垫三角垫，受检者仰卧至扫描床中心，保持静止
定位像	扫描定位像时注意 • 线圈覆盖范围 • 有无金属伪影 图 7-11-1　骶尾椎矢状位定位像

扫描序列		
编号	序列名称	序列说明
1	矢状位 T₂WI	观察骶骨和尾骨形态、骨质疏松、骨肿瘤等；神经、马尾、脊髓是否受压，是否存在占位性病变等；周围软组织是否存在损伤、肿胀、炎症等

2	矢状位 T_1WI	观察整体解剖结构,为疾病诊断提供补充信息
3	矢状位 T_2WI 脂肪抑制	观察占位性病变性质
4	轴位 T_2WI	检出病变,观察占位性病变与周围组织关系
5	轴位 T_1WI+C	观察病变强化程度、浸润范围、淋巴结等
6	矢状位 T_1WI+C	观察病变强化程度、浸润范围、淋巴结等
7	斜冠状位 T_1WI+C	观察病变强化程度、浸润范围、淋巴结等

扫描定位

1. 矢状位 T_2WI

定位要求	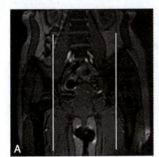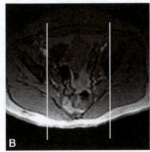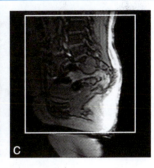 **图 7-11-2 骶尾椎矢状位 T_2WI 定位方法** 图 A、B 示:在冠状位、轴位定位像上,定位线平行于人体轴线,以脊髓为中心扫描 20~30 层,左右完整覆盖骶骨两侧;图 C 示:在矢状位定位像上,视野上缘包括 L_3 椎体上缘,下缘包括尾骨下缘。

2. 矢状位 T_1WI

定位要求	• 完全复制矢状位 T_2WI 定位信息

3. 矢状位 T_2WI 脂肪抑制

定位要求	• 完全复制矢状位 T_2WI 定位信息

4. 轴位 T_2WI

定位要求	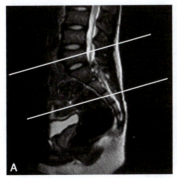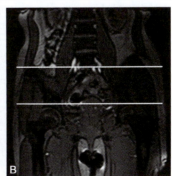 **图 7-11-3 骶尾椎轴位 T_2WI 定位方法** 图 A 示:在矢状位定位像上,定位线平行于椎间盘,上下缘以病变位置为中心完整覆盖病变;图 B 示:在冠状位定位像上,定位线垂直于椎体排列长轴并完整覆盖病变。

5. 轴位 T₁WI+C	
定位要求	• 复制轴位 T₂WI 扫描范围

6. 矢状位 T₁WI+C	
定位要求	• 完全复制矢状位 T₂WI 定位信息

7. 斜冠状位 T₁WI+C	
定位要求	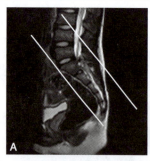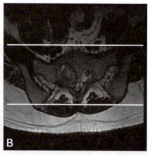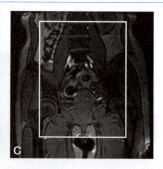

图 7-11-4　骶尾椎斜冠状位 T₁WI+C 定位方法

图 A、B 示：在矢状位、轴位定位像上，定位线平行于病变所在椎体或椎管方向，上下范围以病变位置为中心，前后完整覆盖病变；图 C 示：在冠状位定位像上，视野左右对称，上下平行于人体长轴。 |

							参数要求					
序号	序列	方位	加权	脂肪抑制	重复时间/ms	回波时间	视野/cm	层厚/层距/mm	层数	矩阵	相位编码	平均次数	呼吸控制
1	FSE	矢状位	T₂WI	无	>3 000	80～100ms	32×26	4/0.5	20～30	448×256	头足	2	自由
2	FSE	矢状位	T₁WI	无	400～600	最短	32×26	4/0.5	20～30	320×256	头足	2	自由
3	FSE	矢状位	T₂WI	有	>3 000	80～100ms	32×26	4/0.5	20～30	320×256	头足	2	自由
4	FSE	轴位	T₂WI	无	>3 000	80～100ms	24×20	4/0.5	16～24	256×224	前后	2	自由
5	FSE	轴位	T₁WI+C	有	400～700	最短	24×20	4/0.5	16～24	256×224	前后	1	自由
6	FSE	矢状位	T₁WI+C	有	400～700	最短	32×26	4/0.5	20～30	320×256	头足	1	自由
7	FSE	斜冠状位	T₁WI+C	有	400～700	最短	32×26	4/0.5	11～15	320×256	头足	1	自由

质量要求

- 扫描范围符合临床诊断需求
- 清晰显示椎体、脊髓、椎间盘及神经根的相互位置关系
- 图像无明显伪影
- 脂肪抑制均匀

标准图像

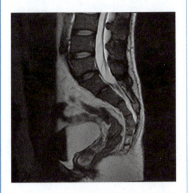

图 7-11-5　骶尾椎矢状位 T$_2$WI 标准图像

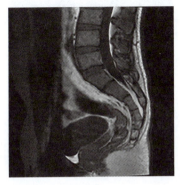

图 7-11-6　骶尾椎矢状位 T$_1$WI 标准图像

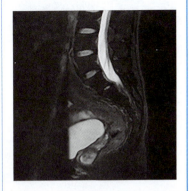

图 7-11-7　骶尾椎矢状位 T$_2$WI 脂肪抑制标准图像

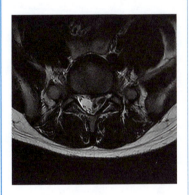

图 7-11-8　骶尾椎轴位 T$_2$WI 标准图像

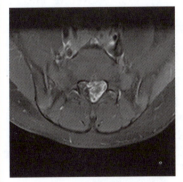

图 7-11-9　骶尾椎轴位 T$_1$WI+C 标准图像

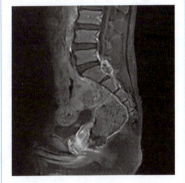

图 7-11-10　骶尾椎矢状位 T$_1$WI+C 标准图像

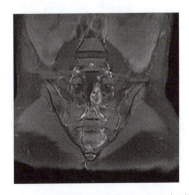

图 7-11-11　骶尾椎斜冠状位 T$_1$WI+C 标准图像

伪影图像		
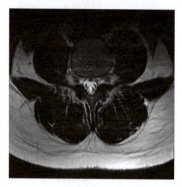图 7-11-12　金属伪影	图 7-11-13　运动伪影	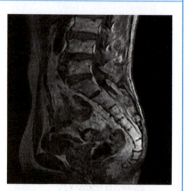图 7-11-14　肠蠕动伪影

第十二节　臂丛神经磁共振增强扫描

检查项目中文名称	臂丛神经磁共振增强扫描
患者准备及摆位	
准备	• 患者无需特殊准备
摆位及线圈	• 线圈：头颈联合线圈、脊柱线圈、腹部线圈 • 定位点：下颌下缘 • 其他要求：将头部稍垫高使颈椎处于相对较直的状态 • 垫高两侧上臂，便于观察臂丛结构
定位像	扫描定位像时注意 • 线圈覆盖范围 • 有无金属伪影 图 7-12-1　臂丛神经冠状位定位像
扫描序列	

编号	序列名称	序列说明
1	冠状位 T_2WI	能够较准确地反映神经周围的病理状态
2	冠状位 Dixon T_1WI	观察臂丛神经走行和形态

3	冠状位 Dixon T_1WI+C	观察病变的强化程度及与周围神经根的关系
4	冠状位 3D 可变翻转角 T_2WI+C 脂肪抑制	增强后观察臂丛神经的走行、连续性及形态

扫描定位

1. 冠状位 T_2WI

定位要求	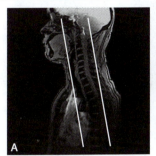 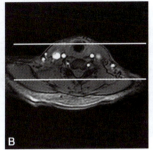 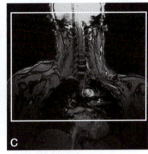

图 7-12-2　臂丛神经冠状位 T_2WI 定位方法

图 A、B 示：在矢状位定位像上，定位线平行于 $C_4 \sim T_1$ 后缘，定位线前缘包括至椎体前，后缘包括椎管后；图 C 示：在冠状位定位像上，视野上缘包括 C_1 上缘，下缘包括 T_3 下缘。

2. 冠状位 Dixon T_1WI

定位要求	• 复制冠状位 T_2WI 扫描范围

3. 冠状位 Dixon T_1WI+C

定位要求	• 复制冠状位 T_2WI 扫描范围

4. 冠状位 3D 可变翻转角 T_2WI+C

定位要求	• 复制冠状位 T_2WI 扫描范围 • 注射对比剂后，扫描此序列

参数要求

序号	序列	方位	加权	脂肪抑制	重复时间/ms	回波时间	视野/cm	层厚/层距/mm	层数	矩阵	相位编码	平均次数	呼吸控制
1	FSE	冠状位	T_2WI	有	>2 000	100~200ms	30×30	3/0.3	16~24	256×224	左右	2	自由
2	3D SPGR	冠状位	T_1WI	有	4.88	最短	30×30	2/0	30~40	304×244	左右	2	自由
3	3D SPGR	冠状位	T_1WI+C	有	4.88	最短	30×30	2/0	30~40	304×244	左右	2	自由
4	3D FSE	冠状位	T_2WI+C	有	>2 500	90~110ms	30×30	1/0	40~60	320×256	左右	1	自由

质量要求

• 扫描范围符合临床诊断需求
• 无明显吞咽运动伪影及脑脊液流动伪影
• 增强扫描后对比明显，清晰显示臂丛神经

标准图像

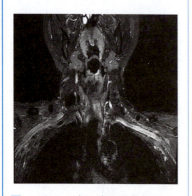

图 7-12-3　臂丛神经冠状位 T₂WI 标准图像

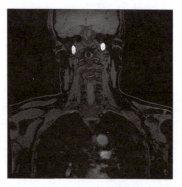

图 7-12-4　臂丛神经冠状位 T₁WI 标准图像

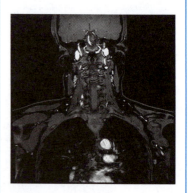

图 7-12-5　臂丛神经冠状位 T₂WI+C 标准图像

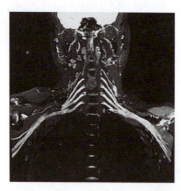

图 7-12-6　臂丛神经冠状位 T₂WI+C 重建标准图像

伪影图像

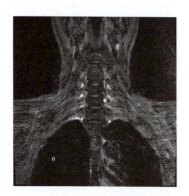

图 7-12-7　运动伪影

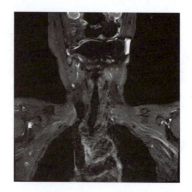

图 7-12-8　金属伪影

特殊注意事项

- 臂丛神经的主要观察序列为冠状位 3D 可变翻转角 T₂WI 序列
- 增强后可以加扫冠状位 3D GRE 序列，便于观察臂丛神经与周围病变的关系

第十三节　腰骶丛神经磁共振增强扫描

检查项目 中文名称	腰骶丛神经磁共振增强扫描	
患者准备及摆位		
准备	• 患者无需特殊准备	
摆位及线圈	• 线圈：脊柱线圈 • 定位点：髂棘水平	
定位像	扫描定位像时注意 • 全部腰椎、骶尾骨均在线圈有效范围内 • 无金属伪影 图 7-13-1　腰骶丛神经定位像	
扫描序列		

编号	序列名称	序列说明
1	矢状位 T_2WI	主要观察椎体、椎间盘、脊髓、神经及骨髓水肿情况
2	冠状位 T_1WI	观察病变与神经根的关系
3	冠状位 3D 可变翻转角 FSE T_2WI 脂肪抑制	主要观察腰骶丛神经的走行、形态、连续性，判断神经的损伤范围及程度
4	轴位 T_2WI 脂肪抑制	观察椎间盘、脊髓及神经根情况

扫描定位

1. 矢状位 T_2WI

定位 要求	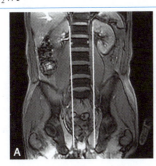 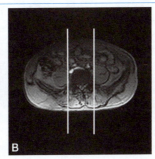 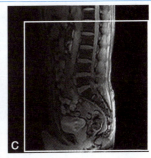 图 7-13-2　腰骶丛神经矢状位 T_2WI 定位方法 图 A、B 示：以脊髓为中心扫描 13～15 层，左右完整覆盖椎体两侧，扫描线平行于人体轴线；图 C 示：上缘包括 L_1 上缘，下缘包括骶尾椎。

2. 冠状位 T_1WI

定位
要求

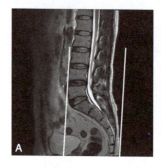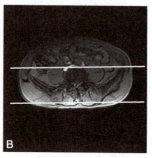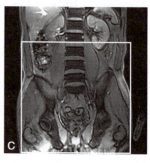

图 7-13-3　腰骶丛神经冠状位 T_1WI 定位方法

图 A、B 示：矢状位 T_2WI 图像上找到正中层面，前缘至椎体前，向后至骶尾骨后缘；上下范围，上至
L_3 上缘，下至耻骨联合；图 C 示：调节定位框，左右对称，上下垂直于人体长轴。

3. 冠状位 3D 可变翻转角 FSE T_2WI 脂肪抑制

定位
要求

- 复制冠状位 T_2WI 扫描范围
- 使用反转恢复（IR）方式脂肪抑制，反转时间（TI）设定 240 毫秒
- 注射对比剂 2 分钟后扫描此序列

4. 轴位 T_2WI 脂肪抑制

定位
要求

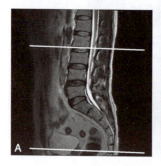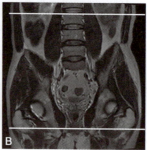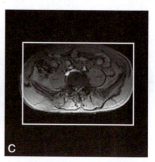

图 7-13-4　腰椎 + 腰骶丛神经轴位 T_2WI 脂肪抑制定位方法

图 A、B 示：上缘至 L_3 上缘，下缘至耻骨联合；图 C 示：人体结构居中。

参数要求												
序号	序列	方位	加权	脂肪抑制	重复时间/ms	回波时间	视野/cm	层厚/层距/mm	层数	矩阵	相位编码	平均次数	呼吸控制
1	FSE	矢状位	T_2WI	无	>2 500	80~100ms	32×32	4/0.4	11~15	448×256	头足	2	自由
2	FSE	冠状位	T_1WI	无	400~600	最短	32×32	4/0.4	15~25	320×256	左右	2	自由
3	3D FSE	冠状位	T_2WI	有	>2 500	450~550ms	32×32	1.4/−0.7	40~60	320×256	左右	2	自由
4	FSE	轴位	T_2WI	有	>2 500	80~100ms	24×24	4/0.4	16~24	320×256	前后	2	自由

质量要求
• 清晰显示 L_1～S_3 椎管或扫描范围段椎管 • 图像无明显伪影或不影响结构观察 • 背景组织抑制良好,提供多平面重组(MPR)、最大密度投影(MIP)并多角度旋转三维椎管像
标准图像

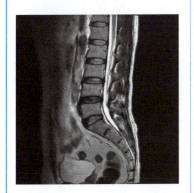

图 7-13-5　腰骶丛神经矢状位 T_2WI 标准图像

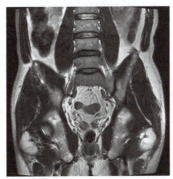

图 7-13-6　腰骶丛神经冠状位 T_1WI 标准图像

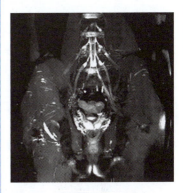

图 7-13-7　腰骶丛神经冠状位 T_2WI 脂肪抑制标准图像

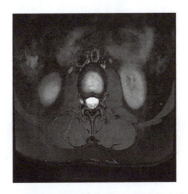

图 7-13-8　腰骶丛神经轴位 T_2WI 脂肪抑制标准图像

伪影图像

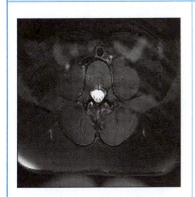

图 7-13-9　运动伪影

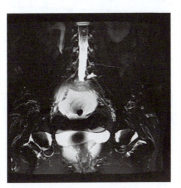

图 7-13-10　金属伪影

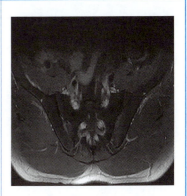

图 7-13-11　脂肪抑制伪影

特殊注意事项

- 推荐使用增强后冠状位 3D 可变翻转角 FSE 序列扫描腰骶丛神经
- 如不能注射对比剂,可以选择使用 GRE 序列,如西门子磁共振扫描仪可以选择 DESS、MEDIC,GE 磁共振扫描仪选择 MENSA、MERGE,飞利浦磁共振扫描仪选择 T_2-TFE 等

第八章 四肢关节及软组织磁共振扫描

第一节　肩关节磁共振平扫（损伤）

检查项目中文名称	肩关节磁共振平扫（损伤）
患者准备及摆位	
准备	• 去除患者身上金属物品 • 检查前告知患者扫描时间及扫描中会出现较大噪声,保持静止
摆位及线圈	• 线圈:肩关节表面线圈 • 摆位:被检者头先进,仰卧位,患侧肩部平放,尽量置于扫描床中心,上臂垫高与肩平,上肢自然伸直,掌心向上,被检侧手臂加沙袋或绑带固定
定位像	扫描定位像时注意 • 线圈覆盖范围 • 有无金属伪影 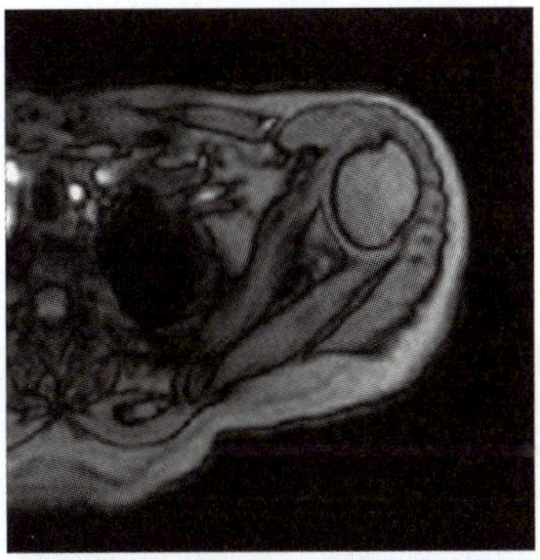 图 8-1-1　肩关节轴位定位像

扫描序列

编号	序列名称	序列说明
1	轴位 PDWI 脂肪抑制	观察关节盂唇病变及冈下肌、小圆肌、肩胛下肌肌腱,关节腔积液
2	斜冠状位 PDWI 脂肪抑制	观察关节上盂唇复合体,显示冈上肌肌腱、肩锁关节及喙锁关节韧带损伤病变
3	斜冠状位 T$_1$WI	观察骨性结构,显示关节周围占位性病灶
4	斜矢状位 T$_2$WI 脂肪抑制	观察肩袖四个部分、关节盂唇病变
5	斜矢状位 T$_1$WI	观察骨性结构,显示关节周围占位性病灶

扫描定位

1. 轴位 PDWI 脂肪抑制

| 定位
要求 |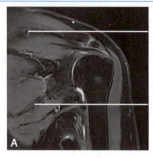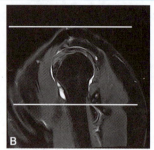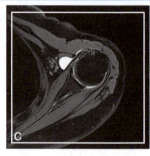

图 8-1-2　肩关节轴位 PDWI 脂肪抑制定位方法

图 A、B 示：在冠状位定位像上，定位线垂直于关节盂，上缘包括肩锁关节，下缘包括关节盂下缘；图 C 示：将肩关节置于视野前后中心，肩关节腋侧位于视野左右中心。 |
| --- | --- |

2. 斜冠状位 PDWI 脂肪抑制

| 定位
要求 |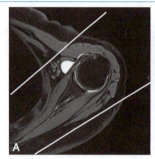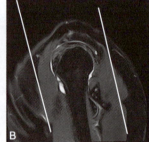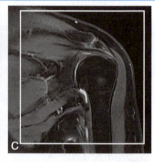

图 8-1-3　肩关节斜冠状位 PDWI 脂肪抑制定位方法

图 A 示：在轴位定位像上，定位线垂直于关节盂或平行于冈上肌腱，前后缘包含肩关节；图 B 示：在矢状位定位像上，定位线平行于肱骨长轴；图 C 示：在冠状位定位像上，关节盂位于视野左右中心。 |
| --- | --- |

3. 斜冠状位 T$_1$WI

定位 要求	完全复制斜冠状位 PDWI 脂肪抑制定位信息

4. 斜矢状位 T$_2$WI 脂肪抑制

| 定位
要求 |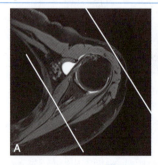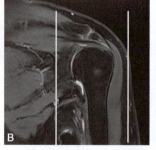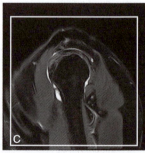

图 8-1-4　肩关节斜矢状位 T$_2$WI 脂肪抑制定位方法

图 A 示：在轴位定位像上，定位线平行于关节盂或垂直于冈上肌腱，范围内侧包括关节盂，外侧要超过肱骨头外软组织；图 B 示：在冠状位定位像上，定位线平行于肱骨长轴；图 C 示：视野上下方向平行于肱骨长轴，肱骨头前后方居中，关节盂位于视野左右中心，肱骨颈位于头足方向中心。 |
| --- | --- |

5. 斜矢状位 T$_1$WI

定位 要求	• 完全复制斜矢状位 T$_2$WI 脂肪抑制定位信息

												参数要求

序号	序列	方位	加权	脂肪抑制	重复时间/ms	回波时间	视野/cm	层厚/层距/mm	层数	矩阵	相位编码	平均次数	呼吸控制
1	FSE	轴位	PDWI	有	2 000	37ms	16×16	3/0.3	20	320×224	前后	2	自由
2	FSE	斜冠状位	PDWI	有	3 000	33ms	16×16	3.5/0.35	20	320×224	前后	1	自由
3	FSE	斜冠状位	T₁WI	无	450	最短	16×16	3.5/0.35	20	320×224	前后	1	自由
4	FSE	斜矢状位	T₂WI	有	3 000	66ms	16×16	3.5/0.35	20	320×224	前后	1	自由
5	FSE	斜矢状位	T₁WI	无	450	7.8ms	16×16	3.5/0.35	20	320×224	前后	1	自由

质量要求

- 扫描范围符合临床诊断需求
- 图像无明显伪影
- 脂肪抑制均匀
- 清晰显示肩关节的解剖结构，即关节唇、肱骨头、肩锁关节、冈上肌肌腱、冈下肌肌腱及肱二头肌长头肌肌腱等软组织

标准图像

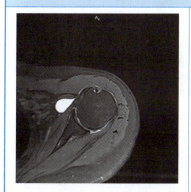

图 8-1-5　肩关节轴位 PDWI 脂肪抑制标准图像

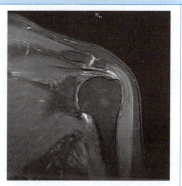

图 8-1-6　肩关节斜冠状位 PDWI 脂肪抑制标准图像

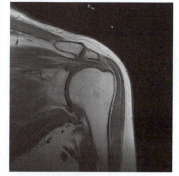

图 8-1-7　肩关节斜冠状位 T₁WI 标准图像

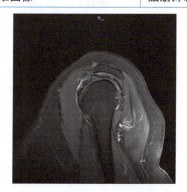

图 8-1-8　肩关节斜矢状位 T₂WI 脂肪抑制标准图像

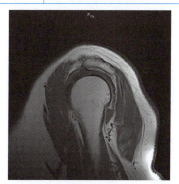

图 8-1-9　肩关节斜矢状位 T₁WI 标准图像

第二节　肩关节磁共振平扫、肩关节磁共振增强扫描

检查项目中文名称	肩关节磁共振平扫、肩关节磁共振增强扫描
项目释义	此协议用于占位性病变检查
患者准备及摆位	
准备	• 鼓励均匀腹式呼吸
摆位及线圈	• 线圈：肩关节专用线圈（柔性相控阵线圈） • 定位点：肿物区域为中心 • 其他要求：患侧关节放置于磁体中心 • 使用沙袋将上臂垫高至腋中线水平
定位像	扫描定位像时注意 • 有无金属伪影 • 是否完整覆盖肿物 图 8-2-1　肩关节冠状位定位像 白线所示为线圈有效范围。

		扫描序列	

编号	序列名称	序列说明
1	矢状位 / 冠状位 T$_2$WI 脂肪抑制	依据肿瘤位置选择矢状或冠状扫描方向，观察肿瘤整体范围，显示瘤周水肿
2	矢状位 / 冠状位 T$_1$WI	观察肿瘤对骨质的破坏方式在髓腔内的范围
3	轴位 T$_2$WI 脂肪抑制	观察瘤周水肿范围，观察病灶与重要血管的关系，观察周围淋巴结肿大情况，判断病灶内是否含有脂肪成分
4	轴位 T$_2$WI	观察病灶内部成分，观察病灶边缘硬化情况，评价病灶与神经的关系
5	轴位 T$_1$WI	观察病灶内部是否存在脂肪、出血等
6	轴位 DCE 脂肪抑制	观察肿瘤的血供
7	冠状位 T$_1$WI+C 脂肪抑制	评估病变范围

扫描定位
1. 矢状位/冠状位 T$_2$WI 脂肪抑制

定位要求	• 依肿物位置选择适宜扫描方向,此处扫描冠状位 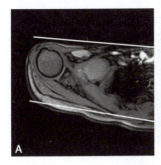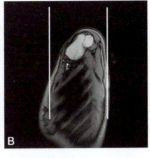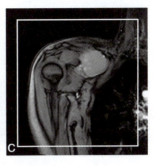 图 8-2-2　**肩关节冠状位 T$_2$WI 脂肪抑制定位方法** 图 A、B 示:在轴位、矢状位定位像上,定位线平行于背部软组织,完整覆盖病变及肩关节;图 C 示:在冠状位定位像上,视野以肩关节为中心,完整覆盖肿瘤及瘤周水肿范围。

2. 矢状位/冠状位 T$_1$WI

定位要求	• 完全复制冠状位 T$_2$WI 脂肪抑制定位信息

3. 轴位 T$_2$WI 脂肪抑制

定位要求	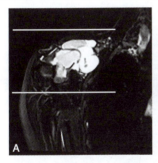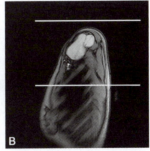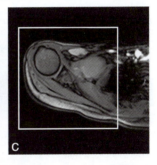 图 8-2-3　**肩关节轴位 T$_2$WI 脂肪抑制定位方法** 图 A、B 示:在冠状位、矢状位定位像上,定位线垂直于盂肱关节和背部软组织,上下完整覆盖肿瘤及瘤周水肿范围;图 C 示:在轴位定位像上,视野前后方向完整覆盖肩关节软组织,左右完整覆盖肿瘤及瘤周水肿范围。

4. 轴位 T$_2$WI

定位要求	• 完全复制轴位 T$_2$WI 脂肪抑制定位信息

5. 轴位 T$_1$WI

定位要求	• 完全复制轴位 T$_2$WI 脂肪抑制定位信息

6. 轴位 DCE 脂肪抑制

定位要求	• 扫描 80～120 层,复制轴位 T$_2$WI 脂肪抑制扫描中心点 • 扫描 10 个时相,每个时相 18～24 秒 • 扫描第二个时相时注射对比剂

271

7. 冠状位 T_1WI+C 脂肪抑制	
定位要求	● 扫描 60～100 层，复制冠状位 T_2WI 脂肪抑制扫描中心点

参数要求													
序号	序列	方位	加权	脂肪抑制	重复时间	回波时间	视野/cm	层厚/层距/mm	层数	矩阵	相位编码	平均次数	回波链长度
1	FSE	矢状位/冠状位	T_2WI	有	＞4 000ms	70～80ms	24×24	3～5/0.4	19	320×240	头足	2	＜16
2	FSE	矢状位/冠状位	T_1WI	无	450～700ms	最短	24×24	3～5/0.4	19	384×288	头足	1	3
3	FSE	轴位	T_2WI	有	＞4 000ms	70～80ms	17×17	3～6/0.8	23	256×224	前后	2～4	＜16
4	FSE	轴位	T_2WI	无	＞2 500ms	70～80sms	17×17	3～6/0.8	23	320×224	前后	1	＜16
5	FSE	轴位	T_1WI	无	450～700ms	最短	17×17	3～6/0.8	23	320×224	前后	2	3
6	3D SPGR	轴位	T_1WI+C	有	最短	最短	24×24	1.6	80～120	256×166	前后	1	—
7	3D SOPGR	冠状位	T_1WI+C	有	最短	最短	30×30	1.5	60～100	320×256	头足	1	—

质量要求
● 扫描范围覆盖全部肿瘤范围 ● 图像信噪比与对比度满足诊断需求 ● 清晰显示病变与邻近组织关系 ● 图像无明显伪影 ● 脂肪抑制均匀

标准图像

图 8-2-4　肩关节冠状位 T_2WI 脂肪抑制标准图像

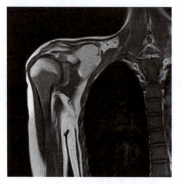

图 8-2-5　肩关节冠状位 T_1WI 标准图像

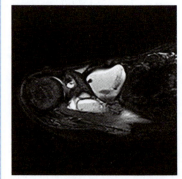

图 8-2-6　肩关节轴位 T_2WI 脂肪抑制标准图像

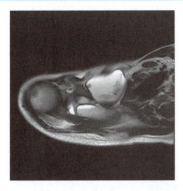

图 8-2-7　肩关节轴位 T₂WI 标准图像

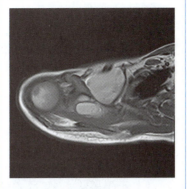

图 8-2-8　肩关节轴位 T₁WI 标准图像

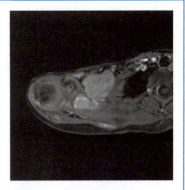

图 8-2-9　肩关节轴位 DCE 标准图像

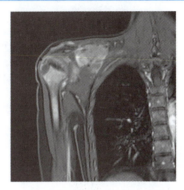

图 8-2-10　肩关节冠状位 T₁WI+C 脂肪抑制标准图像

伪影图像

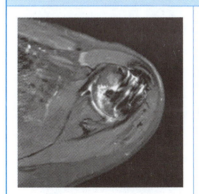

图 8-2-11　金属伪影

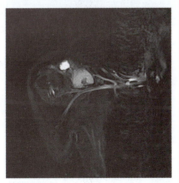

图 8-2-12　血管搏动伪影

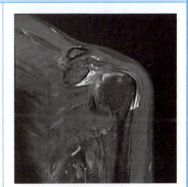

图 8-2-13　运动伪影

第三节　肘关节磁共振平扫（损伤）

检查项目 中文名称	肘关节磁共振平扫（损伤）
患者准备及摆位	
准备	首选俯卧位，上肢上举

摆位及线圈	• 线圈：柔性相控阵线圈或膝、肩关节线圈 • 定位点：尺骨鹰嘴 • 其他要求：患侧肘关节置于磁体中心 • 俯卧位患侧上举，掌心向下，肘、手用沙袋固定
定位像	扫描定位像时注意 • 需二次定位 • 冠状位显示肱骨内外侧髁最大层面 • 矢状位显示肱骨长轴及尺骨鹰嘴 • 轴位位显示肱骨内外髁最大层面 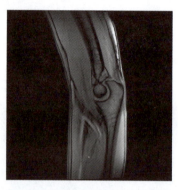 图 8-3-1　肘关节矢状位定位像

扫描序列

编号	序列名称	序列说明
1	轴位 PDWI 脂肪抑制	观察上尺桡关节对位情况及环状韧带，观察骨髓水肿及肘关节周围肌腱、神经、血管
2	矢状位 PDWI 脂肪抑制	观察肱桡关节及肱尺关节对位情况，观察骨髓水肿、肱三头肌肌腱及肱二头肌肌腱等
3	冠状位 PDWI 脂肪抑制	观察肱桡关节及肱尺关节对位情况，观察骨髓水肿，观察尺侧及桡侧副韧带、外侧尺侧副韧带、伸肌总腱及屈肌总腱
4	冠状位/矢状位 T_1WI	观察肘关节的解剖细节

扫描定位

1. 轴位 PDWI 脂肪抑制

定位要求	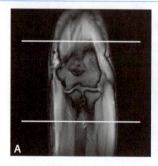 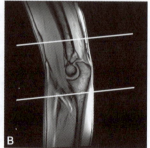 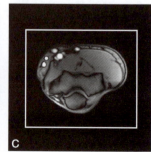

图 8-3-2　肘关节轴位 PDWI 脂肪抑制定位方法

图 A 示：在冠状位定位像上，定位线平行于肱骨内外髁连线；图 B 示：在矢状位定位像上，定位线依据损伤位置垂直于肱骨或尺骨长轴；图 C 示：在轴位定位像上，视野平行于肱骨内外髁连线。

2. 矢状位 PDWI 脂肪抑制

<table>
<tr><td>定位
要求</td><td>

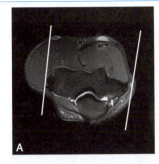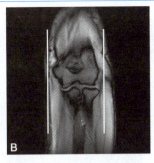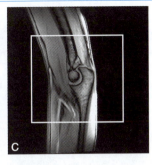

图 8-3-3　肘关节矢状位 PDWI 脂肪抑制定位方法

图 A 示：在轴位 T_2WI 图像上，定位线垂直于肱骨内外髁连线；图 B 示：在冠状位定位像上，定位线平行于肱骨长轴；图 C 示：在矢状位定位像上，视野以肘关节为中心，下缘至少包含尺骨粗隆。

</td></tr>
</table>

3. 冠状位 PDWI 脂肪抑制

<table>
<tr><td>定位
要求</td><td>

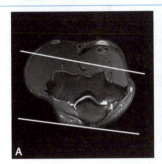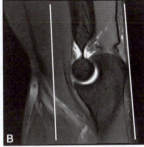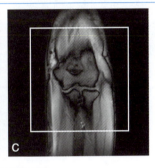

图 8-3-4　肘关节冠状位 PDWI 脂肪抑制定位方法

图 A 示：在轴位 T_2WI 图像上，定位线平行于肱骨内外髁连线；图 B 示：在矢状位 T_2WI 图像上，定位线依据损伤位置平行于肱骨或尺骨长轴；图 C 示：在冠状位定位像上，视野平行于肱骨走行。

</td></tr>
</table>

4. 冠状位 T_1WI

定位要求	复制冠状位 PDWI 脂肪抑制定位信息

5. 矢状位 T_1WI

定位要求	复制矢状位 PDWI 脂肪抑制定位信息

参数要求											
序号	序列	方位	加权	脂肪 抑制	重复 时间/ ms	回波 时间	视野/ cm	层厚/ 层距/ mm	层数	矩阵	相位 编码	平均 次数	回波链 长度
1	FSE	轴位	PDWI	有	>3 000	35～ 50ms	10×10	3/0.3	19～23	256×256	前后	2	<10
2	FSE	矢状位	PDWI	有	>3 000	35～ 50ms	10×10	3/0.3	19～23	256×256	头足	2	<10
3	FSE	冠状位	PDWI	有	>3 000	35～ 50ms	10×10	3/0.3	19～23	256×256	头足	2	<10
4	FSE	冠状位/ 矢状位	T_1WI	无	450～700	最短	10×10	3/0.3	19～23	256×256	上下 头足	2	3

质量要求
● 扫描范围符合临床诊断需求 ● 清晰显示关节、韧带结构及其与周围组织的相互关系 ● 图像无明显伪影 ● 脂肪抑制均匀

标准图像		
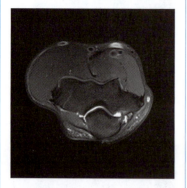	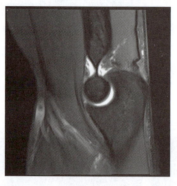	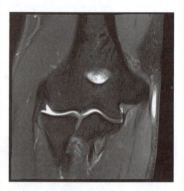
图 8-3-5　肘关节轴位 PDWI 脂肪抑制标准图像	图 8-3-6　肘关节矢状位 PDWI 脂肪抑制标准图像	图 8-3-7　肘关节冠状位 PDWI 脂肪抑制标准图像

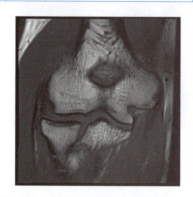

图 8-3-8　肘关节冠状位 T_1WI 标准图像

伪影图像		
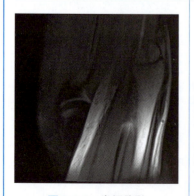	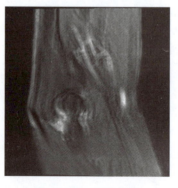	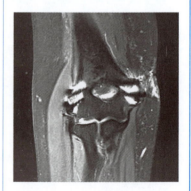
图 8-3-9　卷褶伪影	图 8-3-10　运动伪影	图 8-3-11　金属伪影

276

特殊注意事项
• 仰卧位时肘关节与躯干用沙袋物理隔开避免呼吸伪影
• 肘关节尽量置于磁体中心保证脂肪抑制均匀
• 采取仰卧位扫描时,患侧掌心向内朝向躯干,尽量靠近磁体中心。俯卧位旋前摆位的优点是肘关节可置于磁体中心,患者舒适度好,配合度高,运动伪影产生概率小,图像质量高;缺点是前臂旋前,冠状位显示侧副韧带欠佳,但3mm薄层扫描可弥补,因此并不影响患者诊断
• 注意相位编码方向避免卷褶伪影

第四节　肘关节磁共振平扫、肘关节磁共振增强扫描

检查项目中文名称	肘关节磁共振平扫、肘关节磁共振增强扫描
患者准备及摆位	
准备	• 患者扫描前去除携带的金属物品 • 首选俯卧位
摆位及线圈	• 线圈:膝关节专用线圈(柔性相控阵线圈) • 定位点:肿瘤区域为中心 • 其他要求:俯卧位,患侧手臂上举,掌心向下,放置于磁体中心 • 腕关节与颈、肩部应给予足够支撑,防止运动伪影
定位像	扫描定位像需二次定位,定位时注意 • 线圈中心位置 • 有无金属伪影 • 是否完整覆盖肿瘤 • 轴位定位像显示肱骨内外髁层面 • 矢状位、冠状位定位像均显示肱骨、桡骨长轴层面 图 8-4-1　肘关节矢状位(图 A)、轴位(图 B)定位像
扫描序列	

编号	序列名称	序列说明
1	矢状位 / 冠状位 T$_2$WI 脂肪抑制	依据肿瘤位置选择适宜长轴扫描方向,观察肿瘤整体范围,显示瘤周水肿
2	矢状位 / 冠状位 T$_1$WI	观察肿瘤对骨质的破坏方式,明确肿瘤范围

3	轴位 T_2WI 脂肪抑制	观察瘤周水肿范围，观察病灶与重要血管的关系，观察周围淋巴结肿大情况，判断病灶内是否含有脂肪成分
4	轴位 T_2WI	观察病灶内部成分，观察病灶边缘硬化情况，评价病灶与神经的关系
5	轴位 T_1WI	观察病灶内部是否存在脂肪、出血等
6	轴位 DCE	观察肿瘤血供
7	矢状位 / 冠状位 T_1WI+C	评估病变范围
8	特殊：矢状位 / 冠状位 T_2^*WI	怀疑为腱鞘滑膜巨细胞瘤时，建议增加扫描梯度回波序列
扫描定位		

1. 矢状位 / 冠状位 T_2WI 脂肪抑制

定位要求	● 根据病变位置选择恰当观察方向，此处扫描冠状位 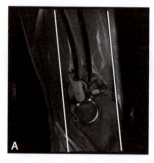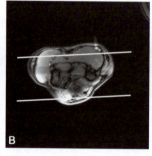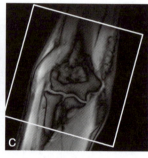 图 8-4-2 肘关节冠状位 T_2WI 脂肪抑制定位方法 图 A 示：在矢状位定位像上，定位线平行于肿瘤累及位置肱骨或桡骨长轴，完整覆盖肘关节、病变及水肿区域；图 B 示：在轴位定位像上，定位线平行肱骨内外上髁连线；图 C 示：在冠状位定位像上，视野完整覆盖肘关节、肿瘤及水肿，肘关节左右居中。

2. 矢状位 / 冠状位 T_1WI

定位要求	复制矢状位 / 冠状位 T_2WI 脂肪抑制定位信息

3. 轴位 T_2WI 脂肪抑制

定位要求	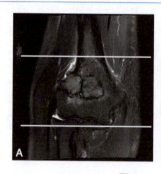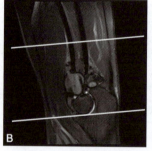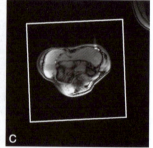 图 8-4-3 肘关节轴位 T_2WI 脂肪抑制定位方法 图 A、B 示：在冠状位、矢状位定位像上，定位线垂直于肿瘤累及位置的肱骨或桡骨长轴，头足方向完整覆盖病变及水肿区域；图 C 示：在轴位定位像上，视野完整覆盖病变范围。

4. 轴位 T_2WI

定位要求	复制轴位 T_2WI 脂肪抑制定位信息

5. 轴位 T_1WI	
定位要求	复制轴位 T_2WI 脂肪抑制定位信息

6. 轴位 DCE	
定位要求	扫描 80～120 层, 复制轴位 T_2WI 脂肪抑制扫描范围 扫描 10 个时相, 每个时相 18～24 秒 扫描第二个时相时注射对比剂

7. 矢状位 / 冠状位 T_1WI+C	
定位要求	复制冠状位 / 矢状位 T_2WI 脂肪抑制定位信息

8. 特殊: 矢状位 / 冠状位 T_2^*WI	
定位要求	复制冠状位 / 矢状位 T_2WI 脂肪抑制定位信息

参数要求												
序号	序列	方位	加权	脂肪抑制	重复时间	回波时间	视野/cm	层厚/层距/mm	层数	矩阵	相位编码	平均次数
1	FSE	矢状位/冠状位	T_2WI	有	>3 000ms	70～80ms	14×14	3～4/0.4	19	256×224	头足	2
2	FSE	矢状位/冠状位	T_1WI	无	最短	最短	14×14	3～4/0.4	19	256×205	头足	2
3	FSE	轴位	T_2WI	有	>4 000ms	70～80ms	12×12	3～5/0.8	19～23	256×256	前后	2
4	FSE	轴位	T_2WI	无	>2 500ms	70～80ms	12×12	3～5/0.8	19～23	320×224	前后	2
5	FSE	轴位	T_1WI	无	450～700ms	最短	12×12	3～5/0.8	19～23	320×224	前后	2
6	3D-SPGR	轴位	T_1WI+C	有	最短	最短	16×16	1.6	80～120	256×179	前后	1
7	FSE	矢状位/冠状位	T_1WI+C	有	450～700ms	最短	16×16	3～4/0.4	19	320×256	头足	1
8	GRE	矢状位/冠状位	T_2^*WI	无	500～600ms	最短	24×24	3～4/0.4	19	320×224	头足	1

质量要求

- 扫描范围覆盖全部病变范围
- 病变与正常组织对比明显
- 清晰显示病变与邻近组织关系
- 图像无明显伪影
- 脂肪抑制均匀

标准图像

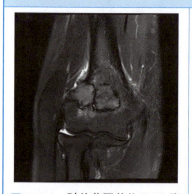

图 8-4-4 肘关节冠状位 T₂WI 脂肪抑制标准图像

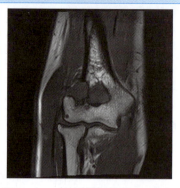

图 8-4-5 肘关节冠状位 T₁WI 标准图像

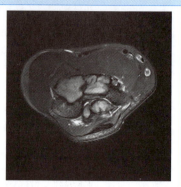

图 8-4-6 肘关节轴位 T₂WI 脂肪抑制标准图像

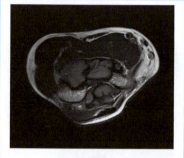

图 8-4-7 肘关节轴位 T₂WI 标准图像

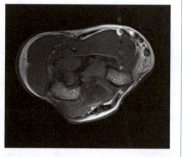

图 8-4-8 肘关节轴位 T₁WI 标准图像

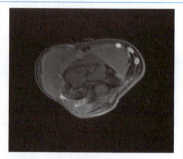

图 8-4-9 肘关节轴位 DCE 标准图像

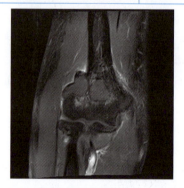

图 8-4-10 肘关节冠状位 T₁WI+C 标准图像

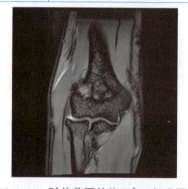

图 8-4-11 肘关节冠状位 T₂*WI 标准图像

伪影图像

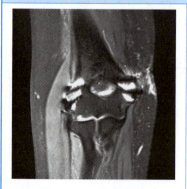

图 8-4-12 金属伪影

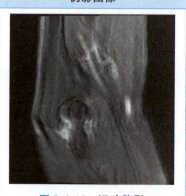

图 8-4-13 运动伪影

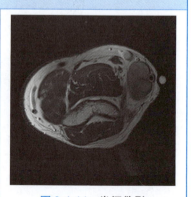

图 8-4-14 卷褶伪影

特殊注意事项
• 仰卧位时肘关节与躯干用沙袋物理隔开避免呼吸伪影
• 放置磁体中心避免磁敏感伪影造成脂肪抑制不均匀
• 采取仰卧位扫描时，患侧掌心向内朝向躯体，尽量处于磁体中心，注意相位
• 编码方向避免卷褶伪影

第五节　腕关节磁共振平扫（损伤）

检查项目 中文名称	腕关节磁共振平扫（损伤）	
项目释义	该扫描协议适用于腕关节损伤	
患者准备及摆位		
准备	首选俯卧位	
摆位及线圈	• 线圈：腕关节专用线圈（柔性相控阵线圈） • 定位点：尺骨桡骨茎突连线中点 • 其他要求：俯卧位，患侧手臂上举，掌心向下，腕关节避免尺偏，放置于磁体中心 • 腕关节与前臂处于同一水平 • 颈肩部应给与足够支撑，防止运动伪影	
定位像	扫描定位像时注意 • 需二次定位 • 矢状位定位像显示桡骨长轴层面 • 冠状位定位像显示尺桡骨茎突层面 • 轴位定位像显示下尺桡关节面 图 8-5-1　腕关节冠状位定位像	
扫描序列		
编号	序列名称	序列说明
1	轴位 PDWI 脂肪抑制	观察腕管、肌腱及正中神经
2	冠状位 PDWI 脂肪抑制	最重要的序列，观察腕骨及尺桡骨远端的对位情况及有无骨髓水肿，观察三角纤维复合体、舟月韧带、月三角韧带等
3	矢状位 PDWI 脂肪抑制	与冠状位 PDWI 脂肪抑制序列结合，观察腕骨及尺桡骨远端的对位情况，观察三角纤维软骨盘、腕关节掌侧及背侧韧带等结构
4	冠状位 T_1WI	观察腕骨及尺桡骨远端的骨质情况，如骨折、坏死等

扫描定位

1. 轴位 PDWI 脂肪抑制

<table>
<tr>
<td rowspan="2">定位要求</td>
<td>

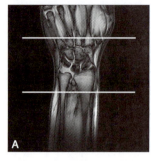 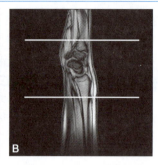 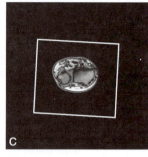

图 8-5-2　腕关节轴位 PDWI 脂肪抑制定位方法

图 A 示：在冠状位定位像上，定位线垂直于下尺桡关节，远端自掌骨基底至下尺桡关节近端；图 B 示：在矢状位定位像上，定位线垂直于桡骨长轴；图 C 示：在轴位定位像上，视野平行于下尺桡关节走行。
</td>
</tr>
</table>

2. 冠状位 PDWI 脂肪抑制

<table>
<tr>
<td rowspan="2">定位要求</td>
<td>

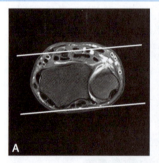 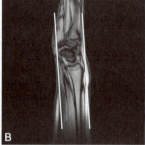 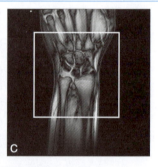

图 8-5-3　腕关节冠状位 PDWI 脂肪抑制定位方法

图 A 示：在轴位 PDWI 图上，定位线垂直于下尺桡关节面；图 B 示：在矢状位定位像上，定位线平行于桡骨长轴；图 C 示：在冠状位定位像上，腕关节居中。
</td>
</tr>
</table>

3. 矢状位 PDWI 脂肪抑制

<table>
<tr>
<td rowspan="2">定位要求</td>
<td>

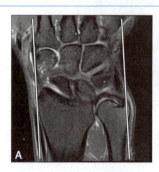 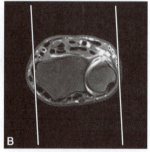 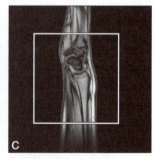

图 8-5-4　腕关节矢状位 PDWI 脂肪抑制定位方法

图 A 示：在冠状位 PDWI 图像上，定位线平行于桡骨长轴；图 B 示：在轴位 PDWI 图像上，定位线平行于下尺桡关节；图 C 示：在矢状位定位像上，视野腕关节居中，平行于腕掌长轴。
</td>
</tr>
</table>

4. 冠状位 T_1WI

定位要求	• 复制冠状位 PDWI 脂肪抑制定位信息

参数要求												
序号	序列	方位	加权	脂肪抑制	重复时间/ms	回波时间	视野/cm	层厚/层距/mm	层数	矩阵	相位编码	平均次数	回波链长度
1	FSE	轴位	PDWI	有	>3 000	35~45ms	10×10	2.5/0.25	19~23	288×224	前后	2	<10
2	FSE	冠状位	PDWI	有	>3 000	35~45ms	10×10	2/0.2	15~19	300×256	左右	2	<10
3	FSE	冠状位	T_1WI	无	450~700	最短	10×10	2/0.2	15~19	300×224	左右	1	3
4	FSE	矢状位	PDWI	有	>3 000	35~45ms	10×10	2.5/0.25	15~19	360×192	前后	2	<10

质量要求
• 扫描范围符合临床诊断需求
• 清晰显示关节、韧带结构及其与周围组织的相互关系
• 图像无明显伪影
• 脂肪抑制均匀

标准图像

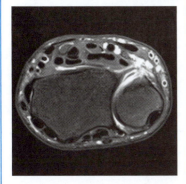

图 8-5-5 腕关节轴位 PDWI 脂肪抑制标准图像

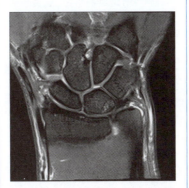

图 8-5-6 腕关节冠状位 PDWI 脂肪抑制标准图像

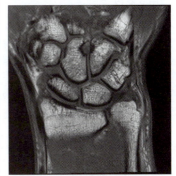

图 8-5-7 腕关节冠状位 T_1WI 标准图像

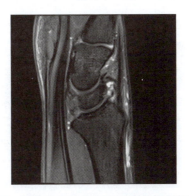

图 8-5-8 腕关节矢状位 PDWI 脂肪抑制标准图像

伪影图像

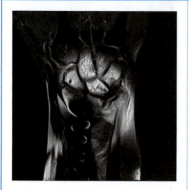 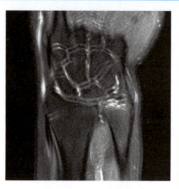 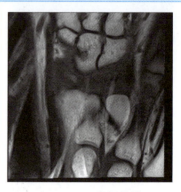

图 8-5-9 金属伪影	图 8-5-10 运动伪影	图 8-5-11 卷褶伪影

特殊注意事项
● 如患者采取仰卧位扫描,偏中心摆位使患侧尽可能放于磁体中心,前臂抬高与腕关节处于同一水平,前臂与腹部物理隔开避免呼吸伪影,注意相位编码方向避免卷褶伪影

第六节　腕关节磁共振平扫、腕关节磁共振增强扫描

检查项目中文名称	腕关节磁共振平扫、腕关节磁共振增强扫描
项目释义	腕关节骨性占位性病变扫描此协议
患者准备及摆位	
准备	首选俯卧位
摆位及线圈	● 线圈:腕关节专用线圈(柔性相控阵线圈) ● 定位点:肿瘤区域为中心 ● 其他要求:俯卧位,患侧手臂上举,掌心向下,放置于磁体中心,腕关节与前臂处于同一水平 ● 腕关节避免尺偏 ● 颈、肩部应给予足够支撑,防止运动伪影
定位像	扫描定位像需二次定位,图像注意 ● 线圈中心位置 ● 有无金属伪影 ● 是否完整覆盖肿瘤 ● 矢状位、冠状位定位像均显示桡骨长轴层面,轴位定位像显示下尺桡关节面 图 8-6-1　腕关节冠状位(图A)、矢状位(图B)和轴位(图C)定位像

扫描序列		
编号	序列名称	序列说明
1	矢状位/冠状位 T_2WI 脂肪抑制	依据肿瘤位置选择适宜长轴扫描方向,观察肿瘤整体范围,显示瘤周水肿
2	矢状位/冠状位 T_1WI	观察肿瘤对骨质的破坏方式,明确肿瘤范围
3	轴位 T_2WI 脂肪抑制	观察瘤周水肿范围,观察病灶与重要血管的关系,观察周围淋巴结肿大情况,判断病灶内是否含有脂肪成分
4	轴位 T_2WI	观察病灶内部成分,观察病灶边缘硬化情况,评价病灶与神经的关系
5	轴位 T_1WI	观察判断病灶内部是否存在脂肪、出血等
6	轴位 DCE	观察肿瘤血供
7	矢状位/冠状位 T_1WI+C 脂肪抑制	评估病变范围
扫描定位		

1. 矢状位/冠状位 T_2WI 脂肪抑制

定位要求	● 依肿瘤位置选择适宜长轴,此处选择冠状位,扫描范围完整覆盖腕关节、肿瘤及水肿区域 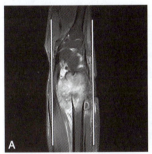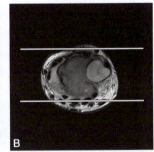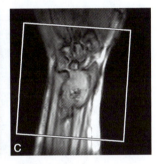 **图 8-6-2　腕关节冠状位 T_2WI 脂肪抑制定位方法** 图 A 示:在矢状位定位像上,定位线平行于桡骨长轴;图 B 示:在轴位定位像上,定位线垂直于下尺桡关节面;图 C 示:在冠状位定位像上,视野腕关节左右居中。

2. 矢状位/冠状位 T_1WI

定位要求	复制矢状位/冠状位 T_2WI 脂肪抑制定位信息

3. 轴位 T_2WI 脂肪抑制

定位要求	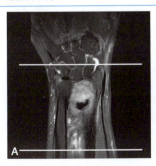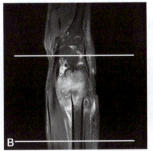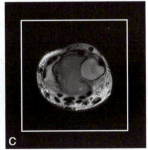 **图 8-6-3　腕关节轴位 T_2WI 脂肪抑制定位方法** 图 A、B 示:在冠状位、矢状位定位像上,定位线垂直于桡骨长轴,上下范围完整覆盖病变及瘤周水肿;图 C 示:在轴位定位像上,腕关节居于视野中心。

4. 轴位 T_2WI	
定位要求	复制轴位 T_2WI 脂肪抑制定位信息

5. 轴位 T_1WI	
定位要求	复制轴位 T_2WI 脂肪抑制定位信息

6. 轴位 DCE	
定位要求	<ul><li>扫描 80～100 层, 复制轴位扫描中心</li><li>扫描 10 个时相, 每个时相 18～24 秒</li><li>扫描第二个时相时注射对比剂</li></ul>

7. 矢状位/冠状位 T_1WI+C 脂肪抑制	
定位要求	<ul><li>扫描方向同第一个序列, 此处扫描冠状位 T_1WI</li><li>复制冠状位 T_1WI 定位信息</li></ul>

参数要求												
序号	序列	方位	加权	脂肪抑制	重复时间	回波时间	视野/cm	层厚/层距/mm	层数	矩阵	相位编码	平均次数
1	FSE	矢状位/冠状位	T_2WI	有	>3 000ms	70～80ms	12×12	3～5/0.4	19	320×256	前后/左右	2
2	FSE	矢状位/冠状位	T_1WI	无	450～700ms	最短	12×12	3～5/0.4	19	384×288	前后/左右	2
3	FSE	轴位	T_2WI	有	>3 000ms	70～80ms	10×7	3～5/0.3	19	256×192	前后	2～4
4	FSE	轴位	T_2WI	无	>3 000ms	70～80ms	10×7	3～5/0.3	19	320×166	前后	2
5	FSE	轴位	T_1WI	无	450～700ms	最短	10×7	3～5/0.3	19	320×224	前后	2
6	3D-SPGR	轴位	T_1WI	有	最短	最短	10×7	1.6	80～100	256×176	前后	1
7	FSE	矢状位/冠状位	T_1WI	有	450～700ms	最短	12×12	3～5/0.4	19	320×256	前后/左右	1

质量要求

- 扫描范围覆盖全部肿瘤范围
- 肿瘤与正常组织对比明显
- 清晰显示病变与邻近组织关系
- 图像无明显伪影
- 脂肪抑制均匀

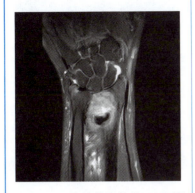

图 8-6-4 腕关节冠状位 T$_2$WI 脂肪抑制标准图像

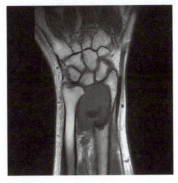

图 8-6-5 腕关节冠状位 T$_1$WI 标准图像

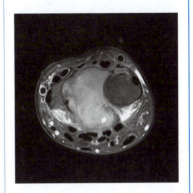

图 8-6-6 腕关节轴位 T$_2$WI 脂肪抑制标准图像

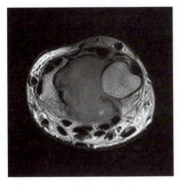

图 8-6-7 腕关节轴位 T$_2$WI 标准图像

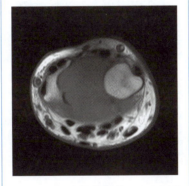

图 8-6-8 腕关节轴位 T$_1$WI 标准图像

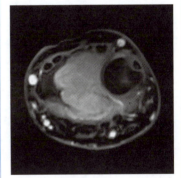

图 8-6-9 腕关节轴位 DCE 标准图像

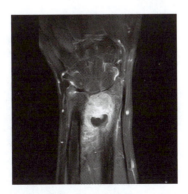

图 8-6-10 腕关节冠状位 T$_1$WI+C 标准图像

伪影图像		
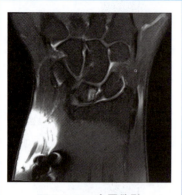	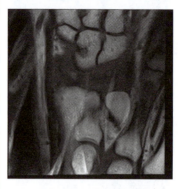	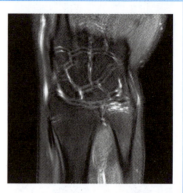
图 8-6-11　金属伪影	图 8-6-12　卷褶伪影	图 8-6-13　运动伪影

特殊注意事项
• 当患者采取仰卧位扫描时,患侧应尽可能放于磁体中心,患侧掌心向内朝向躯体,前臂抬高与腕关节处于同一水平,前臂与腹部物理隔开避免呼吸运动伪影,注意相位编码方向避免卷褶伪影

第七节　单手磁共振平扫、单手磁共振增强扫描

检查项目 中文名称	单手磁共振平扫、单手磁共振增强扫描
项目释义	骨性占位性病变扫描用此协议
患者准备及摆位	
准备	首选俯卧位
摆位及线圈	• 线圈:腕关节专用线圈(柔性相控阵线圈) • 定位点:肿物为中心 • 其他要求:俯卧位,患侧手臂上举,掌心向下,置于磁体中心 • 手掌关节与前臂处于同一水平
定位像	扫描定位像时注意 • 有无金属伪影 • 冠状位定位像应完整覆盖手掌 • 如定位不精确需二次定位 图 8-7-1　单手冠状位定位像

288

扫描序列		
编号	序列名称	序列说明
1	矢状位/冠状位 T_2WI 脂肪抑制	依据肿瘤位置选择适宜长轴，观察肿瘤整体范围，显示瘤周水肿
2	矢状位/冠状位 T_1WI	观察肿瘤对骨质的破坏方式
3	轴位 T_2WI 脂肪抑制	观察瘤周水肿范围，观察病灶与重要血管的关系，观察周围淋巴结肿大情况，判断病灶内是否含有脂肪成分
4	轴位 T_2WI	观察病灶内部成分，观察病灶边缘硬化情况
5	轴位 T_1WI	观察判断病灶内部是否存在脂肪、出血等
6	轴位 DCE	观察肿瘤血供
7	矢状位/冠状位 T_1WI+C	评估病变范围
8	特殊：矢状位/冠状位 T_2^*WI	怀疑为腱鞘滑膜巨细胞瘤时，建议增加扫描梯度回波序列
扫描定位		

1. 矢状位/冠状位 T_2WI 脂肪抑制

定位要求	• 依据肿瘤位置选择适宜扫描方向，此处选择矢状位扫描 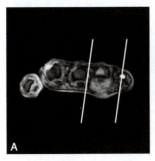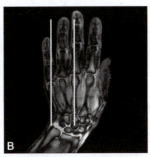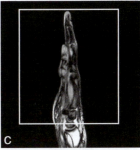 图 8-7-2　单手矢状位 T_2WI 脂肪抑制定位方法 图 A 示：在轴位定位像上，定位线垂直于肿瘤累及位置关节面的掌侧面，左右带全病变；图 B 示：在冠状位定位像上，定位线平行于肿瘤累及指骨掌骨长轴；图 C 示：在矢状位定位像上，视野完整覆盖掌骨、指骨及肿瘤，可调节相位视野，采用矩形视野缩短扫描时间。

2. 矢状位/冠状位 T_1WI

定位要求	• 复制矢状位/冠状位 T_2WI 脂肪抑制定位信息

3. 轴位 T_2WI 脂肪抑制

定位要求	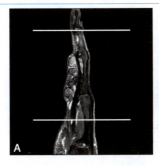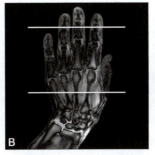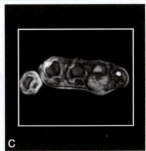 图 8-7-3　单手轴位 T_2WI 脂肪抑制定位方法 图 A、B 示：在矢状位、冠状位定位像上，定位线均垂直于肿物累及指骨掌骨长轴，上下完整覆盖肿瘤范围；图 C 示：在轴位定位像上，视野左右完整覆盖手掌，相位方向采用矩形视野缩短扫描时间。

4. 轴位 T_2WI	
定位 要求	● 复制轴位 T_2WI 脂肪抑制定位信息

5. 轴位 T_1WI	
定位 要求	● 复制轴位 T_2WI 脂肪抑制定位信息

6. 轴位 DCE	
定位 要求	● 扫描 80～100 层，复制轴位 T_2WI 脂肪抑制扫描范围 ● 扫描 10 个时相，每个时相 18～24 秒 ● 扫描第二时相时注射对比剂

7. 矢状位/冠状位 T_1WI+C	
定位 要求	● 复制矢状位/冠状位 T_1WI 扫描中心点

8. 特殊：矢状位/冠状位 T_2^*WI	
定位 要求	● 复制矢状位/冠状位 T_1WI 扫描中心点，具体参数见第八章第四节参数要求第 8 条

参数要求												
序号	序列	方位	加权	脂肪 抑制	重复 时间	回波 时间	视野/ cm	层厚/ 层距/ mm	层数	矩阵	相位 编码	平均 次数
1	FSE	矢状位/ 冠状位	T_2WI	有	>3 000ms	70～ 80ms	14×14	2～3/0.3	15～19	320×256	前后/ 左右	2
2	FSE	矢状位/ 冠状位	T_1WI	无	450～ 700ms	最短	14×14	2～3/0.3	15～19	384×288	前后/ 左右	2
3	FSE	轴位	T_2WI	有	>4 000ms	70～ 80ms	12×12	3～5/0.3	19	256×192	前后	2～4
4	FSE	轴位	T_2WI	无	>2 500ms	70～ 80ms	12×12	3～5/0.3	19	320×166	前后	2
5	FSE	轴位	T_1WI	无	450～ 700ms	最短	12×12	3～5/0.3	19	320×224	前后	2
6	3D SPGR	轴位	T_1WI+C	有	最短	最短	15×15	1.6	80～100	256×176	前后	1
7	FSE	矢状位/ 冠状位	T_1WI+C	有	450～ 700ms	最短	14×14	2～3/0.3	15～19	320×256	前后/ 左右	1

质量要求

● 扫描范围覆盖全部肿瘤范围
● 肿瘤与正常组织对比明显
● 清晰显示病变与邻近组织关系
● 图像无明显伪影
● 脂肪抑制均匀

标准图像

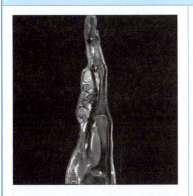

图 8-7-4　单手矢状位 T$_2$WI 脂肪抑制标准图像

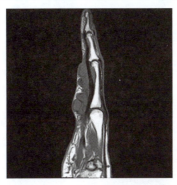

图 8-7-5　单手矢状位 T$_1$WI 标准图像

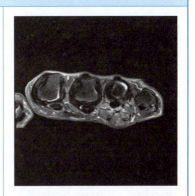

图 8-7-6　单手轴位 T$_2$WI 脂肪抑制标准图像

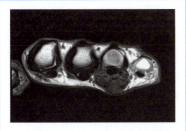

图 8-7-7　单手轴位 T$_2$WI 标准图像

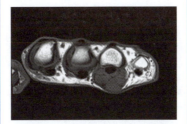

图 8-7-8　单手轴位 T$_1$WI 标准图像

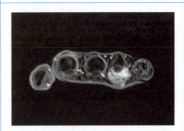

图 8-7-9　单手轴位 DCE 标准图像

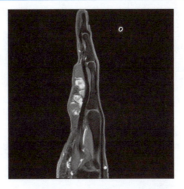

图 8-7-10　单手矢状位 T$_1$WI+C 标准图像

伪影图像

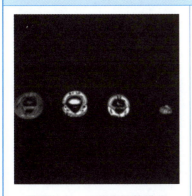

图 8-7-11　水脂像计算错误

图 8-7-12　卷褶伪影 1

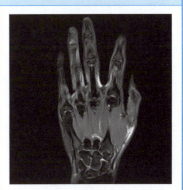

图 8-7-13　卷褶伪影 2

特殊注意事项
• 采取仰卧位扫描时,患侧掌心向内朝向躯体,尽量处于磁体中心。注意相位编码方向避免卷褶伪影

第八节 双手磁共振平扫、双手磁共振增强扫描

检查项目 中文名称	双手磁共振平扫、双手磁共振增强扫描
患者准备及摆位	
准备	俯卧位
摆位及线圈	• 线圈:多通道相控阵体部线圈 • 定位点:双手第三掌指关节连线中点 • 其他要求:俯卧位,双臂上举置于头顶,掌心向下平放,两侧肘关节尽量靠近,双腕关节及掌骨在同一水平 • 在手背侧放置海绵或薄米袋填充固定
定位像	扫描定位像时注意需二次定位 • 轴位定位像显示拇指与掌骨在同一水平 • 冠状位定位像显示指间关节和掌骨 • 矢状位定位像显示第三掌骨长轴 图 8-8-1 双手冠状位(图 A)、轴位(图 B)定位像
扫描序列	

编号	序列名称	序列说明
1	冠状位 T_2WI 脂肪抑制	观察骨髓水肿及骨质侵蚀、关节内积液及滑膜增生、腱鞘积液
2	冠状位 T_1WI	观察解剖细节及骨质侵蚀情况
3	轴位 T_2WI 脂肪抑制	观察骨髓水肿及骨质侵蚀、关节内积液及滑膜增生、腱鞘积液
4	轴位 T_1WI	观察解剖细节及骨质侵蚀情况
5	冠状位 T_1WI+C 脂肪抑制	观察增生滑膜的强化
6	轴位 T_1WI+C 脂肪抑制	观察增生滑膜的强化

扫描定位

1. 冠状位 T_2WI 脂肪抑制

| 定位要求 |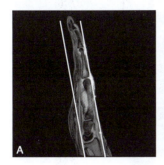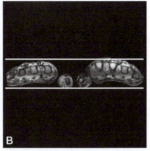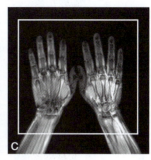

图 8-8-2　**双手冠状位 T_2WI 脂肪抑制定位方法**

图 A 示：在矢状位定位像上，定位线平行于第三掌骨长轴；图 B 示：在轴位定位像上，定位线平行于双手掌骨连线；图 C 示：在冠状位定位像上，视野范围完整覆盖双手及腕关节。 |
|---|---|

2. 冠状位 T_1WI

定位要求	● 复制冠状位 T_2WI 脂肪抑制定位信息

3. 轴位 T_2WI 脂肪抑制

| 定位要求 |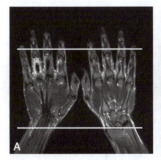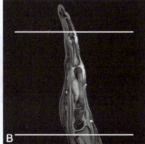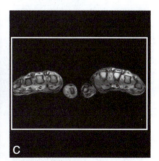

图 8-8-3　**双手轴位 T_2WI 脂肪抑制定位方法**

图 A 示：在冠状位 T_2WI 图上，定位线平行于双侧第三指间关节间隙连线；图 B 示：在矢状位定位像上，定位线垂直于第三掌骨长轴；图 C 示：在轴位定位像上，视野完整覆盖病变范围。 |
|---|---|

4. 轴位 T_1WI

定位要求	● 复制轴位 T_2WI 脂肪抑制定位信息

5. 冠状位 T_1WI+C 脂肪抑制

定位要求	● 复制冠状位 T_1WI 脂肪抑制定位信息

6. 轴位 T_1WI+C 脂肪抑制

定位要求	● 复制轴位 T_1WI 脂肪抑制定位信息

序号	序列	方位	加权	脂肪抑制	重复时间/ms	回波时间	视野/cm	层厚/层距/mm	层数	矩阵	相位编码	平均次数
1	FSE	冠状位	T₂WI	有	>3 000	60～80ms	28×28	3/1.0	16	348×224	左右	2
2	FSE	冠状位	T₁WI	无	450～700	最短	28×28	3/1.0	16	384×256	左右	1
3	FSE	轴位	T₂WI	有	>3 000	60～80ms	28×20	4～5/1.0	24	320×224	前后	2
4	FSE	轴位	T₁WI	无	450～700	最短	28×20	4～5/1.0	24	384×256	前后	1
5	FSE	冠状位	T₁WI+C	有	450～700	最短	28×28	3/1.0	16	384×224	左右	1～2
6	FSE	轴位	T₁WI+C	有	450～700	最短	28×20	4～5/1.0	24	384×224	前后	1～2

参数要求（表头）

质量要求

- 扫描范围符合临床诊断需求
- 清晰显示关节、指骨、掌骨结构及其与周围组织的相互关系
- 图像无明显伪影
- 脂肪抑制均匀

标准图像

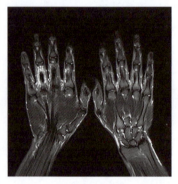

图 8-8-4　双手冠状位 T₂WI 脂肪抑制标准图像

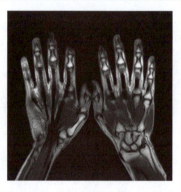

图 8-8-5　双手冠状位 T₁WI 标准图像

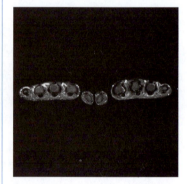

图 8-8-6　双手轴位 T₂WI 脂肪抑制标准图像

图 8-8-7　双手轴位 T₁WI 标准图像

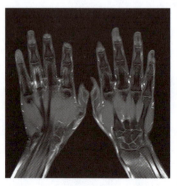

图 8-8-8　双手冠状位 T₁WI+C 脂肪抑制标准图像

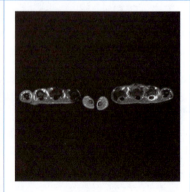

图 8-8-9　双手轴位 T₁WI+C 脂肪抑制标准图像

伪影图像	
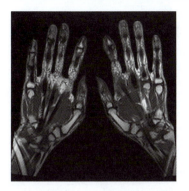 图 8-8-10　卷褶伪影	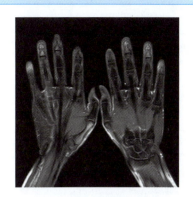 图 8-8-11　磁敏感伪影

特殊注意事项
• 双手磁共振扫描脂肪抑制方式尽量选择 STIR 序列或 Dixon 技术 • 增强脂肪抑制方式首选 Dixon 技术

第九节　手指磁共振平扫

检查项目 中文名称	手指磁共振平扫
患者准备及摆位	
准备	• 尽量采用俯卧位
摆位及线圈	• 线圈：腕关节专用线圈（多通道柔性线圈） • 其他要求：俯卧位，拇指外展位，被检侧置于磁体中心 • 使用柔性线圈需在手的掌侧及背侧放置海绵或薄米袋填充固定
定位像	扫描定位像时注意 • 需二次定位得到指间关节三平面 • 轴位图显示指间关节面 • 矢状位及冠状位上下中心点为目标指间关节 • 掌指关节需多次定位 • 有无金属伪影 图 8-9-1　手指轴位（图 A）、矢状位（图 B）和冠状位（图 C）定位像

扫描序列		
编号	序列名称	序列说明
1	轴位 PDWI 脂肪抑制	拇指轴位显示内收肌腱膜和侧副韧带
2	矢状位 PDWI 脂肪抑制	矢状位显示指骨长轴层面及中央束、矢状束、屈肌腱等
3	冠状位 PDWI 脂肪抑制	冠状位显示侧副韧带走行及信号
4	矢状位 / 冠状位 T_1WI	显示手指关节对位情况及解剖细节
扫描定位		

1. 轴位 PDWI 脂肪抑制

定位要求	● 根据申请单扫描特定指间关节 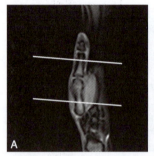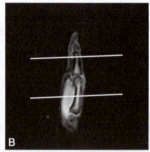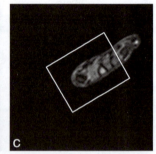 **图 8-9-2　手指轴位 PDWI 脂肪抑制定位方法** 图 A、B 示：在冠状位及矢状位定位像上，定位线均平行于目标指间关节面，上下方向完整覆盖病变及水肿范围；图 C 示：在轴位定位像上，视野完整覆盖目标关节及周边肌腱、韧带等软组织。

2. 矢状位 PDWI 脂肪抑制

定位要求	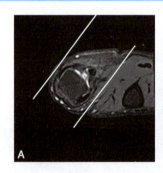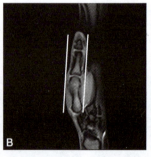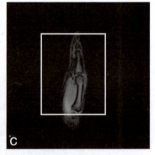 **图 8-9-3　手指矢状位 PDWI 脂肪抑制定位方法** 图 A 示：在轴位 PDWI 图像上，定位线垂直于目标指间关节的掌侧面，完整覆盖指间关节及周围韧带、病变、水肿；图 B 示：在冠状位定位像上，定位线垂直于目标指间关节平面，完整覆盖指间关节及周围韧带、病变、水肿；图 C 示：在矢状位定位像上，视野完整覆盖掌骨、指骨，可以调节相位视野缩短扫描时间。

3. 冠状位 PDWI 脂肪抑制

<table>
<tr><td rowspan="2">定位
要求</td><td colspan="3">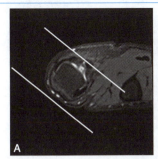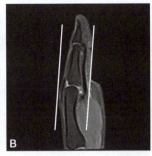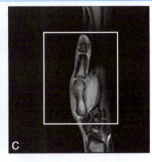</td></tr>
<tr><td colspan="3">图 8-9-4　手指冠状位 PDWI 脂肪抑制定位方法
图 A 示：在轴位定位像上，定位线平行于目标指间关节平面的掌侧面，完整覆盖指间关节及周围韧带、病变、水肿；图 B 示：在矢状位定位像上，定位线垂直于目标指间关节平面，完整覆盖指间关节及周围韧带、病变、水肿；图 C 示：在冠状位定位像上，视野完整覆盖目标指间关节的指骨及掌骨。</td></tr>
</table>

4. 冠状位/矢状位 T_1WI

定位要求	• 根据观察韧带位置选择完全复制冠状位/矢状位 PDWI

参数要求

序号	序列	方位	加权	脂肪抑制	重复时间/ms	回波时间	视野/cm	层厚/层距/mm	层数	矩阵	相位编码	平均次数	回波链长度
1	FSE	轴位	PDWI	有	>3 000	40~45ms	12×10	2.0/0.2	12~24	320×224	前后	2	<10
2	FSE	矢状位	PDWI	有	>3 000	40~45ms	12×8	2.0/0.2	12	348×224	前后	2	<10
3	FSE	冠状位	PDWI	有	>3 000	40~45ms	12×10	2.0/0.2	12	348×224	左右	2	<10
4	FSE	冠状位/矢状位	T_1WI	无	450~700	最短	12×10	2.0/0.2	12	384×256	左右/前后	1	3

质量要求

• 扫描范围符合临床诊断需求
• 清晰显示关节、韧带结构及其与周围组织的相互关系
• 图像无明显伪影
• 脂肪抑制均匀

标准图像

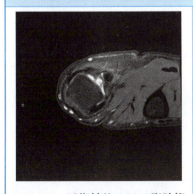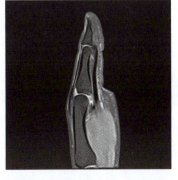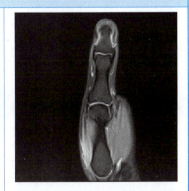

图 8-9-5　手指轴位 PDWI 脂肪抑制标准图像　　图 8-9-6　手指矢状位 PDWI 脂肪抑制标准图像　　图 8-9-7　手指冠状位 PDWI 脂肪抑制标准图像

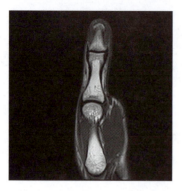

图 8-9-8 手指冠状位 T₁WI 标准图像

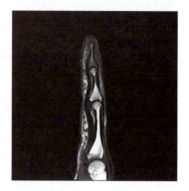

图 8-9-9 手指矢状位 T₁WI 标准图像

伪影图像

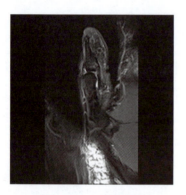

图 8-9-10 卷褶伪影

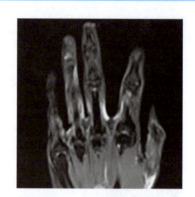

图 8-9-11 磁敏感伪影

特殊注意事项

● 摆位尽量靠近磁体中心

第十节 髋关节盂唇磁共振平扫

检查项目 中文名称	髋关节盂唇磁共振平扫
项目释义	单髋关节损伤性病变扫描此协议
患者准备及摆位	
准备	● 扫描前嘱患者排尿
摆位及线圈	● 线圈：腹部相控阵线圈或表面柔性线圈单侧包裹 ● 定位点：腹股沟中点 ● 其他要求：患侧髋关节尽量置于磁体中心，双手置于胸前物理隔开，单侧包裹时使用海绵垫垫高对侧髋关节使双髋处于同一水平，使用沙袋固定踝关节于中立位

定位像	• 无金属伪影 • 冠状位、轴位定位像均显示股骨头最大层面 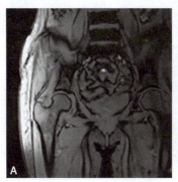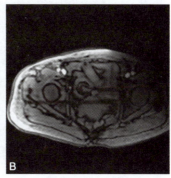 图 8-10-1　髋关节盂唇冠状位(图 A)、轴位(图 B)定位像

扫描序列		
编号	序列名称	序列说明
1	冠状位 T_2WI 脂肪抑制	观察骨盆骨质情况如耻骨联合、骶髂关节及盆腔内脏器有无异常
2	轴位 PDWI	观察髋臼覆盖情况及股骨近端形态,观察关节周围肌肉
3	斜冠状位 PDWI 脂肪抑制	观察髋臼外盂唇、关节软骨及软骨下骨,观察股骨大粗隆及附着于大粗隆的肌腱
4	斜矢状位 PDWI 脂肪抑制	观察髋臼前盂唇及后盂唇、关节软骨及软骨下骨,观察股骨近端形态,测量 Alpha 角

扫描定位

1. 冠状位 T_2WI 脂肪抑制

定位要求	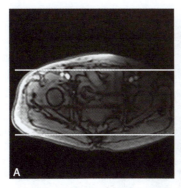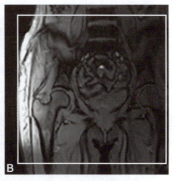 图 8-10-2　髋关节冠状位 T_2WI 脂肪抑制定位方法 图 A 示:在轴位定位像上,定位线平行于两侧股骨头连线,扫描范围自耻骨联合向后完整覆盖骨性结构;图 B 示:在冠状位定位像上,髋关节位于视野中心。

2. 轴位 PDWI

定位
要求

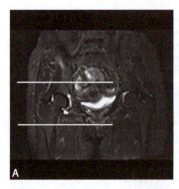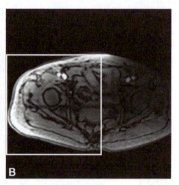

图 8-10-3　髋关节盂唇轴位 PDWI 定位方法

图 A 示：在冠状位 T_2WI 图像上，定位线自髋臼上缘至股骨小粗隆；图 B 示：在轴位定位像上，视野完整覆盖单侧髋关节。

3. 斜冠状位 PDWI 脂肪抑制

定位
要求

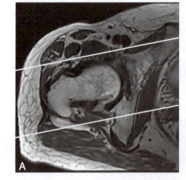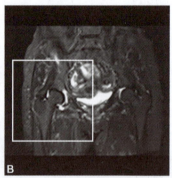

图 8-10-4　髋关节盂唇斜冠状位 PDWI 脂肪抑制定位方法

图 A 示：在轴位 PDWI 图像上，定位线平行于股骨颈长轴，前后完整覆盖髋关节；图 B 示：在冠状位定位像上，股骨头位于视野中心。

4. 斜矢状位 PDWI 脂肪抑制

定位
要求

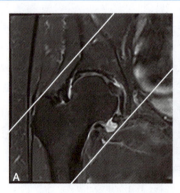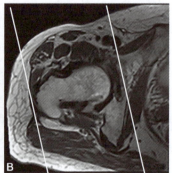

图 8-10-5　髋关节盂唇斜矢状位 PDW 脂肪抑制定位方法

图 A 示：在斜冠状位 PDWI 图像上，定位线平行于股骨颈长轴，完整覆盖髋关节；图 B 示：在轴位定位像上，定位线垂直于股骨颈长轴。

参数要求													
序号	序列	方位	加权	脂肪抑制	重复时间/ms	回波时间/ms	视野/cm	层厚/层距/mm	层数	矩阵	相位编码	平均次数	回波链长度
1	FSE	冠状位	T₂WI	有	>3 000	70~80	40×32	5/2	19~23	320×256	头足	2	<20
2	FSE	轴位	PDWI	无	>3 000	35~45	16×16	3/0.3	19~23	288×260	前后	2	<10
3	FSE	斜冠状位	PDWI	有	>3 000	35~45	15×15	3/0.3	19~23	320×256	头足	2	<10
4	FSE	斜矢状位	PDWI	有	>3 000	35~45	14×14	3/0.3	19~23	256×156	前后	2	<10

质量要求

- 扫描范围符合临床诊断需求
- 清晰显示关节、韧带结构及其与周围组织的相互关系
- 图像无明显伪影
- 脂肪抑制均匀

标准图像

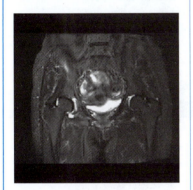

图 8-10-6　髋关节盂唇冠状位 T₂WI 脂肪抑制标准图像

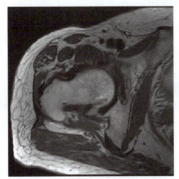

图 8-10-7　髋关节盂唇轴位 PDWI 标准图像

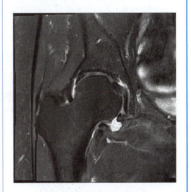

图 8-10-8　髋关节盂唇斜冠状位 PDWI 脂肪抑制标准图像

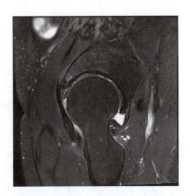

图 8-10-9　髋关节盂唇斜矢状位 PDWI 脂肪抑制标准图像

伪影图像		
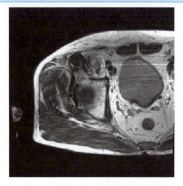		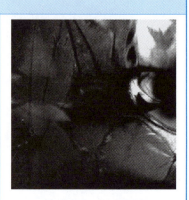
图 8-10-10 卷褶伪影	图 8-10-11 呼吸运动伪影	图 8-10-12 金属伪影
特殊注意事项		
• 轴位相位编码为左右,避免呼吸运动伪影,注意加大过采集范围,避免卷褶伪影		

第十一节 单髋关节磁共振平扫、单髋关节磁共振增强扫描

检查项目中文名称	单髋关节磁共振平扫、单髋关节磁共振增强扫描
项目释义	单髋关节骨性占位性病变扫描此协议
患者准备及摆位	
准备	• 扫描前嘱患者排尿 • 扫描前去除金属异物
摆位及线圈	• 线圈:体部相控阵线圈 • 定位点:肿瘤区域为中心 • 患侧髋关节尽量置于磁体中心,两侧髋处于同一水平 • 双手置于胸前物理隔开 • 使用沙袋固定踝关节,使其保持中立位 • 使用沙袋压迫腹部减轻呼吸运动伪影
定位像	扫描定位像时注意 • 线圈覆盖病变范围 • 有无金属伪影 • 避免膀胱过度充盈 • 冠状位、轴位定位像均显示股骨头最大层面 图 8-11-1 髋关节冠状位定位像

扫描序列		
编号	序列名称	序列说明
1	矢状位/冠状位 T_2WI 脂肪抑制	依据肿瘤位置选择合适的扫描方向,观察肿瘤整体范围及瘤周水肿
2	矢状位/冠状位 T_1WI	观察肿瘤对骨质的破坏方式,明确肿瘤范围
3	轴位 T_2WI 脂肪抑制	观察病变累及范围及内部信号,观察病灶与周围神经及大血管的关系,观察周围淋巴结肿大情况
4	轴位 T_2WI	观察病灶内部成分,观察病灶边缘硬化情况,评价病灶与神经的关系
5	轴位 T_1WI	观察判断病灶内部是否存在脂肪、出血等
6	轴位 DCE	观察肿瘤的血供
7	冠状位 T_1WI+C	评估病变范围

扫描定位

1. 矢状位/冠状位 T_2WI 脂肪抑制（以冠状位为例）

定位要求	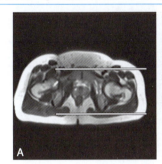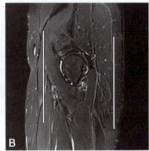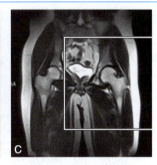

图 8-11-2　单髋关节冠状位 T_2WI 脂肪抑制定位方法

图 A 示:在轴位定位像上,定位线平行于两侧股骨头中心连线,完整覆盖髋关节及病变范围;图 B 示:在矢状位定位像上,定位线平行于人体长轴;图 C 示:在冠状位定位像上,患侧股骨颈位于视野中心完整覆盖病变范围。

2. 矢状位/冠状位 T_1WI

定位要求	● 复制矢状位/冠状位 T_2WI 脂肪抑制定位信息

3. 轴位 T_2WI 脂肪抑制

定位要求	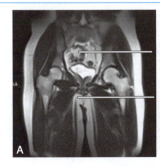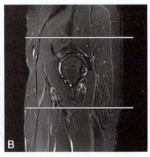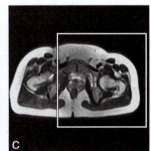

图 8-11-3　单髋关节轴位 T_2WI 脂肪抑制定位方法

图 A 示:在冠状位定位像上,定位线平行于两侧股骨头中心连线,完整覆盖髋关节、病变与水肿范围;图 B 示:在矢状位定位像上,定位线垂直于人体长轴;图 C 示:在轴位定位像上,视野完整覆盖患侧髋关节软组织,前后方向人体居中,完整覆盖肿瘤及瘤周水肿。

4. 轴位 T$_2$WI	
定位要求	• 复制轴位 T$_2$WI 脂肪抑制定位信息

5. 轴位 T$_1$WI	
定位要求	• 复制轴位 T$_2$WI 脂肪抑制定位信息

6. 轴位 DCE	
定位要求	• 扫描 60～80 层,复制轴位 T$_1$WI 扫描中心点 • 扫描 10 个时相,每个时相 18～24 秒 • 开始扫描第二时相时注射对比剂

7. 冠状位 T$_1$WI+C	
定位要求	• 扫描 40～60 层,复制冠状位 T$_1$WI 扫描中心点

参数要求													
序号	序列	方位	加权	脂肪抑制	重复时间	回波时间	视野/cm	层厚/层距/mm	层数	矩阵	相位编码	平均次数	回波链长度
1	FSE	矢状位/冠状位	T$_2$WI	有	>3 000ms	70～80ms	32×32	4/0.5	18～24	320×288	头足	2	<16
2	FSE	矢状位/冠状位	T$_1$WI	无	最短	最短	32×32	4/0.5	18～24	288×256	头足	1	<3
3	FSE	轴位	T$_2$WI	有	>3 000ms	70～90ms	22×22	3/0.3	20～24	256×256	左右	2	<16
4	FSE	轴位	T$_2$WI	无	>3 000ms	80～100ms	22×22	3/0.3	20～24	320×288	左右	1	<16
5	FSE	轴位	T$_1$WI	无	最短	最短	22×22	3/0.3	20～24	288×224	左右	1	<3
6	3D SPGR	轴位	T$_1$WI DCE	有	最短	最短	24×24	3/-1.5	60～80	288×256	头足	1	—
7	3D SPGR	冠状位	T$_1$WI+C	有	最短	最短	32×30	3/-1.5	40～60	288×224	头足	1	—

质量要求
• 扫描范围符合临床诊断需求 • 清晰显示病变结构及其与周围组织的相互关系 • 图像无明显伪影 • 脂肪抑制均匀

标准图像

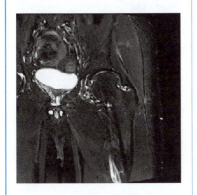

图 8-11-4　单髋关节冠状位 T_2WI 脂肪抑制标准图像

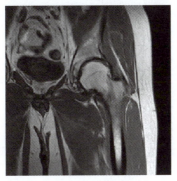

图 8-11-5　单髋关节冠状位 T_1WI 标准图像

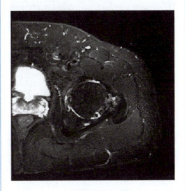

图 8-11-6　单髋关节轴位 T_2WI 脂肪抑制标准图像

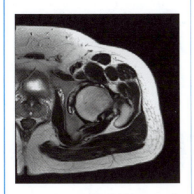

图 8-11-7　单髋关节轴位 T_2WI 标准图像

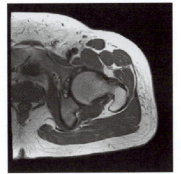

图 8-11-8　单髋关节轴位 T_1WI 标准图像

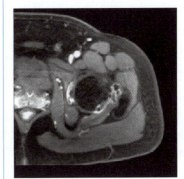

图 8-11-9　单髋关节轴位 DCE 标准图像

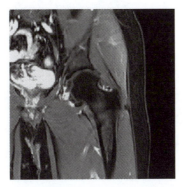

图 8-11-10　单髋关节冠状位 T_1WI+C 标准图像

伪影图像		
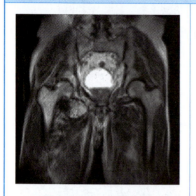	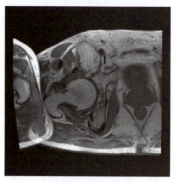	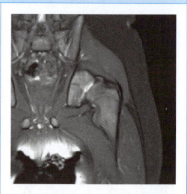
图 8-11-11　运动伪影	图 8-11-12　卷褶伪影	图 8-11-13　磁化率伪影

特殊注意事项
• 如患侧不能偏中心摆位，扫描视野内不能有金属植入物，脂肪抑制方式可选 STIR 序列或 Dixon 技术

第十二节　髋关节磁共振平扫

检查项目中文名称	髋关节磁共振平扫
患者准备及摆位	
准备	• 无需特殊准备
摆位及线圈	• 线圈：体部矩形相控阵线圈 • 摆位：被检者仰卧位，头先进，双手自然放于身体两侧，人体长轴与扫描床长轴一致，尽量保持两侧髋关节对称 • 定位点：耻骨联合水平
定位像	扫描定位像时注意 • 线圈覆盖范围 • 有无金属伪影 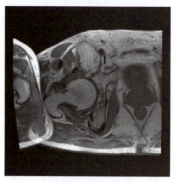 图 8-12-1　髋关节冠状位定位像

扫描序列		
编号	序列名称	序列说明
1	轴位 T_2WI 脂肪抑制	观察骨质情况、关节盂唇结构、韧带及肌肉损伤
2	轴位 T_1WI	观察骨质结构及肿瘤性病变

3	冠状位 T₂WI 脂肪抑制	观察骨质情况、关节盂唇结构、韧带及肌肉损伤
4	冠状位 T₁WI	观察骨质结构及肿瘤性病变

扫描定位

1. 轴位 T₂WI 脂肪抑制

定位要求	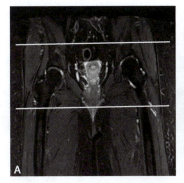 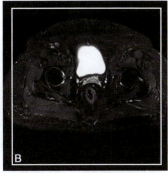

图 8-12-2　髋关节轴位 T₂WI 脂肪抑制定位方法

图 A 示：在冠状位定位像上，定位线平行于两侧股骨头中心连线，范围上缘完整覆盖髋臼，下缘完整覆盖股骨大转子；图 B 示：在轴位定位像上，视野以髋关节为中心。

2. 轴位 T₁WI

定位要求	● 完全复制轴位 T₂WI 定位信息

3. 冠状位 T₂WI 脂肪抑制

定位要求	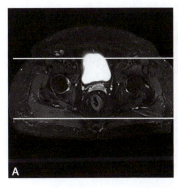 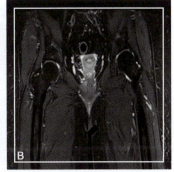

图 8-12-3　髋关节冠状位 T₂WI 脂肪抑制定位方法

图 A 示：在轴位定位像上，定位线平行于两侧股骨头中心连线，范围前至股骨头前缘，后到股骨大转子后缘；图 B 示：在冠状位定位像上，视野范围完整覆盖髋关节。

4. 冠状位 T₁WI

定位要求	● 完全复制冠状位 T₂WI 脂肪抑制定位信息

参数要求

序号	序列	方位	加权	脂肪抑制	重复时间/ms	回波时间	视野/cm	层厚/层距/mm	层数	矩阵	相位编码	平均次数	呼吸控制
1	FSE	轴位	T₂WI	有	3 000	70ms	36×36	4/0.8	30	368×258	左右	2～3	自由

2	FSE	轴位	T$_1$WI	无	500~700	最短	36×36	4/0.8	30	384×288	左右	1	自由
3	FSE	冠状位	T$_2$WI	有	3 000	70ms	36×30	4/0.8	20	384×269	头足	2~3	自由
4	FSE	冠状位	T$_1$WI	无	500~700	最短	36×30	4/0.8	20	384×269	头足	1	自由

质量要求

- 扫描范围符合临床诊断需求
- 图像无明显伪影
- 脂肪抑制均匀

标准图像

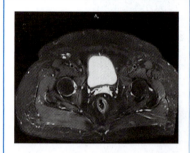

图 8-12-4　髋关节轴位 T$_2$WI 脂肪抑制标准图像

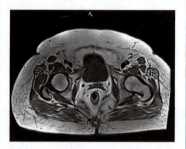

图 8-12-5　髋关节轴位 T$_1$WI 标准图像

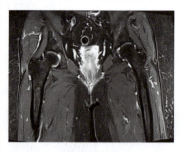

图 8-12-6　髋关节冠状位 T$_2$WI 脂肪抑制标准图像

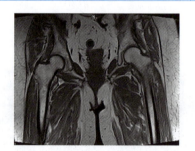

图 8-12-7　髋关节冠状位 T$_1$WI 标准图像

特殊注意事项

- 脂肪抑制序列可以根据设备情况选择 STIR 序列或 Dixon 技术。

第十三节　膝关节磁共振平扫（损伤）

检查项目 中文名称	膝关节磁共振平扫（损伤）
患者准备及摆位	
准备	• 去除患者身上金属物品 • 检查前告知患者扫描时间及扫描中会出现较大噪声,保持静止
摆位及线圈	• 线圈:多通道膝关节专用线圈或柔软线圈 • 摆位:仰卧位,足先进,双手自然放于身体两侧,人体长轴与扫描床长轴一致,足尖向前。被检者屈曲膝关节 10°~15°。用沙袋固定 • 定位点:髌骨下缘

定位像	扫描定位像时注意 • 线圈覆盖范围 • 有无金属伪影 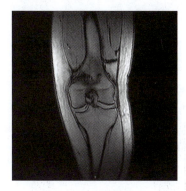 图 8-13-1　膝关节冠状位定位像

扫描序列

编号	序列名称	序列说明
1	轴位 PDWI 脂肪抑制	扫描髌上囊至胫腓关节面，包括整个病变范围，观察半月板、前后交叉韧带及髌内外侧支持带病变
2	矢状位 T_1WI	观察骨、肌腱、韧带、软骨损伤及出血
3	矢状位 PDWI 脂肪抑制	观察半月板、前交叉韧带、后交叉韧带、股四头肌肌腱和髌韧带病变，髌上囊积液和髌上、下脂肪囊损伤
4	冠状位 PDWI 脂肪抑制	观察半月板、前交叉韧带、后交叉韧带、内外侧副韧带。冠状位是观察内外侧副韧带最佳层面
5	冠状位 T_1WI	观察骨、肌腱、韧带、软骨损伤及出血

扫描定位

1. 轴位 PDWI 脂肪抑制

定位要求	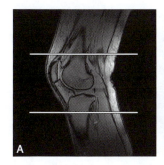 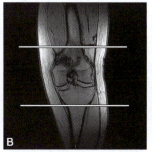 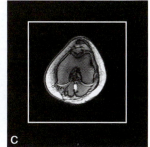

图 8-13-2　膝关节轴位 PDWI 脂肪抑制定位方法

图 A、B 示：在矢状位、冠状位定位像上，定位线平行于胫骨的关节面，上缘完整覆盖髌骨，下达胫骨粗隆；图 C 示：在轴位定位像上，膝关节位于视野中心。

2. 矢状位 T_1WI

定位要求

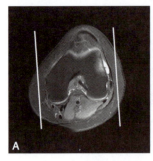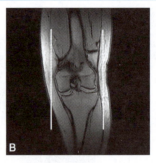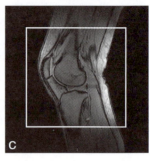

图 8-13-3　膝关节矢状位 T_1WI 定位方法

图 A 示：在轴位 PDWI 图像上，定位线垂直于股骨内外侧髁后缘连线，定位线完整覆盖内、外侧髁；图 B 示：在冠状位定位像上，定位线平行于股骨与胫骨长轴；图 C 示：在矢状位定位像上，视野头足方向中心点是髌骨下缘。

3. 矢状位 PDWI 脂肪抑制

定位要求

• 完全复制矢状位 T_1WI 定位信息

4. 冠状位 PDWI 脂肪抑制

定位要求

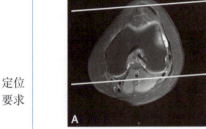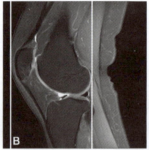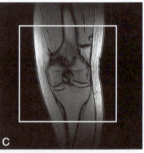

图 8-13-4　膝关节冠状位 PDWI 脂肪抑制定位方法

图 A 示：在轴位 PDWI 图像上，定位线平行于股骨内外侧髁后缘连线，范围前至髌骨前缘，后达股骨内、外侧髁连线后方；图 B 示：在矢状位 PDWI 图像上，定位线平行于股骨与胫骨长轴；图 C 示：在冠状位定位像上，膝关节位于视野中心。

5. 冠状位 T_1WI

定位要求

• 完全复制冠状位 PDWI 脂肪抑制定位信息

参数要求													
序号	序列	方位	加权	脂肪抑制	重复时间/ms	回波时间/ms	视野/cm	层厚/层距/mm	层数	矩阵	相位编码	平均次数	呼吸控制
1	FSE	轴位	PDWI	有	>1 500	40	16×16	4/0.5	20	320×224	左右	1~2	自由
2	FSE	矢状位	T_1WI	无	605	9.1	16×16	3/0.5	20	320×224	头足	1	自由
3	FSE	矢状位	PDWI	有	>1 500	40	16×16	3/0.5	20	320×224	头足	1~2	自由
4	FSE	冠状位	PDWI	有	>1 500	67	16×16	3/0.5	20	320×224	头足	1~2	自由
5	FSE	冠状位	T_1WI	无	605	9.1	16×16	3/0.5	20	320×224	头足	1	自由

质量要求
• 扫描范围符合临床诊断需求 • 膝关节解剖结构显示清晰 • 图像无明显伪影 • 脂肪抑制均匀

标准图像

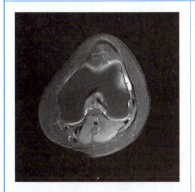

图 8-13-5　膝关节轴位 PDWI 脂肪抑制标准图像

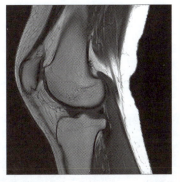

图 8-13-6　膝关节矢状位 T₁WI 标准图像

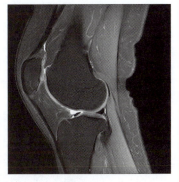

图 8-13-7　膝关节矢状位 PDWI 脂肪抑制标准图像

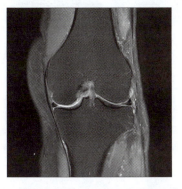

图 8-13-8　膝关节冠状位 PDWI 脂肪抑制标准图像

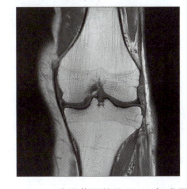

图 8-13-9　膝关节冠状位 T₁WI 标准图像

特殊注意事项
• 被检者屈曲膝关节 10°～15° • 可以根据临床需求加扫各向同性 3D PD 脂肪抑制可变翻转角快速自旋回波序列,体素不大于 0.7mm×0.7mm×0.7mm,GE 磁共振扫描仪为 CUBE,飞利浦磁共振扫描仪为 VISTA,西门子磁共振扫描仪为 SPACE,联影磁共振扫描仪为 Matrix,可以进行后处理重组以更好地显示韧带及半月板损伤

第十四节　膝关节磁共振平扫、膝关节磁共振增强扫描

检查项目 中文名称	膝关节磁共振平扫、膝关节磁共振增强扫描
项目释义	该项目用于膝关节肿物扫查
患者准备及摆位	
准备	• 患者扫描前去除随身携带的金属、护膝、膏药

摆位及线圈	• 线圈：膝关节专用线圈（柔性相控阵线圈） • 定位点：肿物为中心 • 其他要求：膝关节放置于磁体中心，下肢与扫描床长轴平行，健侧膝关节远离被检侧防止卷褶伪影 • 使用柔性线圈时用沙袋固定
定位像	扫描定位像时注意 • 线圈中心位置 • 有无金属伪影 • 轴位定位像包含内外髁最大层面 • 矢状位定位像及冠状位定位像包含股骨正中层面 • 完整覆盖肿瘤范围 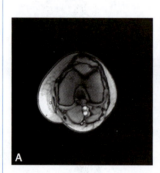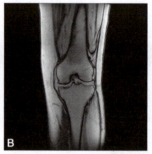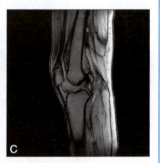 图 8-14-1　膝关节轴位（图 A）、冠状位（图 B）、矢状位（图 C）定位像

扫描序列

编号	序列名称	序列说明
1	矢状位/冠状位 T$_2$WI 脂肪抑制	依据肿瘤位置选择合适的扫描方向，观察肿瘤整体范围及瘤周水肿
2	矢状位/冠状位 T$_1$WI	观察肿瘤对骨质的破坏方式，明确肿瘤范围
3	轴位 T$_2$WI 脂肪抑制	观察病变累及范围及内部信号，观察病灶与周围神经及大血管的关系，观察周围淋巴结肿大情况
4	轴位 T$_2$WI	观察病灶内部成分，观察病灶边缘硬化情况，评价病灶与神经的关系
5	轴位 T$_1$WI	观察判断病灶内部是否存在脂肪、出血等
6	轴位 DCE	观察肿瘤的血供
7	矢状位 T$_1$WI+C	评估病变范围
8	特殊：矢状位/冠状位 T$_2^*$WI	当怀疑为腱鞘滑膜巨细胞瘤时，建议增加扫描梯度回波序列

扫描定位

1. 矢状位/冠状位 T$_2$WI 脂肪抑制

定位要求	• 依据肿瘤位置选择合适的扫描方向，此处扫描矢状位 • 相位编码方向为头足并添加饱和带

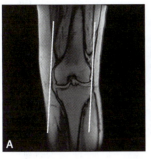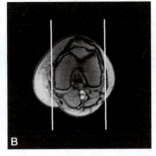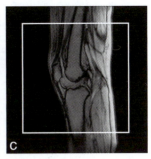

图 8-14-2　膝关节矢状位 T$_2$WI 脂肪抑制定位方法

图 A 示：在冠状位定位像上，定位线平行于股骨长轴，左右方向完整覆盖病变；图 B 示：在轴位定位像上，定位线垂直于股骨内外髁后缘连线；图 C 示：在矢状位定位像上，肿瘤位于视野中心，覆盖全部肿瘤范围的同时完整覆盖膝关节。

2. 矢状位/冠状位 T$_1$WI	
定位要求	• 复制矢状位/冠状位 T$_2$WI 脂肪抑制定位信息
3. 轴位 T$_2$WI 脂肪抑制	
定位要求	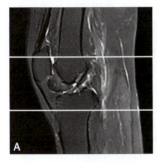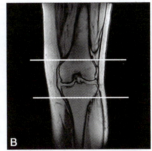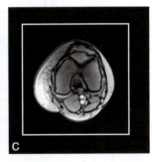 图 8-14-3　膝关节轴位 T$_2$WI 脂肪抑制定位方法 图 A 示：在矢状位 T$_2$WI 图像上，定位线平行于胫股关节间隙，完整覆盖病变及水肿；图 B 示：在冠状位定位像上，定位线平行于胫骨平台，完整覆盖病变；图 C 示：在轴位定位像上，膝关节位于视野中心，完整覆盖软组织。
4. 轴位 T$_2$WI	
定位要求	• 复制轴位 T$_2$WI 脂肪抑制定位信息
5. 轴位 T$_1$WI	
定位要求	• 复制轴位 T$_2$WI 脂肪抑制定位信息
6. 轴位 DCE	
定位要求	• 扫描 60～120 层，复制轴位 T$_2$WI 扫描中心点 • 扫描 10 个时相，每个时相 18～24 秒 • 扫描第二个时相时开始注射对比剂
7. 矢状位 T$_1$WI+C	
定位要求	• 扫描 60～100 层，复制矢状位 T$_1$WI 扫描中心点

8. 特殊：矢状位/冠状位 T_2^*WI

定位要求	● 复制矢状位/冠状位 T_1WI 定位信息

参数要求

序号	序列	方位	加权	脂肪抑制	重复时间	回波时间	视野/cm	层厚/层距/mm	层数	矩阵	相位编码	平均次数	回波链长度
1	FSE	矢状位/冠状位	T_2WI	有	>2 500ms	70~80ms	16×16	3/0.3	19	320×224	头足	2	<16
2	FSE	矢状位/冠状位	T_1WI	无	最短	最短	16×16	3/0.3	19	320×224	头足	1	3
3	FSE	轴位	T_2WI	有	>2 500ms	70~80ms	16×16	4/0.8	23	320×224	左右	2	<16
4	FSE	轴位	T_2WI	无	>2 500ms	70~80ms	16×16	4/0.8	23	320×224	左右	1	<16
5	FSE	轴位	T_1WI	无	最短	最短	16×16	4/0.8	23	320×224	左右	1	3
6	3D SPGR	轴位	T_1WI	有	最短	最短	16×16	1.6	60~120	256×192	前后	1	—
7	3D SPGR	矢状位	T_1WI	有	最短	最短	24×24	1.5	60~100	320×256	头足	2	—
8	GRE	矢状位/冠状位	T_2^*WI	无	500~600ms	最短	16×16	3/0.3	19	320×192	前后	1	—

质量要求

● 扫描范围覆盖全部病变范围
● 病变与正常组织对比明显
● 清晰显示病变与邻近组织关系
● 图像无明显伪影
● 脂肪抑制均匀

标准图像

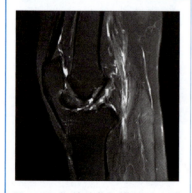 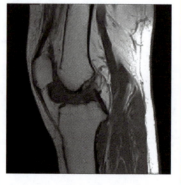 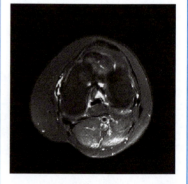

图 8-14-4　膝关节矢状位 T_2WI 脂肪抑制标准图像

图 8-14-5　膝关节矢状位 T_1WI 标准图像

图 8-14-6　膝关节轴位 T_2WI 脂肪抑制标准图像

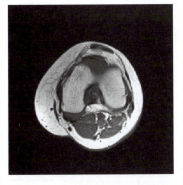

图 8-14-7　膝关节轴位 T$_2$WI 标准图像

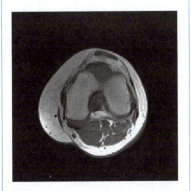

图 8-14-8　膝关节轴位 T$_1$WI 标准图像

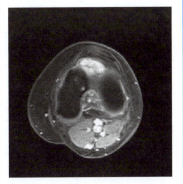

图 8-14-9　膝关节轴位 DCE 标准图像

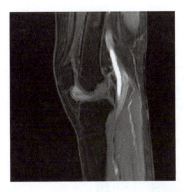

图 8-14-10　膝关节矢状位 T$_1$WI+C 标准图像

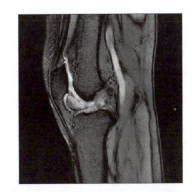

图 8-14-11　膝关节矢状位 T$_2^*$WI 标准图像

伪影图像

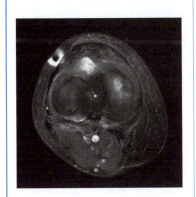

图 8-14-12　金属伪影

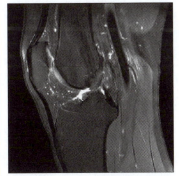

图 8-14-13　腘动脉伪影

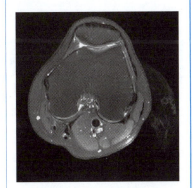

图 8-14-14　卷褶伪影

特殊注意事项

- 采用柔性线圈扫描时使用沙袋固定小腿
- 患膝尽量置于磁体中心

第十五节　下肢软组织磁共振平扫、
下肢软组织磁共振增强扫描

检查项目 中文名称	下肢软组织磁共振平扫、下肢软组织磁共振增强扫描
患者准备及摆位	
准备	• 无需特殊准备
摆位及线圈	• 线圈：体部相控阵线圈 • 定位点：根据申请单确定扫描中心点，大腿定为股骨长轴中心点偏上或偏下，小腿定为小腿中部，膝部定为髌骨下缘（或病变位置为中心） • 其他要求：绑带束缚双腿，减少两腿间空隙，双腿置于扫描床中心 • 双腿间如有皮肤直接接触，用软垫隔开
定位像	• 根据病变或手术部位，尽量完整覆盖一侧关节，完整覆盖病灶 • 如病变范围头足方向过大，超过设备最大扫描视野，以头侧为主定位 图 8-15-1　下肢冠状位定位像

扫描序列

编号	序列名称	序列说明
1	冠状位 PD Dixon	病变定位及明确范围
2	轴位 T_2WI FSE Dixon	观察病变信号特点及范围、对邻近组织侵犯情况
3	轴位 T_1WI FSE	观察病变信号特点及范围、对邻近组织侵犯情况
4	轴位 DWI	观察病变信号特点及范围、对邻近组织侵犯情况
5	冠状位 DCE	明确病变血供、肿瘤强化过程、邻近血管情况
6	轴位 T_1WI+C Dixon	明确病变的位置及数目、病变与邻近组织关系
7	冠状位 T_1WI+C Dixon	明确病变的位置及数目、病变与邻近组织关系

扫描定位

1. 冠状位 PD Dixon

<table>
<tr><td rowspan="2">定位
要求</td><td>

● 如双腿不能完全并拢，调节匀场框，匀场中心置于一侧腿部软组织

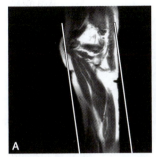 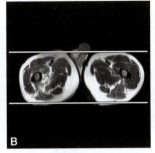 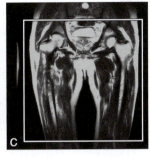

图 8-15-2 　下肢冠状位 PD Dixon 定位方法

图 A 示：在矢状位定位像上，定位线平行于下肢长轴，注意不是平行骨骼，前后完整覆盖下肢软组织；图 B 示：在轴位定位像上，定位线方向与双腿轴线一致，前后完整覆盖下肢软组织；图 C 示：在冠状位定位像上，视野包含一侧关节（根据病变位置），尽量完整覆盖病变或手术瘢痕。

</td></tr>
</table>

2. 轴位 T₂WI FSE Dixon

<table>
<tr><td rowspan="2">定位
要求</td><td>

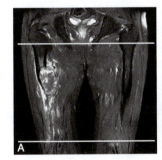 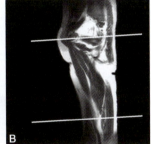 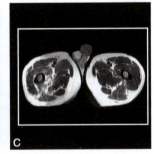

图 8-15-3 　下肢轴位 T₂WI FSE Dixon 定位方法

图 A 示：冠状位 PD Dixon 水相定位，头足方向完整覆盖病变组织，如病变范围头足方向超过 34cm，轴位分两段扫描；如病变局限，只扫描局部即可；如扫描大腿，层厚 7mm，膝部及小腿层厚 6mm，局限性病变层厚 5mm；图 B 示：在矢状位定位像上，定位线垂直于下肢长轴；图 C 示：在轴位定位像上确认视野完整覆盖人体结构。

</td></tr>
</table>

3. 轴位 T₁WI FSE

定位 要求	● 完全复制轴位 T₂WI 定位信息

4. 轴位 DWI

定位 要求	● 完全复制轴位 T₂WI 定位信息 ● b 值 50s/mm²、800s/mm² 或 1 000s/mm² ● 因磁场均匀度差，建议使用 STIR 脂肪抑制方式，如不使用 STIR，必须使用逐层匀场技术

5. 冠状位 DCE

定位 要求	● 复制冠状位 PD 扫描范围 ● 扫描 9 个时相，先扫描蒙片，然后以 2ml/s 的速度注射对比剂，延迟 15 秒后开始扫描 ● 只适用于初诊占位性病变

6. 轴位 T$_1$WI+C Dixon	
定位要求	● 复制轴位 T$_2$WI 扫描范围

7. 冠状位 T$_1$WI+C Dixon	
定位要求	● 复制冠状位 PD Dixon 扫描范围

参数要求													
序号	序列	方位	加权	脂肪抑制	重复时间	回波时间	视野/cm	层厚/层距/mm	层数	矩阵	相位编码	平均次数	呼吸控制
1	FSE	冠状位	PDWI	有	>1 500ms	42ms	36～45	3/0.6	30～50	320×256	左右	1	自由
2	FSE	轴位	T$_2$WI	有	>2 000ms	70～80ms	40	5～7/1	30～50	320×320	前后	1	自由
3	FSE	轴位	T$_1$WI	无	400～650ms	最短	40	5～7/1	30～50	320×320	前后	1	自由
4	DWI	轴位	DWI	有	>2 000ms	最短	40	5～7/1	30～50	160×120	前后	4	自由
5	3D SPGR	冠状位	DCE	有	最短	最短	36～45	3/-1.5	60	320×260	左右	1	自由
6	3D SPGR	轴位	T$_1$WI+C	有	最短	最短	40	5/-2.5	60～80	288×288	前后	1	自由
7	3D SPGR	冠状位	T$_1$WI+C	有	最短	最短	36～45	3/-1.5	100	288×230	左右	1	自由

质量要求

● 图像无各种伪影,脂肪抑制均匀
● 图像有足够信噪比及对比度,病变显示清晰
● 可以有轻微电解质伪影
● 轴位 DWI 图像可以有轻微伪影及变形

标准图像

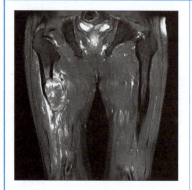

图 8-15-4　下肢冠状位 PD Dixon 水相标准图像

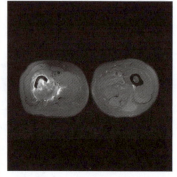

图 8-15-5　下肢轴位 T$_2$WI FSE Dixon 水相标准图像

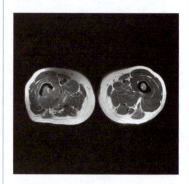

图 8-15-6　下肢轴位 T$_2$WI FSE Dixon 同相位标准图像

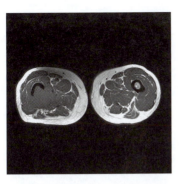

图 8-15-7　下肢轴位 T₁WI FSE 标准图像

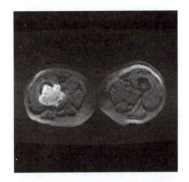

图 8-15-8　下肢轴位 DWI 标准图像

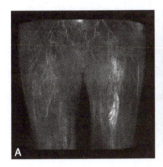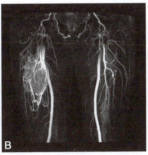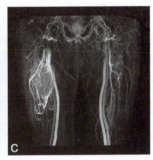

图 8-15-9　下肢冠状位 DCE 标准图像

图 A 示：冠状位 DCE 标准图像第一期；图 B 示：冠状位 DCE 标准图像第二期；图 C 示：冠状位 DCE 标准图像第六期。

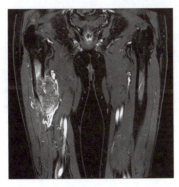

图 8-15-10　下肢冠状位 T₁WI+C Dixon 标准图像

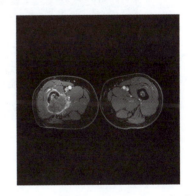

图 8-15-11　下肢轴位 T₁WI+C Dixon 标准图像

特殊注意事项

- 如冠状位 PD 扫描无法正确完成水脂分离成像，改为 STIR
- 轴位图像有轻微电介质伪影属于在可接受范围内
- 轴位扫描头足方向覆盖范围超过 34cm，扫描应分两段，避免相位错误伪影
- 增强扫描脂肪抑制序列推荐选择 Dixon 技术，如果设备不能满足，可以选择频率饱和法脂肪抑制
- 冠状位 DCE 只适用于初诊占位性病变，其余患者无需扫描此序列

第十六节　踝关节磁共振平扫（损伤）

检查项目中文名称	踝关节磁共振平扫（损伤）	
项目释义	踝关节外伤扫描此项目	
患者准备及摆位		
准备	• 患者去除金属异物、护踝	
摆位及线圈	• 线圈：踝关节专用线圈（柔性相控阵线圈） • 定位点：内外踝连线中点 • 其他要求：下肢平行于磁体长轴，踝关节位于中立位，足背垂直胫骨长轴并放置于磁体中心 • 避免足过度内旋 • 健侧尽量远离患侧	
定位像	扫描定位像时注意 • 有无金属伪影 • 线圈中心位置 • 需二次定位 • 矢状位定位像显示胫骨长轴层面，胫距关节居中 • 轴位定位像显示内外踝最佳层面 • 冠状位定位像显示胫距关节最大层面 图 8-16-1　踝关节矢状位（图 A）、轴位（图 B）和冠状位（图 C）定位像	

	扫描序列	
编号	序列名称	序列说明
1	轴位 PDWI 脂肪抑制	观察下胫腓韧带、距腓前韧带、距腓后韧带、跟腓韧带，观察踝关节周围肌腱
2	矢状位 PDWI 脂肪抑制	观察胫距关节及距下关节对位情况，观察关节软骨及软骨下骨，观察踝关节周围肌腱，观察跗骨窦
3	冠状位 PDWI 脂肪抑制	观察胫距关节及距下关节对位情况，观察关节软骨及软骨下骨，观察三角韧带及关节周围肌腱
4	冠状位/矢状位 T_1WI	观察踝关节的解剖细节

扫描定位

1. 轴位 PDWI 脂肪抑制

<table>
<tr><td rowspan="1">定位
要求</td><td>

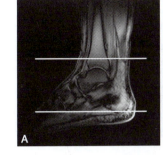 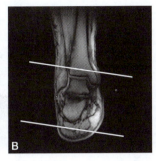 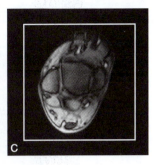

图 8-16-2　踝关节轴位 PDWI 脂肪抑制定位方法

图 A 示：在矢状位定位像上，定位线垂直于胫骨长轴，下缘达全跟腱止点；图 B 示：在冠状位定位像上，定位线平行胫骨下缘关节面，上缘完整覆盖内外踝；图 C 示：在轴位位定位像上，视野平行内外踝连线，踝关节位于视野中心。
</td></tr>
</table>

2. 矢状位 PDWI 脂肪抑制

<table>
<tr><td>定位
要求</td><td>

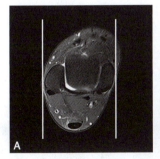 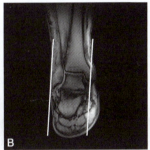 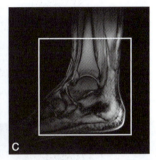

图 8-16-3　踝关节矢状位 PDWI 脂肪抑制定位方法

A 示：在轴位 PDWI 图像上，定位线垂直于内外踝连线；B 示：在冠状位定位像上，定位线垂直于胫距关节面，左右完整覆盖内外踝；C 示：在矢状位定位像上，胫距关节前后方向居视野中心，下缘完整覆盖足底。
</td></tr>
</table>

3. 冠状位 PDWI 脂肪抑制

<table>
<tr><td>定位
要求</td><td>

 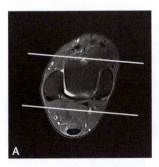 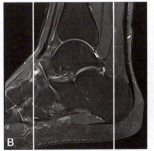 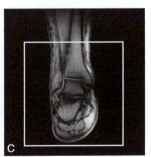

图 8-16-4　踝关节冠状位 PDWI 脂肪抑制定位方法

图 A 示：在轴位 PDWI 图像上，定位线平行于内外踝连线；图 B 示：在矢状位 PDWI 图像上，定位线平行于胫腓骨长轴，完整覆盖距骨；图 C 示：在冠状位定位像上，胫距关节前后方向居视野中心，下缘完整覆盖足底。
</td></tr>
</table>

4. 冠状位/矢状位 T₁WI

定位要求	• 依据扫描目的选择，复制冠状位/矢状位 PDWI 脂肪抑制扫描范围

参数要求

序号	序列	方位	加权	脂肪抑制	重复时间	回波时间	视野/cm	层厚/层距/mm	层数	矩阵	相位编码	平均次数	回波链长度
1	FSE	轴位	PDWI	有	>3 000ms	35~50ms	14×14	3.5/0.7	19~23	320×320	左右	1	<10
2	FSE	矢状位	PDWI	有	>3 000ms	35~50ms	14×14	3/0.6	19~23	320×288	头足	1	<10
3	FSE	冠状位	PDWI	有	>3 000ms	35~50ms	14×14	3/0.3	19~23	320×256	左右	1	<10
4	FSE	冠状位	T₁WI	无	最短	最短	14×14	3/0.3	19~23	320×240	左右	1	3
4.1	FSE	矢状位	T₁WI	无	最短	最短	14×14	3/0.3	19~23	320×240	头足	1	3

质量要求

- 扫描范围符合临床诊断需求
- 清晰显示关节、韧带结构及其与周围组织的关系
- 图像无明显伪影
- 脂肪抑制均匀

标准图像

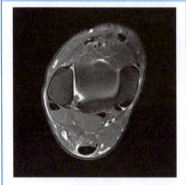

图 8-16-5　踝关节轴位 PDWI 脂肪抑制标准图像

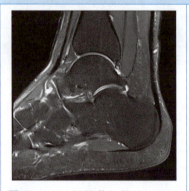

图 8-16-6　踝关节矢状位 PDWI 脂肪抑制标准图像

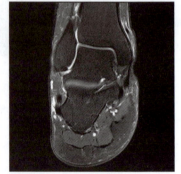

图 8-16-7　踝关节冠状位 PDWI 脂肪抑制标准图像

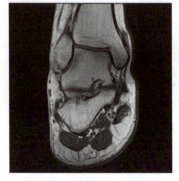

图 8-16-8　踝关节冠状位 T₁WI 标准图像

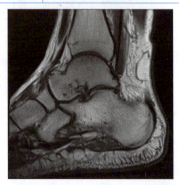

图 8-16-9　踝关节矢状位 T₁WI 标准图像

伪影图像		
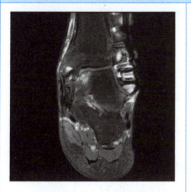	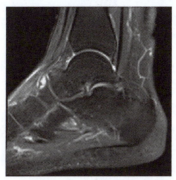	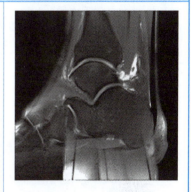
图 8-16-10　金属伪影	图 8-16-11　运动伪影	图 8-16-12　卷褶伪影

特殊注意事项
● 踝关节与线圈空隙填充棉垫来保持稳定并保证脂肪抑制效果均匀

第十七节　踝关节磁共振平扫、踝关节磁共振增强扫描

检查项目 中文名称	踝关节磁共振平扫、踝关节磁共振增强扫描
项目释义	局部占位性病变扫描此项目
患者准备及摆位	
准备	● 患者扫描前去除随身的金属、护踝、膏药
摆位及线圈	● 线圈:踝关节专用线圈(柔性相控阵线圈) ● 定位点:内外踝连线中点 ● 其他要求:下肢平行于磁体长轴,踝关节位于中立位,足背垂直于胫骨长轴并置于磁体中心 ● 健侧尽量远离患侧
定位像	扫描定位像需二次定位 ● 线圈中心位置 ● 有无金属伪影 ● 是否完整覆盖肿物 ● 矢状位定位像显示胫距关节、跟距关节 ● 轴位定位像显示内外踝 ● 冠状位定位像显示胫距关节、内外踝 图 8-17-1　踝关节矢状位(图 A)、轴位(图 B)和冠状位(图 C)定位像

扫描序列		
编号	序列名称	序列说明
1	矢状位/冠状位 T$_2$WI 脂肪抑制	依据肿瘤位置选择适宜长轴,观察肿瘤整体范围,显示瘤周水肿
2	矢状位/冠状位 T$_1$WI	观察肿瘤对骨质的破坏方式,明确肿瘤范围
3	轴位 T$_2$WI 脂肪抑制	观察病灶内是否含有脂肪成分,显示瘤周水肿范围。观察病灶与重要血管的关系,观察周围淋巴结肿大情况
4	轴位 T$_2$WI	观察病灶内部成分,观察病灶边缘硬化情况,评价病灶与神经的关系
5	轴位 T$_1$WI	观察判断病灶内部是否存在脂肪、出血等
6	轴位 DCE 脂肪抑制	观察肿瘤的血供
7	矢状位/冠状位 T$_1$WI+C 脂肪抑制	评估病变范围
扫描定位		

1. 矢状位/冠状位 T$_2$WI 脂肪抑制

定位要求	● 依肿瘤位置选择适宜长轴进行扫描,此处选择矢状位扫描 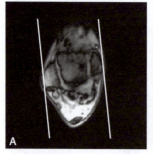 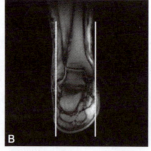 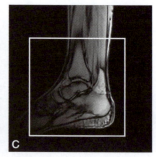 图 8-17-2　踝关节矢状位 T$_2$WI 脂肪抑制定位方法 图 A 示:在轴位定位像上,定位线垂直于内外踝连线,左右完整覆盖踝关节;图 B 示:在冠状位定位像上,定位线平行于胫骨长轴;图 C 示:在矢状位定位像上,视野以踝关节为中心,完整覆盖踝关节、足跟、病变及水肿区域。

2. 矢状位/冠状位 T$_1$WI

定位要求	● 完全复制矢状位/冠状位 T$_2$WI 脂肪抑制定位信息

3. 轴位 T$_2$WI 脂肪抑制

定位要求	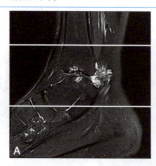 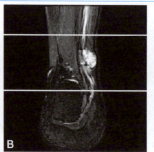 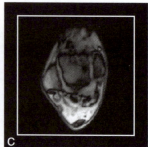 图 8-17-3　踝关节轴位 T$_2$WI 脂肪抑制定位方法 图 A、B 示:矢状位、冠状位定位像上定位线垂直于胫骨长轴,上下缘完整覆盖病变及周围水肿;图 C 示:轴位定位像上踝关节位于视野中心,覆盖全部肿瘤范围。

4. 轴位 T_2WI

定位要求	• 完全复制轴位 T_2WI 脂肪抑制定位信息

5. 轴位 T_1WI

定位要求	• 完全复制轴位 T_2WI 脂肪抑制定位信息

6. 轴位 DCE 脂肪抑制

定位要求	• 扫描 60～100 层，复制轴位 T_2WI 脂肪抑制扫描中心点 • 扫描 10 个时相，每个时相 18～24 秒 • 扫描第二个时相时注射对比剂

7. 冠状位/矢状位 T_1WI+C 脂肪抑制

定位要求	• 扫描方向同第一个序列，此处选择矢状位，复制矢状位 T_2WI 脂肪抑制定位信息

参数要求

序号	序列	方位	加权	脂肪抑制	重复时间	回波时间	视野/cm	层厚/层距/mm	层数	矩阵	相位编码	平均次数	回波链长度
1	FSE	矢状位/冠状位	T_2WI	有	>3 000ms	70～80ms	16×16	3/0.3	19	320×228	头足	2	<16
2	FSE	矢状位/冠状位	T_1WI	无	最短	最短	16×16	3/0.3	19	320×224	头足	1	3
3	FSE	轴位	T_2WI	有	>3 000ms	70～80ms	14×14	4/0.8	23	320×224	左右	2	<16
4	FSE	轴位	T_2WI	无	>2 500ms	70～80ms	14×14	4/0.8	23	320×224	左右	1	<16
5	FSE	轴位	T_1WI	无	最短	最短	14×14	4/0.8	23	320×224	左右	1	3
6	3D SPGR	轴位	T_1WI	有	最短	最短	15×15	1.6	60～100	256×166	前后	1	—
7	FSE	矢状位/冠状位	T_1WI+C	有	最短	最短	16×16	3/0.3	19	320×256	头足	1	3

质量要求

• 扫描范围覆盖全部病变范围
• 病变与正常组织对比明显
• 清晰显示病变与邻近组织关系
• 图像无明显伪影
• 脂肪抑制均匀

标准图像

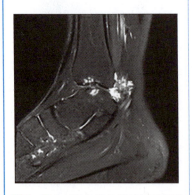

图 8-17-4　踝关节矢状位 T_2WI 脂肪抑制标准图像

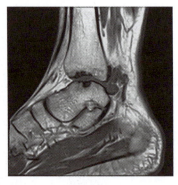

图 8-17-5　踝关节矢状位 T_1WI 标准图像

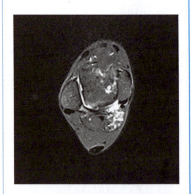

图 8-17-6　踝关节轴位 T_2WI 脂肪抑制标准图像

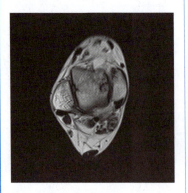

图 8-17-7　踝关节轴位 T_2WI 标准图像

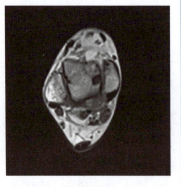

图 8-17-8　踝关节轴位 T_1WI 标准图像

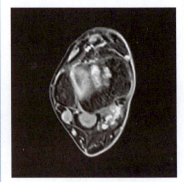

图 8-17-9　踝关节轴位 DCE 脂肪抑制标准图像

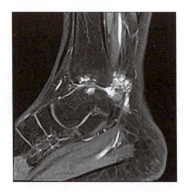

图 8-17-10　踝关节矢状位 T_1WI+C 脂肪抑制标准图像

伪影图像

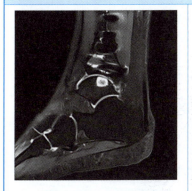 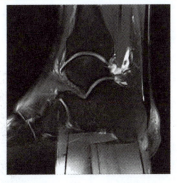 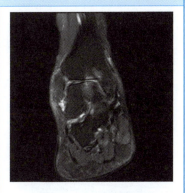

图 8-17-11　金属伪影　　　　图 8-17-12　卷褶伪影　　　　图 8-17-13　运动伪影

特殊注意事项

- 采用柔性线圈时给予沙袋固定,避免运动伪影
- 患侧尽量置于磁体中心保证脂肪抑制均匀

第十八节　跟腱磁共振平扫

检查项目中文名称	跟腱磁共振平扫
患者准备及摆位	
准备	• 去除随身金属、护踝
摆位及线圈	• 线圈:踝关节专用线圈(柔性相控阵线圈) • 定位点:跟骨结节 • 其他要求:患侧踝关节置于磁体中心,下肢平行于磁体长轴,踝关节处于中立位,足背垂直于胫骨,避免足内旋 • 健侧远离患侧
定位像	扫描定位像时注意 • 线圈覆盖范围 • 有无金属伪影 • 需二次定位,完整覆盖跟骨 • 矢状位定位像显示跟腱长轴 • 冠状位定位像显示跟腱长轴或胫骨长轴 • 轴位定位像显示跟骨长轴 图 8-18-1　跟腱矢状位(图A)、冠状位(图B)和轴位(图C)定位像

扫描序列		
编号	序列名称	序列说明
1	矢状位 T_2WI 脂肪抑制	观察跟腱形态、连续性及跟腱内信号的改变, 周围软组织有无水肿, 跟骨结节有无骨髓水肿
2	矢状位 T_1WI	观察跟腱形态及连续性, 跟骨结节有无骨刺
3	轴位 T_2WI 脂肪抑制	观察肌腱实质内信号及周围软组织改变, 观察跖肌腱
4	轴位 T_2WI	观察跟腱及周围软组织的解剖细节
5	轴位 T_1WI	观察跟腱及周围软组织的解剖细节

扫描定位

1. 矢状位 T_2WI 脂肪抑制

| 定位要求 |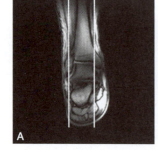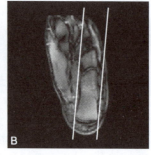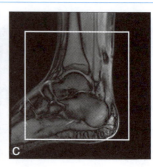

图 8-18-2　跟腱矢状位 T_2WI 脂肪抑制定位方法

图 A 示:在冠状位定位像上,定位线平行于胫骨或跟腱长轴;图 B 示:在轴位定位像上,定位线平行于跟骨长轴,左右完整覆盖跟骨;图 C 示:在矢状位定位像上,依据损伤位置调节视野大小,完整覆盖跟腱损伤部位及跟骨结节,如跟腱断裂回缩完整覆盖断端。 |
|---|---|

2. 矢状位 T_1WI

定位要求	● 完全复制矢状位 T_2WI 脂肪抑制定位信息

3. 轴位 T_2WI 脂肪抑制

| 定位要求 |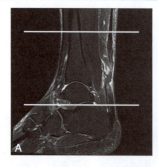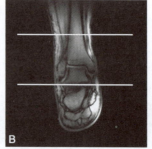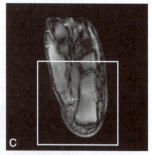

图 8-18-3　跟腱轴位 T_2WI 脂肪抑制定位方法

图 A 示:在矢状位 T_2WI 图像上,定位线垂直于跟腱长轴,根据损伤位置调整扫描范围;图 B 示:在冠状位定位像上,定位线垂直于胫骨或跟腱长轴;图 C 示:在轴位定位像上,跟骨位于视野中心。 |
|---|---|

4. 轴位 T_2WI

定位要求	● 完全复制轴位 T_2WI 脂肪抑制定位信息

5. 轴位 T_1WI

定位要求	● 完全复制轴位 T_2WI 脂肪抑制定位信息

参数要求													
序号	序列	方位	加权	脂肪抑制	重复时间	回波时间	视野/cm	层厚/层距/mm	层数	矩阵	相位编码	平均次数	回波链长度
1	FSE	矢状位	T_2WI	有	>3 000ms	70~90ms	18×18	2/0.2	19~23	384×310	头足	1	<16
2	FSE	矢状位	T_1WI	无	最短	最短	18×18	2/0.2	19~23	320×320	头足	1	3
3	FSE	轴位	T_2WI	有	>3 000ms	70~90ms	14×14	3/0.3	19~23	384×384	左右	1	<16
4	FSE	轴位	T_2WI	无	>3 000ms	70~90ms	14×14	3/0.3	19~23	448×448	左右	1	<16
5	FSE	轴位	T_1WI	无	最短	最短	14×14	3/0.3	19~23	512×512	左右	1	3

质量要求
● 扫描范围符合临床诊断需求 ● 清晰显示跟腱断端及跟腱细微结构 ● 图像无明显伪影 ● 脂肪抑制均匀

标准图像

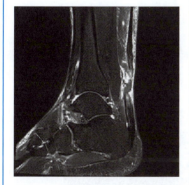 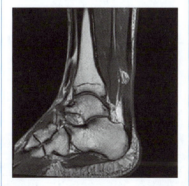 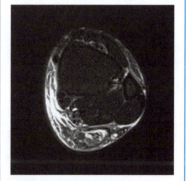

图 8-18-4　跟腱矢状位 T_2WI 脂肪抑制标准图像　　图 8-18-5　跟腱矢状位 T_1WI 标准图像　　图 8-18-6　跟腱轴位 T_2WI 脂肪抑制标准图像

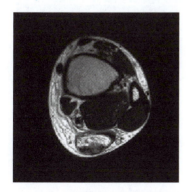 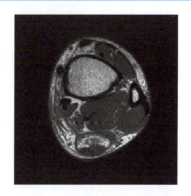

图 8-18-7　跟腱轴位 T_2WI 标准图像　　　　图 8-18-8　跟腱轴位 T_1WI 标准图像

伪影图像

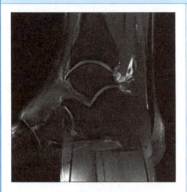

图 8-18-9 卷褶伪影

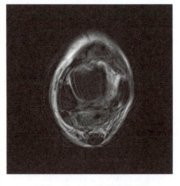

图 8-18-10 运动伪影

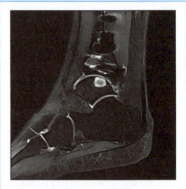

图 8-18-11 金属伪影

第十九节 足磁共振平扫、足磁共振增强扫描

检查项目 中文名称	足磁共振平扫、足磁共振增强扫描
患者准备及摆位	
准备	• 患者扫描前去除金属
摆位及线圈	• 线圈：足踝关节专用线圈（柔性相控阵线圈） • 定位点：肿瘤区为中心点 • 其他要求：患足置于磁体中心，中立位，足背垂直于胫骨长轴，放置于磁体中心，用沙袋予以固定。健侧足尽量远离患侧足
定位像	扫描定位像时注意 • 线圈中心位置 • 有无金属伪影 图 8-19-1 足轴位（图 A）、矢状位（图 B）定位像
扫描序列	

编号	序列名称	序列说明
1	轴位 T_2WI 脂肪抑制	依据肿瘤位置选择适宜的扫描方向，观察肿物整体范围和瘤周水肿范围
2	轴位 T_1WI	观察肿瘤对骨质的破坏方式
3	冠状位 T_2WI 脂肪抑制	观察瘤周水肿范围，观察病灶与重要血管的关系，观察周围淋巴结肿大情况

4	冠状位 T_2WI	观察病灶内部成分，观察病灶边缘硬化情况，评价病灶与神经的关系
5	冠状位 T_1WI	观察病灶内部是否存在脂肪、出血等
6	冠状位 DCE 脂肪抑制	观察肿瘤的血供
7	轴位 T_1WI+C 脂肪抑制	评估病变范围
8	特殊：矢状位 / 冠状位 T_2^*WI	怀疑为腱鞘滑膜巨细胞瘤时，建议增加扫描梯度回波序列显示病变内的含铁血黄素
扫描定位		

1. 轴位 T_2WI 脂肪抑制

定位要求	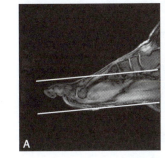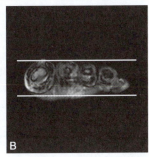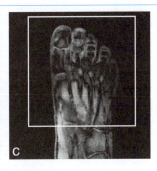 **图 8-19-2　足轴位 T_2WI 脂肪抑制定位方法** 图 A、B 示：在矢状位、冠状位定位像上，定位线均平行于足底，完整覆盖肿瘤及水肿范围；图 C 示：在轴位定位像上，调整视野完整覆盖病变范围，左右完整覆盖足部。

2. 轴位 T_1WI

定位要求	● 完全复制轴位 T_2WI 脂肪抑制定位信息

3. 冠状位 T_2WI 脂肪抑制

定位要求	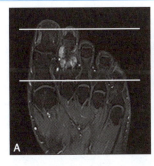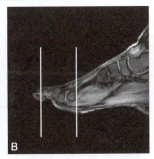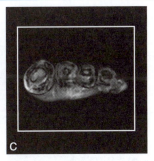 **图 8-19-3　足冠状位 T_2WI 脂肪抑制定位方法** 图 A 示：在轴位 T_2WI 图像上，定位线垂直于病变累及区域趾骨长轴，完整覆盖足部病变范围；图 B 示：在矢状位定位像上，定位线垂直于足底，足部居中；图 C 示：在冠状位定位像上，足部位于视野中心，完整覆盖病变和软组织。

4. 冠状位 T_2WI

定位要求	● 完全复制冠状位 T_2WI 脂肪抑制定位信息

5. 冠状位 T_1WI

定位要求	● 完全复制冠状位 T_2WI 脂肪抑制定位信息

6. 冠状位 DCE 脂肪抑制

定位要求	• 扫描 60～80 层，复制轴位 T_2WI 扫描中心点 • 扫描 10 个时相，每个时相 18～24 秒 • 扫描第二时相时注射对比剂

7. 轴位 T_1WI+C 脂肪抑制

定位要求	• 复制轴位 T_1WI 扫描中心点

参数要求												
序号	序列	方位	加权	脂肪抑制	重复时间	回波时间	视野/cm	层厚/层距/mm	层数	矩阵	相位编码	平均次数	回波链长度
1	FSE	轴位	T_2WI	有	>2 500ms	60～80ms	14×14	2/0.2	15～19	304×235	左右	3	<16
2	FSE	轴位	T_1WI	无	最短	最短	14×14	2/0.2	15～19	320×224	左右	1	3
3	FSE	冠状位	T_2WI	有	>2 500ms	60～80ms	12×12	2～4/0.8	19～23	288×192	头足	2～2	<16
4	FSE	冠状位	T_2WI	无	>2 500ms	70～90ms	12×12	2～4/0.8	19～23	288×192	头足	2	<16
5	FSE	冠状位	T_1WI	无	最短	最短	12×12	2～4/0.8	19～23	288×192	头足	2	3
6	3D SPGR	冠状位	T_1WI	有	最短	最短	16×16	1.6	60～80	256×192	头足	—	—
7	FSE	轴位	T_1WI+C	有	最短	最短	14×14	2/0.2	15～19	320×192	左右	1	3

质量要求
• 扫描范围覆盖全部病变范围 • 病变与正常组织对比明显 • 清晰显示病变与邻近组织关系 • 图像无明显伪影 • 脂肪抑制均匀

标准图像

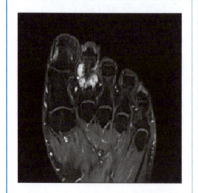

图 8-19-4　足轴位 T_2WI 脂肪抑制标准图像

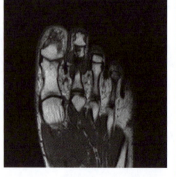

图 8-19-5　足轴位 T_1WI 标准图像

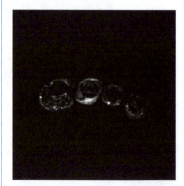

图 8-19-6　足冠状位 T_2WI 脂肪抑制标准图像

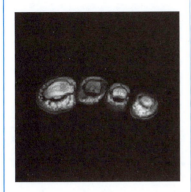

图 8-19-7　足冠状位 T₂WI 标准图像

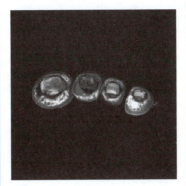

图 8-19-8　足冠状位 T₁WI 标准图像

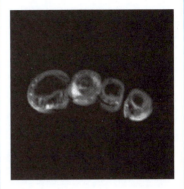

图 8-19-9　足冠状位 DCE 脂肪抑制标准图像

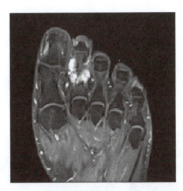

图 8-19-10　足轴位 T₁WI+C 脂肪抑制标准图像

伪影图像

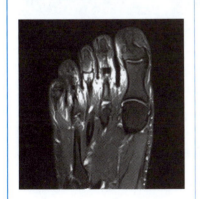

图 8-19-11　磁敏感伪影

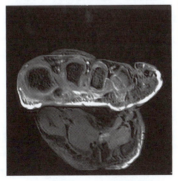

图 8-19-12　卷褶伪影

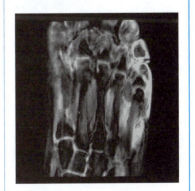

图 8-19-13　运动伪影

特殊注意事项

- 前足脂肪抑制方式可选择 STIR 序列或 Dixon 技术
- 注意相位编码方向避免卷褶伪影

第二十节　前足磁共振平扫

检查项目 中文名称	前足磁共振平扫
患者准备及摆位	

准备	● 患者去除随身金属、护踝
摆位及线圈	● 线圈：足踝专用线圈（柔性相控阵线圈） ● 定位点：第三跖趾关节 ● 其他要求：足中立位，足面垂直于胫骨长轴，患侧置于磁体中心 ● 健侧尽量远离患侧
定位像	扫描定位像时注意 ● 有无金属伪影 ● 图像信号是否均匀 ● 需二次定位，矢状位、轴位定位像显示目标关节趾骨-跖骨 ● 冠状位定位像显示目标跖趾关节 图 8-20-1　前足轴位（图 A）、冠状位（图 B）和矢状位（图 C）定位像

扫描序列

编号	序列名称	序列说明
1	冠状位 PDWI 脂肪抑制	观察第一跖趾关节、跖板、前足的肌腱
2	矢状位 PDWI 脂肪抑制	观察跖趾关节及趾间关节有无畸形及骨髓水肿、跖板及周围的韧带、肌腱等
3	轴位 PDWI 脂肪抑制	观察第一跖趾关节有无畸形、跖趾关节及趾间关节的关节软骨及侧副韧带等
4	冠状位/矢状位/轴位 T_1WI	观察前足骨质结构有无骨折及坏死

	扫描定位
1. 冠状位 PDWI 脂肪抑制	
定位 要求	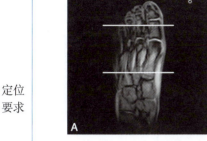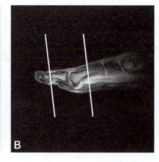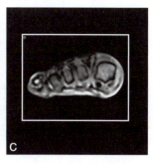 图 8-20-2　前足冠状位 PDWI 脂肪抑制定位方法 图 A 示：在轴位定位像上，定位线平行于目标跖趾关节面，范围以损伤位置为中心；图 B 示：在矢状位定位像上，定位线平行于目标跖趾关节面；图 C 示：在冠状位定位像上，足部居视野中心，完整覆盖软组织。
2. 矢状位 PDWI 脂肪抑制	
定位 要求	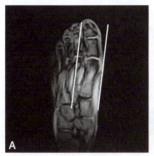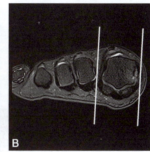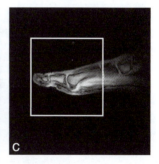 图 8-20-3　前足矢状位 PDWI 脂肪抑制定位方法 图 A 示：在轴位定位像上，定位线垂直于目标跖趾关节面，完整覆盖目标跖趾关节；图 B 示：在冠状位 PDWI 图像上，定位线垂直于目标跖趾关节足底面；图 C 示：在矢状位定位像上，目标跖趾关节位于视野中心。
3. 轴位 PDWI 脂肪抑制	
定位 要求	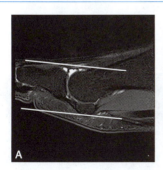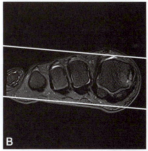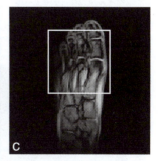 图 8-20-4　前足轴位 PDWI 脂肪抑制定位方法 图 A 示：在矢状位 PDWI 图像上，定位线垂直于目标跖趾关节面，完整覆盖跖趾关节；图 B 示：在冠状位 PDWI 图像上，定位线平行于目标跖趾关节足底面，完整覆盖跖趾关节；图 C 示：在轴位定位像上，视野以目标跖趾关节为中心。

4. 冠状位/矢状位/轴位 T_1WI

定位要求	• 根据病变位置选择合适扫描方向,此处以冠状位、矢状位为例。 • 复制相应位置 PDWI 脂肪抑制扫描范围

参数要求

序号	序列	方位	加权	脂肪抑制	重复时间	回波时间	视野/cm	层厚/层距/mm	层数	矩阵	相位编码	平均次数	回波链长度
1	FSE	冠状位	PDWI	有	>3 000ms	35～50ms	9×9	2/0.2	19～23	256×230	上下	2	6
2	FSE	矢状位	PDWI	有	>3 000ms	35～50ms	9×9	2/0.2	15～19	256×230	上下	2	6
3	FSE	轴位	PDWI	有	>3 000ms	35～50ms	9×9	2/0.2	15～19	256×180	左右	3	6
4	FSE	冠状位	T_1WI	无	最短	最短	9×9	2/0.2	15～19	256×180	上下	2	3
4.1	FSE	矢状位	T_1WI	无	最短	最短	9×9	2/0.2	15～19	256×180	上下	2	3

质量要求

- 扫描范围符合临床诊断需求
- 清晰显示关节、韧带结构及其与周围组织的相互关系
- 图像无明显伪影
- 脂肪抑制均匀

标准图像

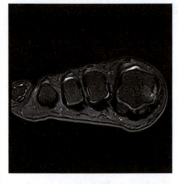

图 8-20-5　前足冠状位 PDWI 脂肪抑制标准图像

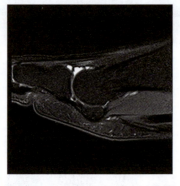

图 8-20-6　前足矢状位 PDWI 脂肪抑制标准图像

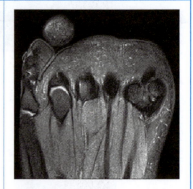

图 8-20-7　前足轴位 PDWI 脂肪抑制标准图像

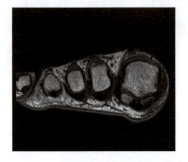

图 8-20-8　前足冠状位 T_1WI 标准图像

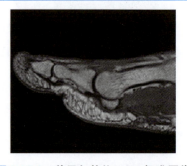

图 8-20-9　前足矢状位 T_1WI 标准图像

伪影图像		

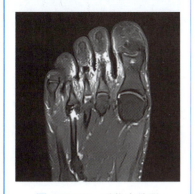 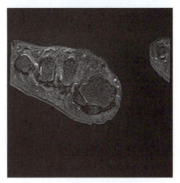 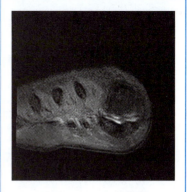

图 8-20-10　磁化率伪影	图 8-20-11　卷褶伪影	图 8-20-12　运动伪影

特殊注意事项
• 前足与线圈间空隙用棉垫填充,踝关节、膝关节下方应给予足够支撑,使足部放松 • 如扫描视野内有金属植入物,脂肪抑制方式可选择 STIR 序列或 Dixon 技术。临床怀疑跖板损伤时按目标跖趾关节走行调整扫描方向

第二十一节　中足磁共振平扫

检查项目 中文名称	中足磁共振平扫
患者准备及摆位	
准备	• 患者去除随身金属物品
摆位及线圈	• 线圈:足踝专用线圈(柔性相控阵线圈) • 定位点:第三跖骨基底 • 其他要求:足部处于中立位,放置于磁体中心 • 健侧尽量远离患侧
定位像	扫描定位像时注意 • 有无金属伪影 • 短轴位定位像显示跖骨基底 • 长轴位定位像显示第三跖骨长轴 图 8-21-1　中足轴位定位像

<table>
<tr><td colspan="3" align="center">扫描序列</td></tr>
</table>

编号	序列名称	序列说明
1	矢状位 PDWI 脂肪抑制	观察中足对位情况及骨髓水肿，观察足背及足底软组织，如足底腱膜
2	轴位 PDWI 脂肪抑制	观察中足对位情况及骨髓水肿，观察肌腱及跖跗关节的韧带
3	冠状位 PDWI 脂肪抑制	观察中足骨髓水肿及周围肌腱、韧带
4	轴位/矢状位 T_1WI	观察中足对位情况及骨质情况

扫描定位

1. 矢状位 PDWI 脂肪抑制

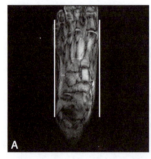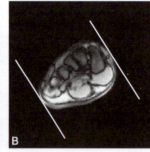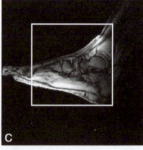

图 8-21-2　中足矢状位 PDWI 脂肪抑制定位方法

图 A 示：在轴位定位像上，定位线平行于第三跖骨长轴，左右完整覆盖足部；图 B 示：在冠状位定位像上，定位线垂直于第一到第五跖骨连线，左右完整覆盖足部；图 C 示：在矢状位定位像上，视野足尖方向完整覆盖跖骨，足跟方向包至足跟，完整覆盖损伤范围。

2. 轴位 PDWI 脂肪抑制

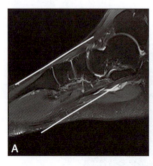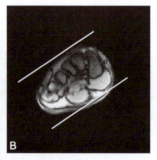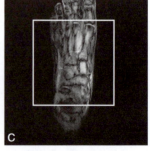

图 8-21-3　中足轴位 PDWI 脂肪抑制定位方法

图 A 示：在矢状位 PDWI 图像上，定位线平行于第三跖骨长轴，完整覆盖损伤范围；图 B 示：在冠状位定位像上，定位线平行于足底；图 C 示：在轴位定位像上，视野范围依损伤范围进行调整，定位框左右方向垂直足长轴。

3. 冠状位 PDWI 脂肪抑制

定位 要求	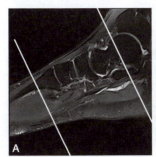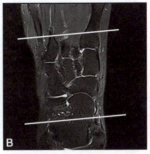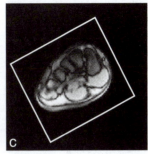 **图 8-21-4　中足冠状位 PDWI 脂肪抑制定位方法** 图 A、B 示：在矢状位、轴位定位像上，定位线均垂直于第三跖骨长轴，依损伤位置调整扫描范围； 图 C 示：在冠状位定位像上，视野平行足底。

4. 轴位/矢状位 T₁WI

定位 要求	● 依损伤位置选择扫描方向并复制同方向 PDWI 脂肪抑制扫描范围

<table>
<tr><td colspan="14" align="center">参数要求</td></tr>
<tr>
<th>序号</th><th>序列</th><th>方位</th><th>加权</th><th>脂肪
抑制</th><th>重复
时间</th><th>回波
时间</th><th>视野/
cm</th><th>层厚/
层距/
mm</th><th>层数</th><th>矩阵</th><th>相位
编码</th><th>平均
次数</th><th>回波链
长度</th>
</tr>
<tr>
<td>1</td><td>FSE</td><td>矢状位</td><td>PDWI</td><td>有</td><td>>3 000ms</td><td>35～
50ms</td><td>14×14</td><td>2～4/0.2</td><td>15～
23</td><td>320×256</td><td>前后</td><td>2</td><td><10</td>
</tr>
<tr>
<td>2</td><td>FSE</td><td>轴位</td><td>PDWI</td><td>有</td><td>>3 000ms</td><td>35～
50ms</td><td>14×14</td><td>2～4/0.2</td><td>15～
23</td><td>320×256</td><td>前后</td><td>3</td><td><10</td>
</tr>
<tr>
<td>3</td><td>FSE</td><td>冠状位</td><td>PDWI</td><td>有</td><td>>3 000ms</td><td>35～
50ms</td><td>12×12</td><td>3～5/0.3</td><td>15～
23</td><td>320×192</td><td>头足</td><td>3</td><td><10</td>
</tr>
<tr>
<td>4</td><td>FSE</td><td>轴位</td><td>T₁WI</td><td>无</td><td>最短</td><td>最短</td><td>12×12</td><td>3～5/0.3</td><td>15～
23</td><td>320×192</td><td>头足</td><td>3</td><td>3</td>
</tr>
<tr>
<td>4.1</td><td>FSE</td><td>矢状位</td><td>T₁WI</td><td>无</td><td>最短</td><td>最短</td><td>14×14</td><td>2～4/0.2</td><td>15～
23</td><td>320×256</td><td>前后</td><td>3</td><td>3</td>
</tr>
<tr><td colspan="14" align="center">质量要求</td></tr>
</table>

● 扫描范围符合临床诊断需求

● 清晰显示关节、韧带结构及其与周围组织的相互关系

● 图像无明显伪影

● 脂肪抑制均匀

标准图像

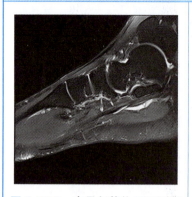

图 8-21-5　中足矢状位 PDWI 脂肪抑制标准图像

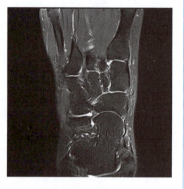

图 8-21-6　中足轴位 PDWI 脂肪抑制标准图像

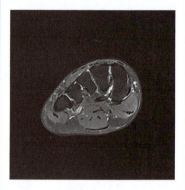

图 8-21-7　中足冠状位 PDWI 脂肪抑制标准图像

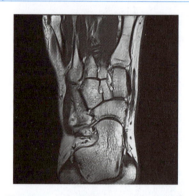

图 8-21-8　中足轴位 T_1WI 标准图像

伪影图像

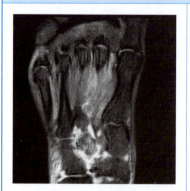

图 8-21-9　运动伪影

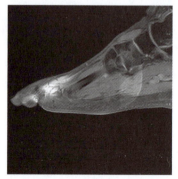

图 8-21-10　卷褶伪影

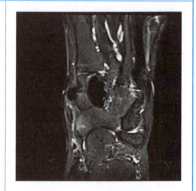

图 8-21-11　金属伪影

特殊注意事项

- 需使用介质袋填充足与线圈周围空隙,减少磁化率伪影
- 用沙袋固定足部位置,并给予小腿支撑,以少运动伪影

第九章　心脏及大血管磁共振扫描

第一节　心脏磁共振平扫、心脏磁共振增强扫描

检查项目中文名称	心脏磁共振平扫、心脏磁共振增强扫描
患者准备及摆位	
准备	• 扫描前向患者交待屏气方法，必要时进行呼吸训练
摆位及线圈	• 线圈：体部相控阵线圈或专用心脏线圈 • 定位点：第三肋间隙 • 其他要求：连接心电门控或脉搏门控，必要时连接呼吸门控
定位像	定位像要求 • 主动脉弓至心底区域应位于线圈最佳覆盖范围内 • 视野内无金属异物伪影 图 9-1-1　心脏矢状位定位像

扫描序列		
编号	序列名称	序列说明
1	轴位黑血	心脏轴位解剖结构成像
2	矢状位黑血	心脏矢状位解剖结构成像
3	两腔位定位	心脏垂直长轴位定位
4	四腔位定位	心脏水平长轴位定位
5	短轴位定位	心脏短轴位定位
6	两腔位电影	心脏两腔位功能电影成像
7	四腔位电影	心脏四腔位功能电影成像
8	短轴位电影	心脏短轴位功能电影成像
9	左心室流出道电影	心脏左心室流出道功能电影成像

10	左心室流出道斜冠状位电影	心脏左心室流出道斜冠状位功能电影成像
11	首过灌注	注射对比剂,多个心动周期连续扫描,动态显示心肌被灌注的过程
12	两腔位延迟增强	对比剂延迟一段时间后形成纤维化心肌、正常心肌、血池间信号对比
13	四腔位延迟增强	对比剂延迟一段时间后形成纤维化心肌、正常心肌、血池间信号对比
14	短轴位延迟增强	对比剂延迟一段时间后形成纤维化心肌、正常心肌、血池间信号对比

扫描定位

1. 轴位黑血

定位要求	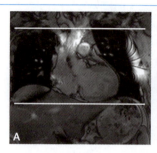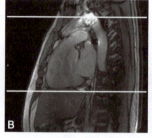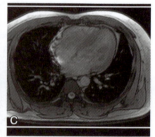

图 9-1-2　心脏轴位黑血定位方法

图 A~C 示:冠状位定位像上定位,定位线与人体长轴垂直;扫描范围上至主动脉弓,下至心脏膈面。

2. 矢状位黑血

定位要求	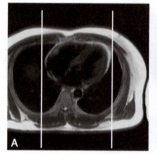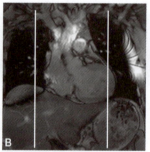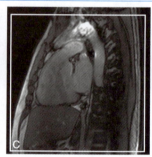

图 9-1-3　心脏矢状位黑血定位方法

图 A~C 示:轴位定位像上定位,定位线与人体矢状面平行,扫描范围左右包含整个心脏。

3. 两腔位定位

定位要求	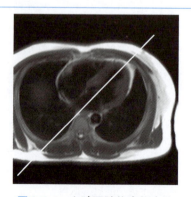

图 9-1-4　心脏两腔位定位方法

在轴位黑血层面定位,找到显示左心房、左心室开口最大层面,定位线通过心尖和二尖瓣中点。

4. 四腔位定位

定位要求	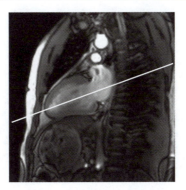 图 9-1-5　心脏四腔位定位方法 在两腔位定位像上定位,定位线通过心尖、二尖瓣中点和左心房。

5. 短轴位定位

定位要求	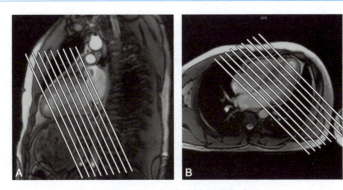 图 9-1-6　心脏短轴位定位方法 图 A、B 示:在两腔位和四腔位定位像上定位,扫描 9 层,定位线均垂直于左心室长轴(心尖与二尖瓣中心连线),2 层包括心房,7 层包括心室。

6. 两腔位电影

定位要求	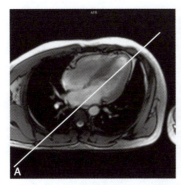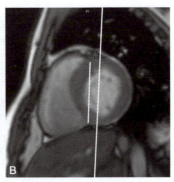 图 9-1-7　心脏两腔位电影定位方法 图 A 示:在四腔位定位像上定位,定位线通过左心室长轴;图 B 示:在短轴位定位像上找到显示左右心室最大层面,定位线通过左心室中心平行左右心室交界点连线(短线)。

7. 四腔位电影

<table>
<tr><td rowspan="2">定位
要求</td><td>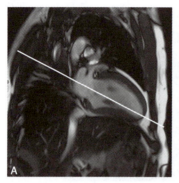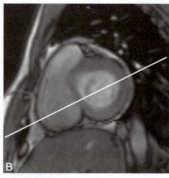</td></tr>
<tr><td>图 9-1-8　心脏四腔位电影定位方法
图 A 示：在两腔位电影图中找到左心室舒张期心室最大层面，定位线沿左心室长轴并且通过左心房；
图 B 示：在短轴位定位像上，定位线平分左心室和右心室并且平行于膈肌。</td></tr>
</table>

8. 短轴位电影

<table>
<tr><td rowspan="2">定位
要求</td><td>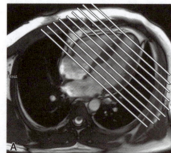</td></tr>
<tr><td>图 9-1-9　心脏短轴位电影定位方法
图 A、B 示：在两腔位电影与四腔位电影定位像中找到左心室舒张期心室最大层面，定位线垂直左心室长轴，扫描范围从左心室基底到心尖。层厚 6～8mm，无间隔或间隔 2～4mm（即层厚加间隔≤10mm）。</td></tr>
</table>

9. 左心室流出道电影

<table>
<tr><td rowspan="2">定位
要求</td><td>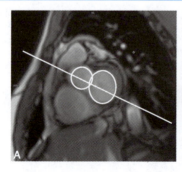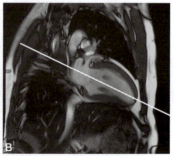</td></tr>
<tr><td>图 9-1-10　心脏左心室流出道电影定位方法
图 A 示：短轴位电影图中找到左心室基底层面，典型特征是主动脉与左心室表现为"8"形状（图中圆圈标记），定位线通过主动脉与左心室中心；图 B 示：在长轴位电影中左心室最大层面，定位线通过左心房中心、二尖瓣中点。</td></tr>
</table>

10. 左心室流出道斜冠状位电影

定位要求	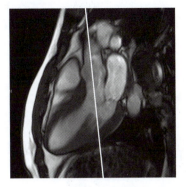 图 9-1-11　心脏左心室流出道斜冠状位电影定位方法 左心室流出道中等大小层面，定位线通过主动脉中心、二尖瓣、左心室，调整定位线平分左心室流出道。

11. 首过灌注

定位要求	• 首过灌注扫描二组方向，第一组为三层短轴位，第二组可选择性加或不加一层四腔位 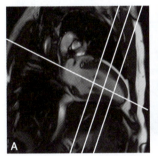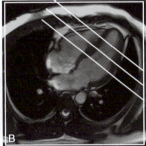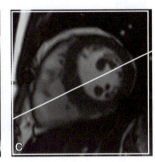 图 9-1-12　心脏首过灌注定位方法 图 A～C 示：短轴位定位复制短轴位电影扫描方向，调整位置和间距，使三层短轴位分别代表左心室基底、中部和心尖，四腔位定位复制四腔位电影定位线。

12. 两腔位延迟增强

定位要求	• 复制两腔位电影定位信息 • 注射对比剂后 15 分钟开始扫描，如扫描图像心室内血池过亮，再等待 5 分钟 • 反转时间（TI）设定为 300 毫秒

13. 四腔位延迟增强

定位要求	• 复制四腔位电影定位信息 • TI 设定为 300 毫秒

14. 短轴位延迟增强

定位要求	• 复制短轴位电影扫描范围 • TI 设定为 350 毫秒

参数要求												
序号	序列	方位	加权	脂肪抑制	重复时间	回波时间	视野/cm	层厚/层距/mm	层数	矩阵	相位编码	平均次数	呼吸控制
1	SSFSE	轴位	PDWI	无	2个心跳	20～70ms	34×26	6～8/0～3	14～20	256×108	前后	1	屏气
2	SSFSE	矢状位	PDWI	无	2个心跳	20～70ms	34×26	6～8/0～3	14～20	256×108	前后	1	屏气
3	FIESTA	两腔位	T_2WI/T_1WI	无	最短	最短	45×45	6～8/0～3	1	192×168	前后	1	屏气
4	FIESTA	四腔位	T_2WI/T_1WI	无	最短	最短	45×45	6～8/0～3	1	192×168	前后	1	屏气
5	FIESTA	短轴位	T_2WI/T_1WI	无	最短	最短	45×45	6～8/0～3	5～10	192×168	前后/左右	1	屏气
6	FIESTA	两腔位	T_2WI/T_1WI	无	最短	最短	36×32	6～8/0～3	1	240×189	前后	1	屏气
7	FIESTA	四腔位	T_2WI/T_1WI	无	最短	最短	34×28	6～8/0～3	1	240×178	前后	1	屏气
8	FIESTA	短轴位	T_2WI/T_1WI	无	最短	最短	35×31	6～8/0～3	8～12	240×189	前后	1	屏气
9	FIESTA	左心室流出道	T_2WI/T_1WI	无	最短	最短	34×28	6～8/0～3	1	240×178	前后	1	屏气
10	FIESTA	左心室流出道斜冠状位	T_2WI/T_1WI	无	最短	最短	36×32	6～8/0～3	1	240×189	左右	1	屏气
11	GRE	短轴位+长轴位	T_1WI+C	无	最短	最短	40×35	8～10/8～16	4	192×122	前后/左右	1	屏气
12	PSIR	两腔位	T_1WI+C	有/无	最短	最短	38×33	6～8/0～3	1	256×168	前后	1	屏气
13	PSIR	四腔位	T_1WI+C	有/无	最短	最短	38×33	6～8/0～3	1	256×168	前后	1	屏气
14	PSIR	短轴位	T_1WI+C	有/无	最短	最短	38×33	6～8/0～3	5～10	256×168	前后	1	屏气
质量要求												

- 扫描范围符合临床诊断需求
- 图像无影响诊断的明显卷褶、磁敏感伪影等
- 设计合理对比剂注射方案,合适时机进行延迟增强扫描,选择合适的反转时间使对比最优

标准图像

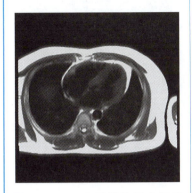

图 9-1-13　心脏轴位黑血标准图像

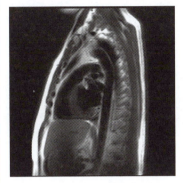

图 9-1-14　心脏矢状位黑血标准图像

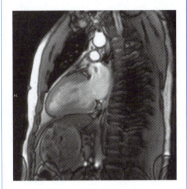

图 9-1-15　心脏两腔位定位标准图像

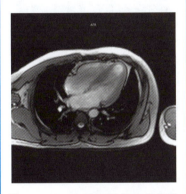

图 9-1-16　心脏四腔位定位标准图像

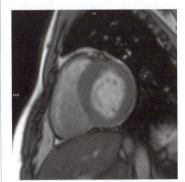

图 9-1-17　心脏短轴位定位标准图像

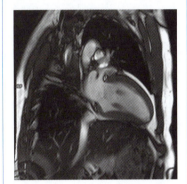

图 9-1-18　心脏两腔位电影标准图像

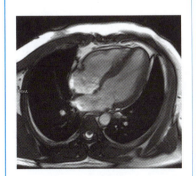

图 9-1-19　心脏四腔位电影标准图像

图 9-1-20　心脏短轴位电影标准图像

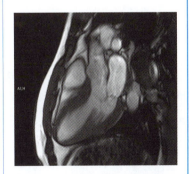

图 9-1-21　左心室流出道电影标准图像

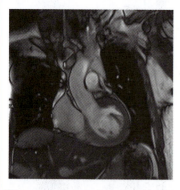

图 9-1-22 左心室流出道斜冠状位电影标准图像

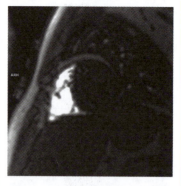

图 9-1-23 首过灌注右心被灌注标准图像

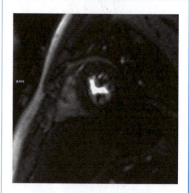

图 9-1-24 首过灌注左心被灌注期标准图像

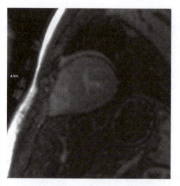

图 9-1-25 首过灌注心肌被灌注期标准图像

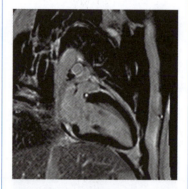

图 9-1-26 心脏两腔位延迟增强标准图像

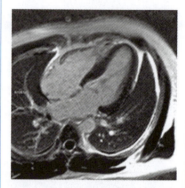

图 9-1-27 心脏四腔位延迟增强标准图像

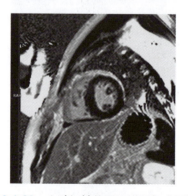

图 9-1-28 心脏短轴位延迟增强标准图像

第二节　冠状动脉磁共振平扫

检查项目 中文名称	冠状动脉磁共振平扫	
患者准备及摆位		
准备	• 扫描前嘱患者均匀呼吸,必要时可以在腹部加束缚条带限制呼吸幅度	
摆位及线圈	• 线圈:体部相控阵线圈 • 定位点:第三肋间隙 • 其他要求:连接心电门控,必要时连接呼吸门控	

扫描序列

编号	序列名称	序列说明
1	膈肌导航三维 T_2 准备 bSSFP 或 FLASH	覆盖全心的三维容积扫描序列,T_2 准备脉冲增强血液对比,k 空间用分段填充来控制时间分辨率以适应冠状动脉相对静止期

扫描定位

1. 膈肌导航三维 T_2 准备 bSSFP 或 FLASH

定位要求	• 观察四腔心电影房室沟内右冠状动脉主干断面,找到右冠状动脉断面相对静止的连续 2～3 层图像,第一层图像的触发延迟时间输入冠状动脉扫描序列心电门控设定界面 • 确认选择 4 个心动周期 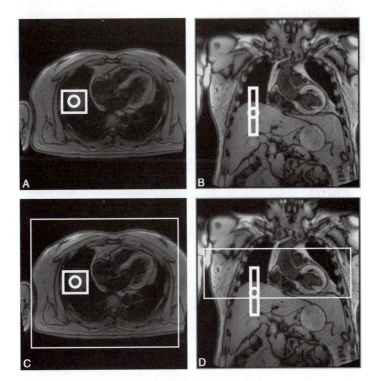 图 9-2-1　膈肌导航定位方法 图 A 示:找到含膈顶的轴位定位像,导航点放置在膈顶上;图 B 示:找到膈顶位置最高的冠状位定位像,将导航条上 1/3 放置于肺,下 2/3 放置于肝;图 C、D 示:扫描范围包括整个心脏,上至主动脉窦向上,下至心底。

参数要求													
序号	序列	方位	加权	脂肪抑制	重复时间/ms	回波时间/ms	视野/cm	层厚/层距/mm	层数	矩阵	相位编码	平均次数	呼吸控制
1	3D Whole Heart	轴位	T_2^*WI	有	约3	约1.5	34×26	2/−0.2	90～120	256×192	前后/左右	1	自由

质量要求
• 冠状动脉主干清晰锐利,运动伪影少 • 背景抑制及脂肪抑制良好,肌肉、脂肪组织均为低信号

标准图像

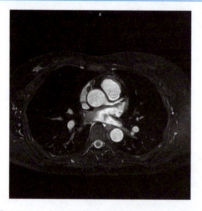

图 9-2-2　全心冠状动脉原始轴位标准图像

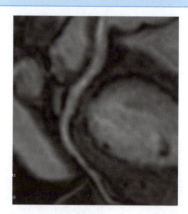

图 9-2-3　全心冠状动脉曲面重建标准图像

第三节　肺动脉对比增强磁共振血管成像

检查项目中文名称	肺动脉对比增强磁共振血管成像
患者准备及摆位	
准备	• 扫描前向患者交待屏气方法,必要时进行呼吸训练,优选呼气末屏气 • 钆对比剂:0.1～0.2mmol/kg
摆位及线圈	• 线圈:体部相控阵线圈 • 定位点:第三肋间隙,仰卧位,头先进 • 其他要求:可选连接心电门控或脉搏门控,呼吸门控
扫描序列	

编号	序列名称	序列说明
1	轴位双反转快速自旋回波	大致了解心脏大血管结构,用于后续定位

2	小剂量测试（可选）	用于测量目标血管的对比剂达峰时间
3	增强前冠状位 3D MRA	作为蒙片用于 MRA 剪影
4	增强后冠状位 3D MRA	用于肺动脉增强血管

扫描定位		

1. 轴位双反转快速自旋回波

定位要求	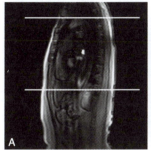 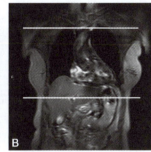 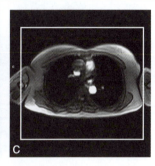 图 9-3-1　肺动脉轴位双反转快速自旋回波定位方法 图 A、B 示：定位线上缘包括主动脉弓，下缘包括心尖；图 C 示：前后方向人体结构居中。

2. 小剂量测试（test bolus）

定位要求	<ul><li>西门子与联影磁共振扫描仪，在轴位双反转快速自旋回波图上找到显示肺动脉主干层面，复制此层定位位置，头足方向施加与扫描层面平行的饱和带，每层扫描时间尽可能在 1 秒内，设计 90 个时相，开始扫描的同时开始注射对比剂，待胸主动脉明显变亮后停止扫描</li><li>GE 磁共振扫描仪选用 realtime FGRE，启动扫描后进入实时界面，找到肺动脉主干层面，点击 sat，待肺动脉变暗，点击 time 同时注射对比剂，待胸主动脉明显变亮后停止扫描</li><li>后处理动态增强曲线，查看峰值时刻是第几个时相，查看图像及该图像的延迟时间，此时间即为扫描肺动脉的延迟时间</li><li>对比剂注射速率为 4ml/s，2ml 对比剂，20ml 生理盐水，高压注射器推注</li></ul> <center>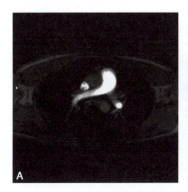 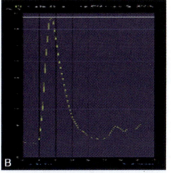 图 9-3-2　肺动脉小剂量测试定位方法 图 A、B 示：后处理增强曲线显示曲线最高点对应横坐标即是峰值时相。</center>

3. 增强前冠状位 3D MRA

<table>
<tr><td rowspan="2">定位
要求</td><td>● 吸气末屏气</td></tr>
<tr><td>
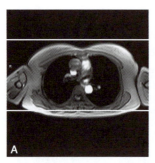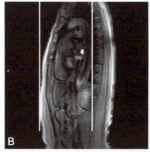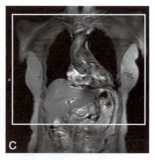

图 9-3-3　肺动脉冠状位 3D MRA 定位方法

图 A～C 示：轴位、矢状位、冠状位三个方向扫描范围包括整个肺动脉。
</td></tr>
</table>

4. 增强后冠状位 3D MRA

<table>
<tr><td>定位
要求</td><td>
● 完全复制增强前冠状位 3D MRA 定位信息
● 根据小剂量测试扫描计算得到的延迟时间，先注射对比剂，延迟时间＝小剂量测试扫描计算时间
　（中心式或椭圆式 k 空间填充），吸气后屏气扫描
● 设定自动剪影
● 对比剂注射速率为 4ml/s，20ml 对比剂，20ml 生理盐水，高压注射器推注
</td></tr>
</table>

参数要求												
序号	序列	方位	加权	脂肪抑制	重复时间/ms	回波时间/ms	视野/cm	层厚/层距/mm	层数	矩阵	相位编码	平均次数	呼吸控制
1	HASTE	轴位/斜矢状位	PD	无	1 000～2 000	20～70	34×26	6～8/0～3	20～30	256×108	前后/左右	1	屏气
2	test bolus	轴位	T_1WI	无	约 45	约 2	34×26	20/0	1	256×168	前后	1	自由
3	3D MRA	斜冠状位	T_1WI	无	约 3	约 1	45×36	1/0	90～120	384×256	左右	1	屏气
4	3D MRA	斜冠状位	T_1WI+C	无	约 3	约 1	45×36	1/0	90～120	384×256	左右	1	屏气

质量要求
● 扫描范围符合临床诊断需求 ● 找准合适的动脉期相启动 MRA 序列扫描 ● 图像无明显伪影影响诊断

标准图像	
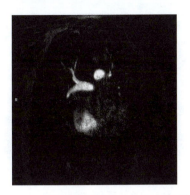 图 9-3-4　肺动脉冠状位 MPR 标准图像	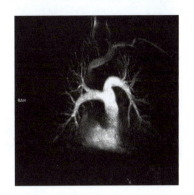 图 9-3-5　肺动脉 3D MIP 标准图像

第四节　主动脉增强磁共振血管成像

检查项目 中文名称	主动脉增强磁共振血管成像	
患者准备及摆位		
准备	• 扫描前向患者交待屏气方法，必要时进行呼吸训练，优选吸气末屏气 • 钆对比剂：0.1～0.2mmol/kg	
摆位及线圈	• 线圈：体部相控阵线圈 • 定位点：第三肋间隙，仰卧位，头先进 • 其他要求：可选连接心电门控或脉搏门控，呼吸门控	
扫描序列		
编号	序列名称	序列说明
1	轴位双反转快速自旋回波	大致了解心脏大血管结构，用于后续定位
2	小剂量测试（可选）	用于测量目标血管的对比剂达峰时间
3	增强前冠状位 3D MRA	作为蒙片用于 MRA 剪影
4	增强后冠状位 3D MRA	增强血管成像序列，显示血管直径、有无形态异常

353

扫描定位
1. 轴位双反转快速自旋回波

<table>
<tr><td rowspan="1">定位
要求</td><td>

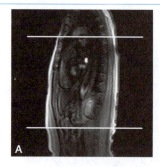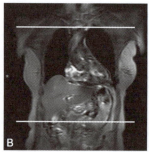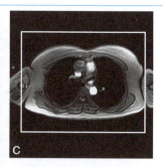

图 9-4-1　**主动脉轴位双反转快速自旋回波定位方法**

图 A～C 示：冠状位定位像上，定位线上缘包括主动脉弓，下缘包括肾下极；前后方向人体结构居中。
</td></tr>
</table>

2. 小剂量测试（test bolus）

<table>
<tr><td>定位
要求</td><td>

- 西门子和联影磁共振扫描仪，在轴位双反转快速自旋回波图像上找到肝门水平图像，复制此层定位位置，头足方向施加与扫描层面平行的饱和带，每层扫描时间尽可能在 1 秒内，设计 90 个时相，开始扫描的同时开始注射对比剂，待主动脉由暗变亮然后又变暗后停止扫描
- GE 磁共振扫描仪选用 realtime FGRE，启动扫描后进入实时界面，肝门水平图像，点击 sat，主动脉变暗，点击 time 同时注射对比剂，待主动脉明显变亮后停止扫描
- 后处理动态增强曲线，查看峰值时刻是第几个时相，查看图像及该图像的延迟时间，此时间即为扫描主动脉的延迟时间
- 对比剂注射速率为 3ml/s，2ml 对比剂，20ml 生理盐水，高压注射器推注

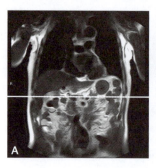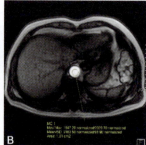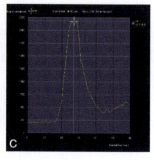

图 9-4-2　**主动脉小剂量测试定位方法（图 A～C）**
</td></tr>
</table>

3. 增强前冠状位 3D MRA

<table>
<tr><td>定位
要求</td><td>

- k 空间中心采集
- 吸气末屏气

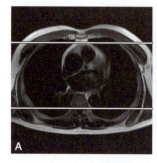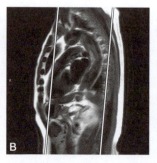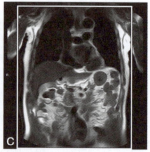

图 9-4-3　**主动脉增强前冠状位 3D MRA 定位方法**

图 A～C 示：前后扫描范围包括整个主动脉，上缘至胸锁关节，下缘达髂嵴水平。
</td></tr>
</table>

4. 增强后冠状位 3D MRA

定位要求	• 完全复制增强前冠状位 3D MRA 定位信息 • 注射对比剂的同时开始计时,延迟一段时间(即小剂量扫描计算得到的延迟时间)后启动扫描 • 亦可使用透视触发的方法,监控层面为通过腹主动脉的斜冠状位,注射对比剂后待腹主动脉信号稍变亮即启动扫描,吸气末屏气。GE 磁共振扫描仪需设定 5 秒延迟时间 • 设定自动剪影,利用剪影后图像进行三维重建

<table>
<tr><td colspan="14" align="center">参数要求</td></tr>
<tr>
<td>序号</td><td>序列</td><td>方位</td><td>加权</td><td>脂肪抑制</td><td>重复时间/ms</td><td>回波时间/ms</td><td>视野/cm</td><td>层厚/层距/mm</td><td>层数</td><td>矩阵</td><td>相位编码</td><td>平均次数</td><td>呼吸控制</td>
</tr>
<tr>
<td>1</td><td>HASTE</td><td>轴位/斜矢状位</td><td>黑血</td><td>无</td><td>1 000～2 000</td><td>20～70</td><td>34×26</td><td>6～8/0～3</td><td>20～30</td><td>256×108</td><td>前后/左右</td><td>1</td><td>屏气</td>
</tr>
<tr>
<td>2</td><td>test bolus</td><td>轴位</td><td>T_1WI</td><td>无</td><td>约45</td><td>约2</td><td>34×26</td><td>20/0</td><td>1</td><td>256×168</td><td>前后</td><td>1</td><td>自由</td>
</tr>
<tr>
<td>3</td><td>3D MRA</td><td>斜冠状位</td><td>T_1WI</td><td>无</td><td>约3</td><td>约1</td><td>45×36</td><td>1/0</td><td>90～120</td><td>384×256</td><td>左右</td><td>1</td><td>屏气</td>
</tr>
<tr>
<td>4</td><td>3D MRA</td><td>斜冠状位</td><td>T_1WI+C</td><td>无</td><td>约3</td><td>约1</td><td>45×36</td><td>1/0</td><td>90～120</td><td>384×256</td><td>左右</td><td>1</td><td>屏气</td>
</tr>
</table>

质量要求

• 扫描范围符合临床诊断需求
• 找准合适的动脉期相启动 MRA 序列扫描
• 图像无明显伪影影响诊断

标准图像

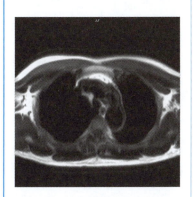

图 9-4-4　主动脉轴位标准图像

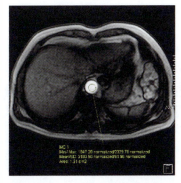

图 9-4-5　主动脉团注测试标准图像

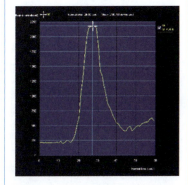

图 9-4-6　主动脉时间-信号强度曲线标准图像

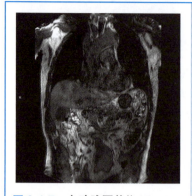

图 9-4-7 主动脉冠状位 3D MRA 蒙片标准图像

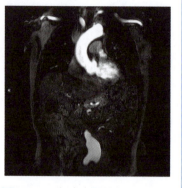

图 9-4-8 主动脉冠状位 3D MRA 动脉期标准图像

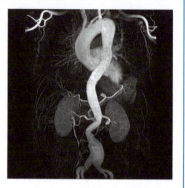

图 9-4-9 主动脉 MIP 标准图像

第五节 颈部对比增强磁共振血管成像

检查项目 中文名称	颈部对比增强磁共振血管成像		
患者准备及摆位			
准备	• 患者摘除所有与检查无关物品 • 明确患者无检查禁忌证		
摆位及线圈	• 线圈：头颈联合相控阵线圈或颈部相控阵线圈 • 定位点：激光灯中心对齐下颌下缘 • 其他要求：保持平静呼气，减少吞咽动作，线圈摆放好后尽可能覆盖颈部		
定位像	扫描定位像时注意 • 线圈覆盖范围 • 有无金属伪影		
扫描序列			
编号	序列名称	序列说明	
1	矢状位 2D PC MRA	显示颈部动脉血管大体走行、范围，辅助定位	
2	蒙片，冠状位 3D SPGR T_1WI	提供蒙片，增强后的各期图像可与蒙片相减得到血管减影图像，得到的血管图像对比度更加优异	
3	透视触发序列或对比剂团注测试序列	可采用对比剂透视触发方法或对比剂团注测试方法确定增强扫描时机 采用双筒高压注射器注射钆对比剂，钆对比剂用量 0.1mmol/kg，注射速率 3ml/s，等速率注射生理盐水 20ml	
4	冠状位 3D SPGR T_1WI+C	显示颈部血管全长，观察颈总动脉、颈内动脉、颈外动脉及椎动脉有无狭窄	
扫描定位			
1. 矢状位 2D PC MRA			

定位要求	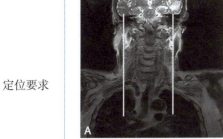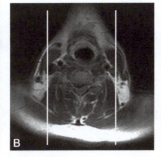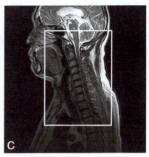

图 9-5-1　颈部血管矢状位 2D PC MRA 定位方法

图 A、B 示：完整覆盖颈部动脉血管；图 C 示：上缘到基底动脉水平，下缘到主动脉弓水平。

2. 蒙片，冠状位 3D SPGR T_1WI

定位要求	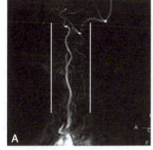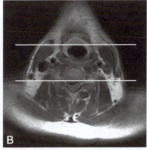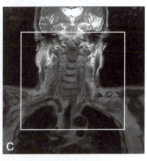

图 9-5-2　颈部血管蒙片，冠状位 3D SPGR T_1WI 定位方法

图 A 示：在矢状位 2D PC MRA 的图像上，定位线平行于颈部血管走行，前后方向完整覆盖颈部动脉血管；图 B 示：定位线平行于双侧颈动脉中心连线；图 C 示：人体结构居中。

3. 透视触发序列或对比剂团注测试序列（以透视触发序列为例）

定位及 技术要求	● 中心位置拷贝冠状位 3D SPGR T_1WI 序列，进行动态扫描，该序列扫描时间小于 1 秒 ● 待监测层面的图像显示稳定后立即注射对比剂 ● 此时必须全神贯注观察监测层面，观察血管有无对比剂流入 ● 一般建议颈动脉分叉处刚开始亮，立即启动血管增强序列扫描 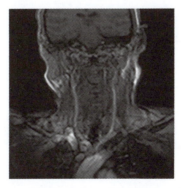 图 9-5-3　颈部透视触发序列对比剂流入时刻图像

4. 冠状位 3D SPGR T_1WI+C

定位要求	● 完全复制蒙片参数

参数要求												
序号	序列	方位	加权	脂肪抑制	重复时间	回波时间	视野/cm	层厚/层距/mm	层数	矩阵	相位编码	平均次数	激发角/°
1	PC	矢状位	T_1WI	无	最短	最短	30×30	2/15	2	256×128	前后	1	15
2	3D 扰相梯度回波 T_1WI	冠状位	T_1WI	有	4.8ms	最短	30×30	1.8/0	44	320×256	左右	1	25

质量要求

- 扫描范围符合临床诊断需求
- 重建血管图像清晰显示颈部动脉血管走行
- 图像无明显伪影

标准图像

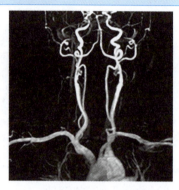

图 9-5-4　颈部血管磁共振增强成像标准图像

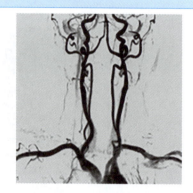

图 9-5-5　颈部血管磁共振增强成像灰度反转图像

特殊注意事项

- 可以采用 4D CE-MRA 技术,采用这种超快速的采集模式,有效时间分辨率可达 2~4 秒,CE-MRA 序列扫描的同时,启动对比剂注射,序列扫描结束后进行自动减影,则扫描时刻不再需要精确估算

10